KB057494

강연 읽는 시간

강연

최고의 강연을
내 것으로 만드는
확실한 방법

신디 지음

읽는
시간

지식너머

오늘보다 더 나은 내일을
디자인하고 싶은 당신에게

이 책은 불안하고 불만족스럽던 일상을 떠나보내고 내 삶을 사랑하게 되기까지 긴 시간 동안 함께 해준 고마운 지식들의 모음이다. 이 책에 나온 강연들은 내가 만성적인 불안에서 벗어나도록 도와주었음은 물론이거니와 내 삶을 스스로 디자인하도록 이끌어주었다.

나는 불안이 많은 아이였다. 버거운 일상에서 불안은 마치 오랜 친구 같아서 어느 날은 불안이 없는 상태가 오히려 불안하게 느껴지기도 했다. 목표에 도달하고 시간이 남으면 쉬는 대신 다른 목표를 만들었다. 그것이 내가 불안을 떨쳐버리는 가장 효과적인 방법이었기 때문이다. 끊임없이 목표를 세우고 무언가를 해야 했던 일상에서 삶은 늘 불균형 상태에 놓여 있었지만 어쨌든 그 덕에 나는 서른 전에 이뤄야만 한다고 여겼던 굵직한 목표들, 가령 수능 시험, 대학 진학, 취업, 결혼과 같은 경쟁에서 무사히 생존해 안정적인 일상으로의 안착에 성공했다. 그러자 놀라운 일이 벌어졌다.

삶이 한층 더 불안해진 것이다.

뜻대로 되지 않는 결혼 생활은 나를 괴롭혔으며 인간관계는 피로했고 자고 일어나 출근하는 일상의 반복은 긴장과 고단함 자체였다. 어디 내밀었을 때 부끄럽지 않을 정도의 명함 한 장, 생존 경쟁에서 살아남았다는 묘한 안도감과 어쭙잖은 우월감 외에 내 일상에 남아 있는 게 무엇일까? 매달 스쳐가는 월급이 주는 안정감을 대가로 인생의 대부분을 바쳐야 한다면 그건 너무 가혹한 게 아닐까? 이런 삶에서 어떻게 진정한 행복과 삶의 의미를 찾을 수 있을까?

하루에도 몇 번씩 떠오르는 의문을 애써 외면하며 성격을 바꾸고, 포기를 배우고, 긍정적인 사고를 하려고 노력했다. 그러나 경쟁의 사다리를 한 단계씩 올라 목표한 성공을 이룰 때마다 삶의 무게는 한층 더 무거워졌고 정체 모를 불안과 불만족이 깊이를 더해가자 나는 직감했다. 기존의 방식으로는 절대로 내 삶에 만족하지 못하리라는 것을 말이다.

그렇다면 어떻게 살아야 하는가?

이 질문에 대한 답을 찾기 위해 나는 이미 자신만의 답을 찾은 사람들을 찾아 그들의 이야기를 듣기 시작했다. 누군가의 이야기를 통해 영감을 받는 것이 자주 있는 일은 아니었지만 스스로의 인생을 행복하다고 말하는 사람들은 분명 공통으로 가지고 있는 무언가가 있었다.

그들의 통찰과 비전이 나의 삶과 정확히 맞닿는 순간에는 마치 깊숙한 곳에 숨겨진 보물을 찾은 듯한 기분이 들었다. 유레카를 외치고, 머리에 종소리가 울렸다는 사람들의 심정이 어떠했을지 알 것 같은 순간마다 세상을 바라보는 새로운 렌즈가 생겨났다.

그러자 놀라운 일이 생겼다.

그간 보이지 않던 내 '삶의 정원'이 비로소 보이기 시작한 것이다. 불안에서 벗어나 자신의 삶에 만족하기 위해서는 자신만의 진짜 렌즈가 필요하다. 이 렌즈를 통해야만 숨겨진 당신 삶의 정원을 찾을 수 있고 당신의 삶을 디자인할 수 있다.

나 역시 한참을 헤맨 끝에 잡초로 무성하게 방치되어 있던 내 삶의 정원을 발견했다. 쓸모없는 잡초를 걷어내고 수많은 꽃 중에서 가장 마음에 드는 것들을 골라 심기 시작하자 같은 일상 속에서도 불안과 불만족 대신 즐거움과 희망, 기대감이 커지기 시작했다. 삶의 균형을 맞추려는 노력과 함께 내게 주어진 삶이란 정원을 가꾸는 재미를 알게 된 것이다.

이 책에 담긴 지식들은 바로 내 삶의 정원에 피어 있는 꽃들이다. 그 지혜의 향기가 퍼지고 퍼져 누군가 새로운 렌즈 만드는 데 도움이 되기를, 그리하여 자신만의 삶의 정원을 발견하는 시작이 되기를 바라는 마음으로 가장 예쁘고 필요한 꽃들만을 골라 담았다.

나에게 그러했듯 이 책에 담긴 엄선된 지식들이 당신의 길을 찾는 데 도움을 줄 것을 믿는다.

뜻이 있는 곳엔 언제나 길이 있다. 삶은 버티는 것이 아니라 살아가는 것이며 인생이란 '원래 다 그런 것'이 결코 아니다. 포기하지 않고 자신에게 주어진 삶의 정원을 하나씩 가꾸다보면 오늘보다 나은 내일은 분명히 존재한다.

그러나 오직 당신만이 그 정원을 발견하고 가꿀 수 있기에 때로는 지치고 힘들 그 여정에 이 책이 함께 하며 심심한 위로가 되기를. 또한 이 책을 읽는 모두가 서로에게 위로가 되는 존재가 되기를 바라는 바이다.

나를 완성하는 하루 10분 강연 읽기

"좀더 나은 삶을 살고 싶은데 어디서부터 시작해야 할까?"

"최소한의 시간으로 내 삶을 변화시키고 싶어."

"좋은 강연은 듣고 싶은데, 어떤 강연부터 들어야 하지?"

"강연을 들어도 머릿속에 남는 게 없어. 누가 요점을 정리해줬으면…"

이런 생각이 드시나요?

TED, 인생학교, Talks at Google 등 전 세계 명강연 중

꼭 필요한 지식만을 엄선해 내 삶에 적용하는 방법을 알려주는 책!

순서와 무관하게 원하는 주제부터 읽어보세요.

책의 구성

하나의 강의마다 세 개의 구성으로 나누어집니다.

① 재미있는 에피소드를 통해 주제에 대해 미리 생각해보세요.

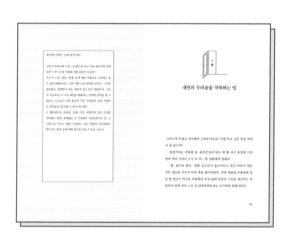

② 강연 요점 정리를 읽고 내용을 파악해보세요.

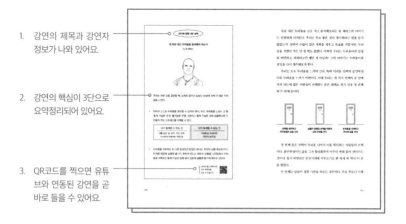

1. 강연의 제목과 강연자 정보가 나와 있어요.

2. 강연의 핵심이 3단으로 요약정리되어 있어요.

3. QR코드를 찍으면 유튜브와 연동된 강연을 곧 바로 들을 수 있어요.

③ 강연을 자신의 삶에 적용해보세요.

차례

Part 1

행복 Happiness

Part 4

돈과 불안 Money & Anxiety

Part 5

나 자신 Myself

Part 1

행복 Happiness

첫 번째 주제는 '행복'이다.

어떻게 살아야 행복한 삶일까.

솔로몬이 환생해서 어떻게 살라고 한마디로 정리해준다 한들 그 말만 따라 살 사람이 얼마나 되겠는가. 아마 당신 역시 그렇게 살진 않을 것이다. 그러기엔 우리의 자유 의지는 생각보다 강하다. 어떻게 살아야 하는가에 대한 답은 결국 이런저런 경험과 지식들을 종합해 스스로 찾는 수밖에 없다.

이 장에서는 그 답을 찾는 데 도움이 될 만한 지식들을 엄선해 담았다. 더 나은 삶을 원하지만 먹고사는 게 바빠 새로운 무언가를 배울 시간이 없는 당신을 위해 행복과 삶의 의미에 관해 이야기하는 수많은 강연 중 가장 도움이 되는 핵심 강연을 추린 것이다.

잘 산다는 것은 대체 어떻게 사는 것인지, 잘 살기 위한 조건은 무엇이며 삶을 의미 있게 하는 것들은 무엇인지, 행복해지는 건 왜 이렇게 어려우며 행복해지기 위해서는 무엇을 해야 하는지를 알고 싶다면 제대로 된 페이지를 펼쳤다.

최소한의 노력과 시간으로 최대의 통찰과 영감을 얻고 싶은가? 그렇다면 아래의 내용이 길잡이가 되어줄 것이다.

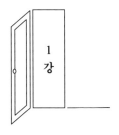

잘 사는 것의 진짜 의미

'나름대로 열심히 살았는데…. 텅 빈 것 같은 이 기분은 뭐지?'

얼마 전 과장으로 승진한 30대 중반의 영훈 씨. 요즘 부쩍 사는 게 공허하다. 돌이켜보면 지극히 평범한 삶이었지만, 사실 매 순간이 치열했다.

30년째 슈퍼를 운영하는 부모님은 세 살 난 그와 갓난쟁이 동생을 업고 상경해 공사장을 전전하며 생계를 꾸렸다. 부지런한 성격 탓에 몇 년 만에 작은 가게를 꾸릴 수 있었지만 그의 눈에는 배경 없고, 돈 없는 부모님의 삶이 왠지 초라하기만 했다.

중학교에 입학하고 얼마 지나지 않은 어느 봄날, 학교에서 받은 가정

환경 조사서를 써 내려가던 아버지는 '부모님 최종 학력란' 앞에서 한참을 머뭇거렸다. 초졸과 중졸을 쓰고 지우기를 반복하며 멋쩍은 웃음을 보이는 아버지의 모습이 영훈 씨는 어쩐지 짠하면서도 싫었다.

'난 절대 저렇게 살진 않을 거야.'

대단한 성공까진 바라지도 않았다. 그는 적어도 부모님보다는 성공하겠다는 일념으로 묵묵히 학창 시절을 보냈다. 공부가 힘들긴 했지만 잘 살기 위해서 할 수 있는 다른 방법도 딱히 없었다.

덕분에 서울의 한 상위권 대학에 입학한 그는 학비와 생활비를 벌어야 했던 탓에 친구들은 한 번씩 다녀왔다는 해외여행은커녕 제대로 된 국내여행도 가보질 못했다.

한눈팔지 않고 꾸준히 노력한 결과는 달콤했다. 졸업과 동시에 원하던 공기업에 입사하며 점차 안정적인 기반을 잡았다. 소개팅으로 만난 아내와 결혼해 아이를 둘이나 낳고 가정을 꾸렸으니 그는 이제 자신이 목표한 꿈을 모두 이룬 기분이 들었다.

그런데 이상했다.

'과 장 이 영 훈'

매끈하게 새겨진 새 명함을 손에 들고 있자니 문득 이런 생각이 들었다.

'이게 다인가? 앞으로는 뭘 해야 하지?'

잘 살아보겠다는 목표 하나로 살아온 인생인데 어쩐지 공허했다. 무얼 해도 딱히 즐겁지 않은 그저 그런 일상의 반복 속에 하루가 지나갔고 잘 살고 있다는 느낌 대신 가슴 한쪽이 뻥 뚫린 것 같은 허전함이 밀려오기 시작했다.

그제야 그는 '잘 산다'는 것의 의미를 고민하기 시작했다.

'잘 산다는 건 대체 뭘까?'

'행복해지려면 뭘 더 해야 하는 걸까?'

○———○

영훈 씨처럼 대체 어떻게 사는 게 잘 사는 것인지 고민하는 독자라면 마틴 셀리그만Martin E. P. Seligman의 강의를 들어보자.

'긍정심리학'의 창시자로 프로이드 이후 가장 주목받으며 심리학계에 돌풍을 일으킨 마틴 셀리그만은 불행에서 벗어나기 위한 방법들, 특히 '학습된 무기력'을 연구하며, 이 분야 최고 권위자로 명성을 날렸다. 그러나 불행에서 벗어나도 행복하지 않은 사람들을 보면서 연구의 방향을 '행복한 삶', '의미 있고 좋은 삶'으로 전환한다.

과연 그가 깨달은 의미 있고 좋은 삶이란 무엇일까?

잘 산다는 것은 무엇이며, 잘 살기 위해서는 대체 무엇이 필요할까?

신디의 강연 3단 요약

플로리시 | 웰빙에 대한 새로운 이해

by 마틴 셀리그만

○ 행복만으로는 '좋은 삶'을 설명할 수 없다. 삶의 목적은 단지 행복해지는 것을 넘어 의미 있고 좋은 삶을 추구하는 것이다. 이것을 '웰빙'이라고 한다.

○ 의미 있고 좋은 삶, 즉 '웰빙'을 위해서는 아래의 다섯 가지 요소가 필요하다.

긍정적 정서	몰입	관계	의미	성취
Positive emotion	Engagement	Relationship	Meaning	Accomplishment

| 웰빙을 위한 5가지 요소 : '페르마' PERMA |

○ 각각의 요소는 '긍정적인 생각하기', '무언가에 몰입하기', '주변 사람들과 좋은 관계 유지하기', '누군가를 돕기', '작은 성취 경험 늘리기' 등으로 학습된다.

QR코드를 스캔하시면
강연 동영상을
보실 수 있습니다.

누구나 잘 사는 것을 꿈꾼다. 하지만 모두가 잘 사는 것은 아니다. 열심히 살고 있지만 자꾸 마음이 텅 빈 것 같은 기분이 드는 건, 잘 사는 것의 의미를 모른 채 무작정 열심히 살고 있기 때문이다. 그 허전함을 달래기 위해 영훈 씨처럼 무언가에 몰두해서 성취를 이루는 사람이 있는가 하면, 술이나 게임, 도박, 섹스 등 일시적 자극에 빠진 사람들도 있다. 그러나 양쪽 모두 공허함을 느끼기는 마찬가지다.

나 역시 잘 사는 것이 뭔지도 모른 채 열심히 사는 사람 중 하나였다. 우연히 읽게 된 빅터 프랭클^{Viktor Flankl}의 《삶의 의미를 찾아서^{The will to meaning}》라는 책 한 권이 계기가 되어 20대 중반 이후부터 삶의 의미를 고민했지만, 생각만 많아졌을 뿐 별다른 변화는 없었다.

그러던 내게 잘 살기 위한 방법은 따로 있으며, 교육을 통해 배울 수 있다는 마틴 셀리그만의 이야기가 얼마나 반갑게 느껴졌겠는가. '잘 사는 것'에 대해 연구하는 학자들이 있다니!

그날 이후 나는 '긍정심리학'이라 불리는 분야를 들추기 시작했다. 그러자 신기하게도 뿌옇던 앞길에 불빛이 하나씩 켜지기 시작했다. 한 치 앞도 보이지 않을 정도로 자욱했던 안개가 조금씩 걷히는 기분이었다.

긍정심리학^{Positive Psychology}이란 무엇이 가치 있는 삶을 만드는가에 대한 답을 찾기 위한 과학적 학문으로, 충만한 삶을 위한 요소와 행복, 좋은 삶 등을 연구하는 심리학의 한 분야이다.

'긍정심리학'이라는 용어만 보고 단순히 긍정을 설파하는 것으로 오해하기 쉽다. 하지만 긍정심리학은 인간을 행복하게 하고 성장하게 하는 조건들을 과학적 근거를 토대로 한 학문이다.

세계 최고의 명문이자, 90% 이상의 재학생이 우울증을 경험한다는 하버드 대학에서는 이미 10여 년 전부터 학생들에게 긍정심리학을 기반으로 행복의 조건을 가르치고 있다. 그리고 이 강의의 효과는 학생들의 후기로 곧바로 입증되었다. 하버드 전체 재학생 5명 중 1명이 10년 이상 긍정심리학 강의를 들으며, 삶을 변화시켜 나갔던 것이다.

2003년 우울증을 연구하던 마틴 셀리그만은 '행복한 삶'을 연구하지만, 그것만으로는 뭔가 부족하다는 것을 깨닫는다. '좋은 삶'은 '행복함' 그 이상의 의미가 있었던 것이다.

그리고 9년 후, 잘 사는 것이 무엇인지에 대해 아래와 같이 답한다.

"우리는 잘 사는 삶을 위해 웰빙을 추구해야 하며, 웰빙은 긍정적 정서, 몰입, 관계, 의미, 성취를 통해 얻을 수 있다."

잘 살고 싶은가? 그렇다면 이 다섯 가지 요소를 기억하자. 나는 이것을 다섯 가지 연료 탱크라 가정하고 각각의 탱크에 연료가 얼마만큼 찰랑거리고 있는지 생각해봤다.

나의 경우, '몰입'과 '성취'는 그럭저럭 괜찮은 상태였지만, '긍정적 정서'와 '관계', '의미'는 높일 필요가 있어 보였다.

자, 이제 당신의 연료 탱크를 체크해보자. 어떤 상태인지 잘 모르겠다면 다음의 질문들을 참고하는 것이 도움이 될 것이다.

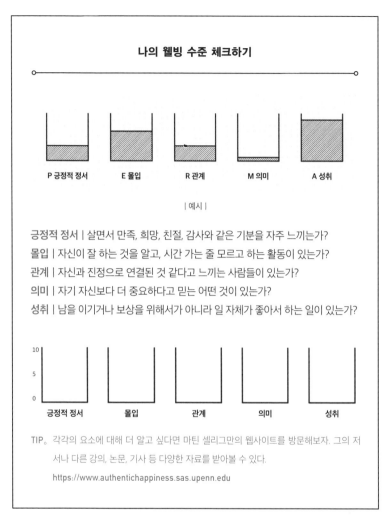

나의 웰빙 수준 체크하기

| P 긍정적 정서 | E 몰입 | R 관계 | M 의미 | A 성취 |

| 예시 |

긍정적 정서 | 살면서 만족, 희망, 친절, 감사와 같은 기분을 자주 느끼는가?
몰입 | 자신이 잘 하는 것을 알고, 시간 가는 줄 모르고 하는 활동이 있는가?
관계 | 자신과 진정으로 연결된 것 같다고 느끼는 사람들이 있는가?
의미 | 자기 자신보다 더 중요하다고 믿는 어떤 것이 있는가?
성취 | 남을 이기거나 보상을 위해서가 아니라 일 자체가 좋아서 하는 일이 있는가?

| 긍정적 정서 | 몰입 | 관계 | 의미 | 성취 |

TIP。각각의 요소에 대해 더 알고 싶다면 마틴 셀리그만의 웹사이트를 방문해보자. 그의 저
서나 다른 강의, 논문, 기사 등 다양한 자료를 받아볼 수 있다.
https://www.authentichappiness.sas.upenn.edu

연료가 바닥 수준이라고 해서 좌절할 필요는 없다. 이를 채우려는 노력 속에서 삶의 의미를 찾을 수 있으니 말이다. 희망적인 사실은 각각의 요소가 타고나는 것이 아니라 학습에 의해 높아질 수 있다는 것이다.

여기에서는 '긍정적 정서'와 '관계'에 대해 설명하겠다. 나머지 요소에 대해서는 이 책의 다른 강의에서 그 답을 찾을 수 있다.

긍정적 정서는 타고나는 것이다?

긍정적 정서를 경험하는 능력
= 타고난 성향 50% + 삶의 상황 10% + 스스로 통제 가능한 자율성 40%

마틴 셀리그만에 따르면, 긍정적 정서를 경험하는 능력은 어느 정도 타고난다. 무뚝뚝하게 타고난 사람은 밝은 성격을 지닌 사람과 비교해 유쾌함 같은 긍정적인 정서가 낮을 수밖에 없다는 말이다.

그러나 그보다 더 놀라운 점은 '삶의 상황'이 차지하는 비율이다. 돈, 결혼, 나이, 학벌, 지역 등이 차지하는 비율이 고작 10%에 불과했다. 피땀 흘려 이러한 외적 조건들을 모두 완벽하게 바꾼다 해도 겨우 10% 더 행복해질 뿐이라니.

그렇다면 무엇이 중요할까. 중요한 것은 전체 비율의 40%를 차지하는 '스스로 통제 가능한 자율성'이다.

스스로 통제 가능한 자율성이란 과거, 다가올 미래, 그리고 현재를 긍정적인 관점으로 보려는 능력을 말한다. 이것은 노력에 따라 얼마든지 향상된다.

'낙관성'을 키우면 세상이 달라진다!

'스스로 통제 가능한 자율성'을 높이는 방법 중 하나는 '낙관성'을 키우는 것이다. 낙관성을 키우기 위해 먼저 알아야 할 개념은 영속성과 파급성이다. 영속성이란 어떤 일이 벌어졌을 때 그 일이 언제까지 영향을 미치는지 기간에 대한 개념이고, 파급성이란 그 일이 미치는 영향력이 보편적인지, 특수한지에 대한 개념이다. 용어가 어렵게 느껴질지 모르지만, 실은 쉬운 이야기다.

예를 들면 아래의 그림과 같다.

낙관적인 A씨		비관적인 B씨	
좋은 일 (시험에 합격함)	나쁜 일 (발표를 망침)	좋은 일 (시험에 합격함)	나쁜 일 (발표를 망침)
"나는 늘 운이 좋은 편이지" (지속적으로 봄)	"오늘은 컨디션이 나빴어" (일시적으로 봄)	"이번에는 운이 좋았지 뭐" (일시적으로 봄)	"난 늘 이모양이야 완전 망했어" (지속적으로 봄)
"나는 뭐든 잘해" (보편적으로 봄)	"내가 발표는 좀 못하긴 하지. 그래도 다른 건 잘하는 게 더 많잖아" (특수하게 봄)	"나는 객관식 시험만 잘 봐" (특수하게 봄)	"난 그냥 멍청해" (보편적으로 봄)

낙관적인 사람은 잘한 일을 두고 늘 그렇거나 전반적으로 그런 편

이라 생각하는 반면, 못한 일은 어쩌다 한 번 일어난 일로 생각한다. 그러나 비관적인 사람은 반대로 잘한 일은 어쩌다 한 번 운 좋게 된 것이고 제대로 못하면 늘 그러기 마련이라고 여긴다.

따라서 낙관성을 기르는 방법은 좋은 일이 벌어졌을 때, 그것이 오랜 기간 보편적으로 영향을 미친다고 생각하고, 나쁜 일이 벌어졌을 때는 잠시 특별한 상황에서 벌어진 것이라고 보는 것이다.

역경과 고난의 깊이보다 중요한 것은 우리가 그 상황을 받아들이는 방식이다. 상황을 인식하는 통제력은 자신만이 가지고 있다는 사실을 기억하자.

기분 좋은 사람으로 기억되는 반응의 힘

이번에는 '관계'의 연료 탱크를 채워보자. 관계의 중요성에 대해 말해 무엇하랴. 타인과 좋은 관계를 맺은 사람들은 일반적으로 인생을 더 행복하게 산다.

서로 진정으로 연결되었다고 느끼는 친구나 연인, 배우자, 가족이 있는가? 만약 그렇지 않다면 다음의 내용을 보면서 당신의 대화 방법과 비교해보자.

그동안 많은 부부치료 전문가들은 부부가 싸우는 패턴과 대화를 분석하고 연구했다. 그러나 마틴 셀리그만은 싸우는 방법보다 상대에게 반응하는 방법이 웰빙 지수를 더 정확하게 예측한다고 분석한다. 그리고 적극적이고 건설적으로 반응하는 것이 중요하다고 강조한다.

그렇다면 적극적이고 건설적인 반응이란 대체 무엇일까?

예를 들어 연인이나 배우자가 "나 오늘 승진했어!"라고 한다면 당신이 어떻게 반응할지 생각해보자. 공기처럼 익숙해진 반응이 당신의 삶의 질을 좌우한다. 그의 설명에 따르면 관계에 반응하는 방식에는 네 가지가 있다.

소극적·파괴적 반응

"저녁 식사는 뭐야?"

비언어적 반응 | 눈 맞춤 결여, 고개 돌리기, 방에서 나가기

적극적·파괴적 반응

"뭐야, 이제 야근하는 날이 더 많아지는 거야?"

비언어적 반응 | 눈썹 찡그리기, 인상 쓰기 등 부정적 정서 표현

소극적·건설적 반응

"축하해. 당신은 승진할 만해."

비언어적 반응 | 적극적 감정 표현이 거의 없음

적극적·건설적 반응

"우와! 자랑스러워. 당신은 기분이 어땠어? 축하하러 나가자!"

비언어적 반응 | 진정한 미소, 신체 접촉, 웃음 등으로 감정 표현, 눈 맞춤 유지

평소의 당신과 가장 가까운 반응은 무엇인가? 기억하자. 적극적이고 건설적인 반응만이 관계를 강화한다. 이는 연인이나 부부 사이의 대화에만 해당하는 것이 아니라 모든 대화에서 예외 없이 적용된다.

우리는 흔히 잘 싸우는 법, 상대방의 기분이 나쁘지 않게 불만을 표현하는 법을 고민한다. 그러나 관계의 질을 높이고 싶다면 좋은 일에 제대로 반응하는 법을 익혀야 한다.

물론, 적극적이고 건설적인 반응이 처음에는 어색할 수 있다. 그렇지만 이것도 습관이다. 노력을 하다보면 어느새 일상이 되고 주변 사람들의 반응도 변화한다. 그러니 상대방의 반응이 소극적이거나 파괴적이라고 좌절하지 말자. 내가 더 적극적이고 건설적인 반응을 하면 된다. 반응은 동화되기 마련이다.

지금도 내 연료 탱크는 줄었다 늘었다를 반복하지만, 나는 더 이상 잘 사는 것이 무엇인지 고민하는 데 시간을 보내지 않는다. 대신 웰빙의 다섯 가지 요소를 어떻게 내 삶에 적용하느냐를 생각한다.

알기는 쉽다. 그러나 그것을 삶에 적용하기란 쉽지 않다. 적용하려면 어떻게 해야 하느냐고? 방법은 간단하다. 일단 이것이 올바른 길이라는 믿음을 가져야 한다. 그리고 웰빙 요소 각각에 대한 깊은 이해와 통찰이 필요하다. 아마 한두 번의 읽기로는 부족할 것이다. 돌아서면 잊어버리기 때문이다. 또한 책을 덮었을 때 당장은 느껴지는 게 없을 수도 있다. 그러나 길을 걷다 문득 '잘 사는 게 대체 뭐지?' 하고 궁금해지면 이 다섯 가지 요소들을 다시 들춰보라.

여기에서 소개한 것들은 반짝하고 사라지는 행복이 아니라 인생의 의미를 찾고 플로리시한 삶을 위해 필요한 도구들이다. 얼마나 많은 것을 얻게 될지는 온전히 각자의 몫이지만, 줄기와도 같은 이 내용을 기억하고 앞으로 소개될 강연들을 따라가다보면 역경을 성장의 발판으로 삼는 힘을 가지게 될 것이다.

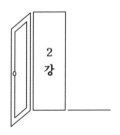

성공과 행복의 공식을 뒤집어라

9월의 어느 토요일 점심, 이태원의 한 이탈리안 레스토랑.

세희, 선희, 지혜 삼총사가 오랜만에 뭉쳤다. 대학 때는 거의 매일 보던 얼굴인데 나이가 드니 일 년에 한두 번 얼굴 보기도 빠듯하다.

"야, 나 무슨 일 있었는지 알아?"

코트를 벗기도 전에 세희의 신세 한탄이 시작됐다. 세희는 울상을 지으며 직장에서 자신이 얼마나 억울한 상황에 놓여 있는지, 삶이 얼마나 우울한지를 쏟아낸다. 딱히 하고 싶은 게 없는 세희는 열심히 사는 것도, 그렇다고 놀고 있는 것도 아닌 어중간한 상태다. 현재 계약직으로 있는 직장을 마지못해 다니고 있다.

'휴, 10년째 같은 소리 지겨워 죽겠다.'

얼마 전 결혼한 선희는 그런 세희가 답답하다. 뚝 부러지는 선희는 모 의류 회사의 잘나가는 마케팅 과장. 세희와는 정반대로 뭐든 열심히 해서 탈이다. 문제는 늘 현재에 만족하지 못하고 세상 걱정을 혼자 다하며 산다는 것. 결혼이 늦어질 땐 인생 계획이 틀어졌다며 스트레스를 받더니 이젠 결혼 때문에 일에 지장이 많다며 괴로워한다.

"야, 됐어. 그냥 즐겨. 인생 뭐 있냐."

잘돼 가는 남자와 메시지를 주고받던 지혜가 휴대폰을 내려놓으며 한소리 한다. 대학 졸업 후에 변변한 직업을 못 찾다 최근 웹툰 작가를 하겠다고 선언한 지혜. 걱정이 없는 베짱이 스타일이지만, 어떤 일에도 열정적이지 않다. 결혼만 하면 모든 게 해결될 것이라 믿는 지혜. 그런데 그 결혼이 쉽지 않으니 그게 요즘 어울리지 않게 최대의 고민이라면 고민이다.

접시가 깨끗하게 비워진 지 두 시간이 지났지만 그녀들의 답도 없는 이야기는 계속 허공을 맴돈다. 그들은 언제쯤 만족스러운 삶을 찾게 될까? 그러기 위해선 대체 무엇을 해야 하는 걸까?

◦——◦

좀더 행복하고 생산적인 삶을 꿈꾼다면서 매일 똑같은 이야기를 반복하고 있지는 않은가? 그렇다면 세계에서 가장 빠른 속도로 성장 중인 자기계발 분야의 교육 퍼블리싱 기업, 마인드 밸리^{Mind valley}의 CEO 비셴 락히아니^{Vishen Lakhiani}의 이야기를 들어보자.

마인드 밸리는 수많은 벤처 기업의 성공 신화가 그러하듯 2003년 단돈 700달러로 시작해 지금은 무려 5천만 달러에 달하는 가치를 지닌 회사로 성장했으며, 현재는 전 세계 자기계발 분야의 혁신을 이끌어가고 있다.

어떻게 이런 폭발적인 성장이 가능할까? 그 성장의 비밀은 비단 비즈니스에만 국한되는 것이 아니다. 우리의 성장과 안녕에도 큰 시사점을 제공한다. 《비범한 정신의 코드를 해킹하다^{The Code of the Extraordinary Mind}》의 저자이자, 3백만 명이 넘는 고객과 구독자, 팬을 보유한 인기 연사인 그를 통해 인간의 성장과 생산성의 비밀을 들어보자.

왜 행복이 새로운 생산성인가

by 비셴 락히아니

○ 당신이 일에 있어서 생산성을 높이고 성공하고 싶다면 '행복'과 '비전' 이 두 가지가 필요하다.

○ 행복과 비전의 높은 균형이 몰입의 상태를 만들고, 생산성을 극대화시킨다.

○ 명상은 행복과 비전을 동시에 높이는 최고의 방법이다.
하루 15분, 아래의 '명상의 6단계'를 따라 두뇌와 감정을 단련하자.
측은지심 가지기 ⇨ 감사하기 ⇨ 용서하기 ⇨ 미래를 꿈꾸기 ⇨ 완벽한 하루를 생각하기 ⇨ 축복하기

QR코드를 스캔하시면
강연 동영상을
보실 수 있습니다.

비센 락히아니는 몰입을 위한 두 가지 요소로 '행복'과 '비전'을 꼽는다.

당신이 지금 있는 그곳에서 행복한 상태, 그리고 당신의 삶에 대한 놀라운 비전. 이 두 가지의 섬세한 균형이 몰입의 상태를 결정한다는 것이다. 그가 말하는 창조와 생산의 원동력의 비밀은 바로 '행복'과 '비전'을 끌어올리는 데 있었다.

행복과 비전의 조합으로 구성된 네 가지 마음 상태

그는 행복과 비전 두 축의 교차로 우리가 처할 수 있는 4가지 마음 상태가 있다고 하는데, 아래와 같다.

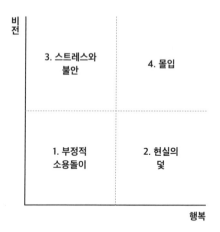

| 행복과 비전의 조합으로 나타나는 네 가지 마음 상태 |

1. 부정적 소용돌이 : 행복하지 않고, 비전도 없는 상태

'부정적 소용돌이Negative spiral' 상태는 현재가 행복하지 않고, 미래에 대한 비전도 없는 상태를 말한다. 아무 의욕이 없이 만성적으로 우울해하는 세희의 모습이다.

이 상태에서는 비전이 없기 때문에 집중할 거리가 없다. 따라서 불행하고 비참한 상태에만 집중하게 되는데 이렇게 되면 삶은 절망에 빠지고 만다. 불행한 상태는 끊임없이 돌고 돌아 제자리를 맴돌며 우울한 상태로 이끈다. 따라서 세희가 이 상태에서 빠져나오기 위해서는 행복과 비전을 모두 높이려고 노력해야 한다.

2. 현실의 덫 : 행복하지만, 비전이 없는 상태

'현실의 덫reality trap'은 현재 너무 행복하고 즐겁지만, 미래에 대한 어떤 비전도 없는 상태를 말한다. 즐겁게 사는 게 최고라면서 미래를 고민하지 않는 지혜의 모습이다.

"지금 현재 내가 행복하면 그만이지." 실제로 이렇게 말하는 사람들을 종종 본다. 일단 지금이 행복하기 때문에 이 상태가 좋다고 생각하는 것이다. 그러나 비전이 없는 행복은 단순한 쾌락일 가능성이 크다.

세계적인 동기부여가인 토니 로빈스Tony Robbins도 인간에게 필요한 두 가지 정신적 욕구로 '성장의 욕구'와 '기여의 욕구'를 꼽았다. 그런데 현실의 덫 상태에서는 어떠한 성장도, 기여도 찾을 수 없으므로 삶은 쉽게 지루해지고, 진정한 충족감을 얻기 힘들다. 언제까지 베짱이로 행복할 수도 없는 노릇. 지금 지혜에게 필요한 것은 비전을 갖는 것이다.

3. 스트레스와 불안 : 행복하지 않지만, 비전이 있는 상태

'스트레스와 불안stress&anxiety' 상태는 스트레스를 감당하지 못하고 늘 걱정이 많은 선희의 모습이다.

미래에 대한 큰 비전을 가지고 있지만, 과도한 스트레스와 불안이 공존하는 상태이다. 이 책을 읽고 있는 많은 독자가 여기에 속해 있을 것이라 예상한다.

그러나 너무 실망하지 말자. 비셴 락히아니의 말에 따르면 이 상태가 꼭 그렇게 나쁜 상태만은 아니다. 적어도 미래에 대한 비전이 있는 한 희망은 있으니까 말이다.

이 상태의 문제는 자신이 가진 잠재력을 최대로 끌어올려 몰입하기가 쉽지 않다는 데 있다. 그 본질적 이유는 '행복의 부재'에 있다. 선희를 비롯해 이 상태에 있는 이들이 해야 할 일은 바로 '현재의 행복'의 수준을 높이는 것 즉, 긍정적 정서의 수준을 높이는 것이다. 이렇게 되면 창의력과 생산성이 높아지는 이상적인 몰입 상태로 들어갈 수 있다.

4. 몰입 : 행복하고 비전도 있는 상태

'몰입^{flow}'은 가장 이상적인 상태로, 현재 행복하고 원대한 비전이 있다면 경험할 수 있는 모습이다. 삶의 만족감을 느끼고 싶은가? 그렇다면 몰입의 상태로 들어가도록 행복과 비전의 수준을 높이자.

행복과 비전의 수준을 높이는 방법에 정답은 없다. 결국 스스로 나에게 맞는 방법을 찾는 것이 중요한데, 비셴 락히아니가 직원들에게 행복과 비전을 심어주려고 실천했던 방법들을 살펴보면 일상에 적용할 만한 몇 가지 힌트를 얻을 수 있다. 그는 이 방법으로 순식간에 회사 매출을 700배나 올렸다. 혹 비즈니스를 하는 사람이나 조직의 리더로서 직원들을 생산성을 높이고 싶다면 그의 강연을 통해 자세한 방법을 직접 들어보길 권한다.

여기에서는 비전과 행복의 수준을 모두 높여 몰입의 수준으로 들어가기 위해 개인이 실천할 수 있는 것들 중 가장 쉬우면서도 효율적인 방법을 이야기하겠다.

행복과 비전의 수준을 높이는 최고의 방법

행복과 비전의 수준을 높이는 최고의 방법은 바로 '명상하기'다.

명상이라고 하면 괜히 종교적이거나 영적인 것처럼 느껴져서 거부감이 드는 사람도 있을 것이다. 이해한다. 나 역시 불과 얼마 전까지만 해도 명상과 거리가 먼 사람이었으니까. 명상이 정말 효과가 있는지

의문이 들었다.

그러나 그의 강연을 듣고 명상에 대한 생각이 완전히 바뀌었다. 명상은 단순히 머릿속을 맑게 하고, 마음을 편안하게 하는 종교 의식이 아니다. 명상은 스스로에게 질문을 하면서 자신의 생각을 관찰해 비전과 행복을 발견하는 방법이다.

〈포브스〉와 〈포춘〉 등이 뽑은 이 시대 최고의 젊은 혁신가 중 한 명으로 평가받는 자기계발 전문가 팀 페리스Tim Ferriss도 세계 최정상에 오른 명사 200명의 성공 비결을 분석했더니 그들의 일관된 패턴이 바로 '명상하기'였다고 주장한다. 명상이 인간의 모든 능력을 끌어올리는 원천 기술이라는 것이다.

위스콘신 대학교의 신경과학자인 리처드 데이비슨Richard Davidson의 연구 결과에 따르면 일정 기간 습관적으로 명상을 한 사람은 스스로의 생각과 반응을 컨트롤 하는 능력이 생겨 특정 자극에 괴로움을 느끼는 일이 현저히 줄어들었다.

그뿐만 아니라 명상이 혈압과 스트레스 호르몬 수치를 낮추고, 심장을 튼튼하게 하며, 노화를 방지하는 효과를 입증한 수많은 과학적 연구가 있다. 명상은 메타인지를 활용해 진짜 나다운 삶을 사는 데 꼭 필요한 행동인 것이다.

그래도 명상이 귀찮게 여겨진다면 '샤워'를 생각해보자. 우리에게 샤워는 당연한 하루의 일과다. 그러나 몇백 년 전만 해도 샤워를 하는 일은 결코 당연한 것이 아니었다. 마치 우리가 명상을 당연하게 생각하지 않듯이.

명상은 정신의 샤워다. 우리의 정신 역시 신체와 마찬가지로 매일 가꾸고 돌볼 때 더 반짝거리고 좋은 향이 난다. 이제 앞서가는 사람들은 하나둘 명상의 중요성을 인식하고 이를 실천하기 시작했다. 몇백 년 후에는 마치 지금의 샤워처럼 명상이 당연한 하루의 일과가 될지 모를 일이다.

'한번 해볼까?'라는 생각이 들더라도 어디서부터 시작해야 할지 막막할 것이다. 명상에 정해진 법칙은 없다. 다만, 중요한 건 자신만의 명상법을 찾는 것인데, 유튜브에는 차분한 음악과 함께 명상을 가이드해주는 영상이 많다.

이미 오랫동안 명상을 실천한 독자라면 고개를 끄덕이겠지만, 어디서부터 해야 할지 막막한 독자라면 아래의 방법을 따라 해보자.

초보자를 위한 명상법

1   아침 15분을 활용하기
2   누구의 방해도 받지 않을 조용한 장소 찾기
3   어디에 앉든 상관없지만 손은 무릎에, 허리는 곧게 펴는 것이 기본자세
4   Relax Meditation, Headspace, Omvana 등과 같은 명상 앱을 활용해 명상 음악을 고르기
5   아래의 6단계에 따라 자신의 의식을 관찰하기
    ◦ 타인과 연결된 느낌 갖기
    ◦ 감사하기
    ◦ 용서하기
    ◦ 3년 후의 미래를 그리기

∘ 꿈꾸는 하루 상상하기
　　　∘ 자신보다 더 큰 힘에 의해 보호·축복받고 있다고 생각하기
　6　매일 같은 시간, 같은 장소에서 하기
　7　일주일 이상은 꾸준히 실천하기

성공과 행복의 공식을 뒤집어라!

사랑과 연민, 감사, 평화, 비전, 자기조절, 지지.

비센 락히아니는 이 여섯 가지를 인간에게 필요한 정서로 보고, 명상을 통해 이것들의 수준을 향상할 수 있다고 말한다. 이 여섯 가지 요소에 대한 당신의 수준은 어느 정도인가? 행복과 비전은 적절하게 균형을 이루고 있는가? 자신의 정신 상태에 대해 얼마나 알고 있는가?

대부분의 사람들은 이런 생각을 한다. '열심히 하면, 더 성공하고, 성공하면 더 행복해질 거야.' 지금도 많은 학교와 기업이 다음과 같은 성공 공식을 따르고 있다.

노력 ⇨ 성공 ⇨ 행복

'열심히 노력해야 성공하고, 성공하면 행복해진다'라는 믿음. 우리모두가 이렇게 길들여지지 않았던가? 그래서 다들 어느 정도의 비전을 가지고 있다. 그러나 이 같은 성공 공식은 완전히 잘못되었다. 비전만 가지고는 스트레스에서 영영 벗어날 수 없기 때문이다.

심리학자 숀 아커$^{Shawn Archor}$의 연구에 따르면 우리의 두뇌는 '성공 다음에 행복이 있다'는 공식으로는 아무리 애를 써도 절대 행복에 도달하지 못하게 프로그래밍되어 있다. 우리의 두뇌가 '성공했다'고 생각될 때마다 성공의 목표를 바꾸기 때문이다. 그래서 대학에 가면 좋은 직장에 취직하길 원하고, 취직하면 더 많은 돈을 벌길 원하는 것이다.

또한 현대의 과학은 부정적이거나 중립적, 혹은 스트레스 상태의 두뇌보다 긍정적인 두뇌가 훨씬 더 잘 작동한다는 사실을 입증했다. 즉, 행복한 사람이 성공할 확률이 훨씬 더 높다는 것이다.

그러니 어쩌겠는가. 이제는 행복과 성공의 공식을 뒤집을 차례다.

행복 ⇨ 성공

이제 먼저 행복해지기 위해 노력하자. 두뇌를 행복하게 할 자신만의 방법을 찾아 스스로의 의식을 관찰하고, 비전을 창조하고, 행복의 수준을 높이려는 노력을 꾸준히 하다보면 어느새 삶의 주인이 되어 있는 자신을 발견하게 될 것이다.

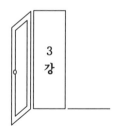

내 인생의 의미를 만드는 4가지 기둥

'이렇게까지 해서 살아야 하는 이유가 뭘까.'

삶이 뜻대로 흘러가지 않을 때, 사는 데 낙이라곤 없을 때, 혹시 이런 생각이 들진 않았는가?

여기 지독한 가난과 외로움 앞에서 절망적인 기분으로 삶의 의미를 되묻는 한 여자가 있다. 싱글맘으로 살면서 생계형 아르바이트를 전전하는 그녀는 이렇게 고단한 삶을 왜 계속 살아가야 하는지 의문이다.

작가가 되고 싶었지만, 부모님은 좀더 현실적인 직업을 갖길 원하셨다. 가령 대기업 회사원 같은. 그녀가 불문학을 전공한 것도 부모님과 꿈 사이의 절충안이었다. 그러나 돌이켜보니 부모도, 그녀 자신도 만족하지 못한 최악의 결정이었다.

이후 대학을 졸업하고, 결혼한 지 1년이 되었을 무렵 그녀는 남편에게 이혼을 당한다. 딸을 낳은 지 4개월 만의 일이었다. 변변한 직업도 없는 상태에서 애 딸린 이혼녀가 되어버린 것이다. 홀로 아기를 키우며 제대로 된 일자리를 얻기란 하늘의 별 따기였다. 우유 한 잔에 물을 타 아이와 나눠 마실 정도로 가난했지만 그보다 더 힘들었던 것은 모멸감과 우울증을 견디는 일이었다.

배가 고파 우는 아이 옆에서 그녀는 생각했다. 이번 생은 망했다고. 이보다 실패한 인생은 없을 것이라고.

깊은 좌절과 고독 속에서 그녀는 과연 인생의 의미를 찾을 수 있을까.

◦—◦

"모든 것의 의미는 사실 '아무 의미도 없다'는 데에 있다."

영화 〈베가 번스의 전설The Legend of Bagger Vance〉에 나온 명대사다. 인생의 공허함을 잘 표현한 이 말에 공감하는 독자라면 에밀리 에스파하니 스미스Emily Esfahani Smith의 이야기를 들어보자.

그녀는 '삶에는 행복보다 더 중요한 것이 있으며, 행복만을 추구하려는 태도가 오히려 우리를 불행하게 한다'는 놀라운 주장을 한다. 스위스 취리히에서 태어나 캐나다 몬트리올에서 성장한 그녀는 다트머스 대학교를 졸업하고 남들처럼 성공과 행복을 좇아 살다가 계속되는 불안에 긍정심리학을 공부하기로 결심한다.

긍정심리학의 메카인 펜실베니아 대학교에서 수많은 사람들을 인터뷰하며 삶의 의미를 연구한 그녀는 현재 작가이자 강연자, 저널리스트로 활발히 활동하며 심리학과 철학, 문학을 아우르는 명쾌한 이야기를 전한다.

현재 스탠퍼드 대학교의 후버 인스티튜션의 에디터로도 활동하고 있으며, 〈월스트리트저널〉과 〈뉴욕타임스〉 등에서 칼럼을 연재하고 있는 그녀의 이야기를 통해 각자에게 주어진 삶의 의미에 대해 생각해보자.

삶에는 행복보다 더 중요한 게 있다

by 에밀리 에스파하니 스미스

○ 우리는 행복해야 한다고 강박적으로 믿는 문화 속에 살고 있다. 하지만 삶에는 행복보다 더 중요한 것이 있는데, 바로 '삶의 의미를 찾는 일'이다.

○ 삶의 의미를 찾기 위해서는 '소속감', '목적', '초월성', '스토리텔링'이라는 4개의 기둥이 필요하다.

○ 4개의 기둥으로 삶의 의미를 찾은 사람들은 그들의 삶 속에서 벌어지는 일들을 '회복-성장-사랑'으로 정리해서 자신만의 이야기를 만든다.

QR코드를 스캔하시면
강연 동영상을
보실 수 있습니다.

"예전의 저는 인생의 목적이 행복을 추구하는 것이라 생각했어요. 다들 행복하려면 성공해야 한다고 하더군요. 그래서 애를 써서 이상적인 직업, 완벽한 남자친구, 멋진 집을 가졌는데 이상하게도 만족스럽지가 않은 거예요. 늘 근심이 가득했고 방황하기 시작했죠. 이건 저뿐만이 아니었어요. 제 친구들도 마찬가지였죠."

자신이 왜 인생의 의미를 연구하게 되었는지 이야기하는 에밀리 에스파하니 스미스를 보고 있자니 마치 나를 보는 것 같은 착각이 들었다.

"이건 완전 내 이야기잖아. 어쩜 저렇게 똑같은 생각을 할 수가 있는 거지?"

신기하기도 했지만 그보다는 흥분 상태가 되었다는 표현이 더 적절할 듯하다. 삶의 의미를 찾는 데 큰 힌트를 얻을 수 있을 것 같다는 강한 예감이 들었기 때문이다. 그리고 예감은 적중했다.

대학, 직업, 결혼, 집…. 인생의 숙제라 여겼던 것들을 모두 해냈지만, 전혀 행복해지지 않았을 때의 당혹감. 그렇게 살아야 행복하다는 말을 믿고 노력했을 뿐인데, 행복은 아주 찰나의 감정일 뿐 며칠을 넘기지 못했다. 그리고 가장 행복할 것이라 예상했던 시기에 아이러니하게도 최악의 방황이 시작되었다. 더 이상 무엇을 해야 할지 몰랐기 때문이다.

'난 최선을 다했어! 그런데도 행복하지 않잖아.'

다양한 일탈과 어리석은 행동을 저지르고 나서야 그녀처럼 인간의 행복과 삶의 의미를 연구하는 사람들이 있다는 것을 알게 되었다.

운이 좋은 발견이었다. 그들은 이미 행복 너머의 삶을 연구하고 있었다. 앞에서 이야기한 마틴 셀리그만의 '웰빙 이론'을 기억하는가? 그역시 초창기에는 행복 이론을 주장했지만 곧 그 한계를 인정하고 행복보다는 웰빙, 즉 '잘 사는 것'을 추구해야 한다고 강조하지 않았던가. 그가 말하는 잘 사는 다섯 가지 조건인 '긍정적 정서', '몰입', '관계', '의미', '성취' 중에서도 가장 이해하기 어려운 요소가 바로 이 '의미'였다.

마틴 셀리그만은 '의미'를 두고 '자기 자신보다 더 중요하다고 믿는 어떤 것에 소속되고 거기에 기여하는 것'이라 정의했다. 그러나 이설명만으로 이해하기엔 삶의 의미는 너무 심오하고 난해한 문제였다. 삶의 의미에 대해 논하는 다른 책과 강연을 들어봤지만, 딱히 마음에 와닿거나 정리되는 느낌을 받지 못했다. 그래서인지 삶의 의미에 대한 그녀의 이야기가 더욱 고맙게 느껴진다.

생각해보자. 직장과 가족을 다 포기하고 유학을 가서 삶의 의미에 대해 연구하지 않더라도 침대에 누워 누군가 수년간 연구한 핵심을 단 십여 분 만에 배울 수 있다는 사실 말이다. 참으로 감사한 일이 아닐 수 없다.

다시 본론으로 돌아가 그녀의 연구를 살펴보면 우리가 절망하고 우울해하는 이유는 행복하지 않아서가 아니었다. 그보다는 다른 무언가가 부족해서였다. 그것은 바로 '삶의 의미'다.

행복은 안정감 있고 편안하고 기분 좋은 상태를 말하지만 삶의 의미는 좀더 심오한 문제다. '왜 살아가야만 하는가', '무엇으로 사는가', '어떻게 해야 의미 있는 삶을 만들어 갈 수 있는가' 등 역사가 시작된 이래 삶에서 의미를 찾고자 하는 인간의 본질적인 질문은 계속되었다.

그러나 단지 하루하루 쌓이는 경험의 합으로 삶의 의미와 존재의 이유를 설명하기에는 부족하다. 우리는 그 이상을 원한다. 이 질문에 대한 답을 찾기 위해 에밀리 에스파하니 스미스는 몇 년간 수많은 사람을 인터뷰하고 무엇이 그들의 삶을 의미 있게 만드는지를 질문했다. 전직 마약 거래상이나 암 말기 환자부터 심리학자, 철학자, 사회학자들까지. 그들의 인생길을 따라 삶을 의미 있게 만드는 것들에 대해 찾아본 결과, 저마다 독특한 결론이 나왔다.

어떤 사람은 자녀가 생기면서 인생의 의미가 생겼다고 말하기도 했고 또 어떤 사람은 누군가를 도움으로써 삶의 의미를 만든다고도 했다. 각기 다른 대답이었지만 이를 분석해보니 공통으로 등장하는 네 가지 주제를 발견했다.

소속감 · 목적 · 초월성 · 스토리텔링

그녀는 이것을 인생의 네 가지 기둥이라 부르는데 각각에 대해 살펴보는 것은 삶의 의미를 찾는 데 도움이 될 것이다. 나는 어떤 기둥을 가졌는지 점검해보자.

소속감 Belonging

여기에서 '소속감'은 학교나 기관처럼 단순히 어느 집단에 소속되어 있을 때, 느끼는 감정을 뜻하는 것이 아니다. 소속감은 자신을 구성원으로 인정하고, 자신 역시 가치 있다고 생각하는 사람들 사이에서 생겨나는 '서로 연결되어 있다는 느낌'이다.

소속감을 느끼는 것은 삶의 의미에 있어서 가장 중요한 요소이다. 우리는 누군가에게 거부나 무시를 당할 때 삶을 의미를 적게 느끼고, 반대로 자신이 타인에게 소중한 존재로 느껴질 때 삶의 의미를 크게 느낀다.

그러나 소속감은 가족이나 배우자, 친구처럼 깊은 관계에서만 얻을 수 있는 것이 아니다. 느슨한 유대 관계에서도 소속감을 느낄 수 있다. 가령 출근길에 마주치는 택배 배달원이나 동네 슈퍼 주인과 같은 느슨한 관계에서도 소속감을 느낄 수 있고, 이 관계 역시 개인의 삶에 의미 있는 원천이 된다.

심리학자 마크 리어리[Mark Leary]와 로이 바우마이스터[Roy Baumeister]는 느슨한 관계가 삶의 의미를 가져오는 이유 두 가지를 이렇게 설명한다. 먼저 그것 역시 상호 간의 보살핌을 기반한 유대 관계이기 때문이고, 그런 작은 순간들이 삶에 소소한 기쁨과 재미를 주기 때문이다.

잠시 짬을 내어 건네는 인사 한마디나 친절한 미소가 서로에게 가치 있다는 느낌을 준다. 그렇게 누군가가 당신을 가치 있게 여기고 소중하게 대하면 자신을 가치 있다고 생각하게 된다. 그뿐만 아니라 이런 관계를 맺는 사람들은 그렇지 않은 사람들에 비해 더 자주 타인과의 상호 작용에서 오는 기쁨을 느낀다.

목적 Purpose

삶의 의미를 세우는 두 번째 기둥인 '목적'은 우리가 흔히 생각하는 목표와는 다르다. 목적은 우리의 직업을 찾는 데 있는 것이 아니라 자신의 강점을 이용해 타인을 돕는 데 있으며, 경제적인 것이 아닌 존재에 관한 것이다.

꼭 거창할 필요는 없다. 누군가에게는 빈곤에 시달리는 고아를 돕는 것이 목적일 수 있지만, 또 다른 누군가에게는 좋은 부모나 친구가되는 것이 삶의 목적일 수 있다. 그게 무엇이 되었든 자신이 내어줄 수 있는 무언가를 만드는 것이 바로 삶의 목적을 찾는 길이며, 목적이 있을 때 우리 삶은 한층 의미 있어 진다.

물론 '내 삶인데 왜 타인을 위하는 목적을 가져야 하는지'에 대해 의문이 생길 수 있다. 이렇게 묻는다면 대답은 간단하다. 혼자 사는 세상이 아니기 때문이다. 타인이 없다면 나의 존재 자체가 무의미해진다. 네가 있기에 나도 있다는 것을 기억하자.

초월성 Transcendence

세 번째 기둥인 '초월성'은 자기 자신을 잊을 정도로 경이로운 순간, 우리가 훨씬 더 큰 무언가와 연관되어 있다고 느낄 때의 경험이다. 흔히 종교를 떠올릴 수 있는데, 초월성은 대자연이나 예술 작품을 감상할 때, 글을 쓸 때도 경험할 수 있다.

내가 초월성을 느끼는 순간은 주로 하늘을 바라볼 때이다. 구름이 흘러가는 모습이나 붉게 물드는 석양을 바라볼 때, 까만 밤하늘에 총총 떠 있는 별들을 바라볼 때마다 나를 잊고 시공을 초월한 느낌을 받는다. 물론 교회에 다니는 사람들이 하나님의 은혜에 대해 느끼는 경외감도 초월성이다. 누군가에게는 이 초월성이 삶에서 가장 강력한 의미의 원천이 되기도 한다.

스토리텔링 Storytelling

마지막 네 번째 기둥은 바로 '스토리텔링'이다. 이것은 자신의 이야기를 만들면서 일상의 경험과 자신을 둘러싼 주변 세계를 이해하는 방법이다.

앞에 나온 싱글맘의 이야기를 기억하는가? 그 이야기의 주인공은 다름 아닌《해리포터》를 쓴 세계적인 작가 조앤 K. 롤링^{Joan K. Rowling}이다. 그녀가 스토리텔링한 것은 소설뿐만이 아니었다. 그녀는 절망으로 가득 찬 자신의 삶에서 회복의 스토리를 썼다. 어린 딸을 두고 삶을 포기할 만큼 좌절을 경험했지만, 그녀는 거기에서 끝나지 않았다. 자신의 실패를 스토리텔링함으로써 자기 자신을 있는 그대로 받아들이는 법을 배웠으며, 모든 열정을 글쓰기에 쏟으며 삶의 의미를 찾아냈다. 자신의 삶을 객관적인 정보에 근거해 스토리텔링하면 자신이 왜 이런 상황에 부닥치게 되었는지 알 수 있고, 그 안에서 삶의 의미를 찾을 수 있다.

누구도 당신을 대신해서 삶의 의미를 찾거나 만들 수 없다. 그러나 누구든 자신의 삶에서 의미를 발견할 수는 있다. 설령 아무리 절망스러운 상황에 처해 있다 할지라도 말이다.

내게 그러했듯 당신에게도 이 시간이 삶의 의미에 대해 새로운 통찰을 가져오기를 바란다. 이미 의미를 찾은 독자라면 그것을 더 견고히 하는 계기가 되기를. 아직 아무런 의미도 찾지 못해 방황하고 있는 독자라면 삶의 의미를 찾는 전환점이 되기를.

그리고 에밀리 에스파하니 스미스의 말을 다시 한 번 기억하자. 행복은 어느 순간 반짝하다 곧 사그라들지만, 삶이 너무 좋거나 혹은 너무 괴로울 때 방황하는 우리를 지탱하는 것은 바로 삶의 의미라는 사실을 말이다.

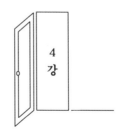

4
강

행복은 스스로 만들어낼 수 있다

"돈은 무조건 많을수록 좋은 거야."

"나이가 차면 당연히 결혼해야지. 평생 혼자 어떻게 살래? 대충 비슷한 사람끼리 만나서 결혼하고 그러는 거지. 그렇게 따지다간 평생 혼자 늙어 죽는다."

"하나는 외로워. 힘들어도 둘은 낳는 게 좋지."

옛말은 틀린 게 없다지만 문득 궁금해진다. 정말일까. 다 자식을 위한 거라는 명분으로 많은 부모가 당당하게 주장했던 이러한 말들은 과연 얼마나 과학적인 근거가 있을까?

이런 조언을 듣고 자란 아이가 부모가 되었을 때, 자식에게 똑같이 근거 없는 조언들을 쏟아내지 않을까. 우리가 행복하지 않은 건 어쩌면 당연한 결과가 아니었을까.

○——○

생각해보자. 빈부 격차가 날로 커지고 있지만 객관적으로 비교하면 21세기의 빈곤층도 기원전 5세기의 인류보다는 많은 것을 가지고 있다. 그런데 왜 풍요로워진 만큼, 가진 만큼, 목표를 이룬 만큼 행복해지지 않느냔 말이다.

이 어려운 질문에 대답할 또 한 명의 멘토는 하버드대 심리학 교수로 재직 중인 대니얼 길버트 Daniel Gilbert다. 그는 행복에 대해 수년간 연구해온 사회 심리학자이자 작가로, 심리학의 발전에 지대한 공로를 했다. 그 공로를 인정받아 미국 심리학회의 우수과학 업적상을 비롯해 수많은 상을 받았으며, 2006년 출간된 《행복에 걸려 비틀거리다 Stumbling on Happiness》는 전 세계 30여 개국에서 출간되고 〈뉴욕타임스〉 베스트셀러로 선정될 만큼 큰 인기를 끌었다.

그러나 무엇보다 그의 매력이 가장 발휘되는 곳은 연단 위에서다. 긴 호흡으로 쉴 새 없이 쏟아지는 객관적인 근거와 감각적인 위트는 자칫 어렵게 느껴질 이야기를 유쾌하게 만든다. 들을 때마다 저절로 미소가 지어지는 강연이랄까.

미래에 대한 막연한 걱정, 능력에 대한 끊임없는 의심, 관계에서 오

는 스트레스, 돈 걱정, 노후 걱정까지. 이런 온갖 걱정과 불안이 스스로
만들어내는 것이란 걸 알면서도 멈추기가 어렵다면 그가 들려주는 놀
라운 행복의 비밀을 들어보자.

그의 강연은 당신이 가진 걱정과 불안을 좀더 과학적이고 객관적
으로 바라보게 해 행복을 만들어가는 법을 알려줄 것이다.

행복에 걸려 비틀거리다

by 대니얼 길버트

- ○ 우리가 행복해지기 어려운 이유는 '근거 없이 만연한 조언'과 '상상력의 오류' 때문이다.

- ○ '근거 없이 만연한 조언'의 대표적인 예는 엄마의 조언과 같은 확실하지 않은 주변 사람들의 조언이다.

- ○ '상상력의 오류'는 현재를 기반으로 미래를 예측하거나 어떤 일이 발생할 때 상상과는 전혀 다르다는 것을 인식하지 못하는 것, 상상력에 의해 정보를 채우거나 빼먹는 것 등이다.

QR코드를 스캔하시면 강연 동영상을 보실 수 있습니다.

인간이 행복을 느끼기 어려운 이유가 '근거 없이 만연한 조언'과 '뇌 구조상 발생하는 상상력의 오류' 때문이라니, 흥미롭지 않은가? 대니얼 길버트는 특히나 엄마들이 근거 없는 조언을 하고 있다며 결혼, 돈, 출산과 관련한 조언들을 바로잡는 부분은 짜릿하기까지 하다. 물론 모든 엄마가 그렇지는 않겠지만 그만큼 잘못된 조언이 만연하다는 소리가 아닐까. 결혼, 돈, 출산과 관련한 근거 없는 대표 조언들과 그가 바로잡은 내용을 아래 간단히 정리한 후, 우리 뇌에서 잘못 작동하고 있는 것들에 관해 이야기하겠다.

1. 결혼한 사람들이 혼자 사는 사람들보다 더 행복하다?

과연 사실일까? 물론 결혼한 사람들의 행복도는 확실히 결혼 전보다 높다. 그러나 이혼한 사람들의 행복도 역시 이혼 후에 높아졌다. 결론은 모든 결혼이 행복을 가져다주는 것이 아니라 행복한 결혼 생활이 행복을 가져다준다는 것이다.

2. 돈은 많을수록 행복하다?

연구 결과, 일정 수준까지(연간 $40,000~$100,000)는 소득이 높아질수록 행복지수도 높아졌지만, 일정 소득 이후에는 소득이 행복과 관련이 없는 것으로 나타났다. 또 한 가지 사실은 자신을 위해 돈을 쓸 때보다 남을 위해 돈을 쓸 때 행복의 수준이 더 오래 유지되었다는 것이다. 돈이 없어서 불행한가? 그렇다면 어느 정도까지는 돈을 버는 게 행복을 가져다줄 것이다. 그러나 돈이 많은데도 불구하고 행복하지 않다면 돈을 잘못 쓰고 있는 건 아닌지 돌아보자.

3. 육아를 하는 사람이 그렇지 않은 사람보다 행복하다?

아이가 있으면 무조건 행복할 것이라 생각하는가? 그러나 연구 결과 육아를 하는 사람보다 그렇지 않은 사람이 객관적으로는 더 행복한 것으로 나타났다. 놀라운 사실 아닌가? 그만큼 육아가 힘들다는 말이지만, 수많은 사람들이 아이를 축복이라 여기고 아이로 인한 기쁨을 느끼는 이유 중 하나는 사실 우리의 뇌가 착각을 일으키기 때문이다.

어떤가. 대니얼 길버트가 바로잡은 근거 있는 조언들이 흥미롭지 않은가? 이제 행복을 가로막고 있는 우리 뇌의 오작동에 대해 이야기해보자. 대체 우리 뇌는 어떤 오류를 범하면서 행복을 방해하고 있는 것일까?

상상력은 인간의 생존법이다!

모든 동물은 경험을 통해 학습하고 생존한다. 그러나 시행착오에서 비롯된 학습은 그 대가가 비싸다. 고양이를 피하지 못한 쥐에게 다음 기회란 없을 터. 그래서 인간은 시행착오를 통한 생존보다 더 정교한 생존법을 발달시키는데 그것은 바로 '상상력'이다.

대니얼 길버트의 말에 따르면, 인간의 뇌는 2백만 년 전보다 3배 정도가 커지면서 새로운 기관이 생겼다. 그 기관은 바로 전두엽, 그중에서도 전전두엽이라 불리는 곳이다. 전전두엽이 담당하는 많은 일 중 가장 중요한 역할은 경험을 시뮬레이션하는 일이다. 쉽게 말해 '아직 경험하지 않은 사건을 상상하는 능력'이다. 이 능력을 통해 인간만이 유일하게 직접 저지르지 않은 일을 학습한다.

'경험을 시뮬레이션한다고?'

경험을 시뮬레이션하는 것이 감이 잘 오지 않는다면 밥에 우유와 케첩을 넣어먹는 걸 상상해보라. 생각하는 것만으로도 '웩!' 하고 구역질이 나지 않은가? 해본 적은 없지만 그냥 안다. 이처럼 인간은 경험하지 않은 일을 예측하는 능력이 있는데 이게 바로 '경험의 시뮬레이터'가 하는 일이다.

경험의 시뮬레이터는 우리가 살아가는 데 분명 많은 도움을 주지만 안타깝게도 오류가 많다.

예를 들면 취업준비생들은 원하는 직장에 입사하면 인생이 더 행복해질 것이라 생각한다. 먼저 입사한 친구들을 보면서 어떻게든 취직하겠다는 의지를 불태우고 면접에서 떨어지면 다시 절망하는 사이클을 반복하면서 생각한다. 취직만 하면 더 바랄 것이 없겠다고. 그때부터 장밋빛 인생이 펼쳐질 거라고.

그런데 그토록 원하던 회사에 입사한 직장인들에게 물어보자. 인생이 그만큼 행복해졌느냐고. 안타깝지만 대부분의 대답은 "아니오"다.

왜 그럴까? 그것은 우리의 상상력이 부족하기 때문이 아니라 처음부터 경험의 시뮬레이터가 잘못된 상상을 했기 때문이다. 우리는 억울하게도 경험의 시뮬레이터가 만들어낸 그 오답에 속아 잘못된 미래를 예측한다. 그렇다면 우리 뇌 속에서 벌어지고 있는 이 오류의 정체를 파악한다면 좀더 합리적인 상상을 할 수 있지 않을까?

상 상 력 의 세 가 지 오 류

　그는 우리가 미래를 잘못 예측하는 이유로 아래의 세 가지를 꼽는다. 아마 당신도 예외는 아닐 것이다.

1. 정보를 채우거나 혹은 있는 정보를 빠뜨리는 오류
'나만 빼고 다 잘사는 것 같아.'

　애인과의 근사한 해외 휴가, 고급스러운 호텔과 레스토랑, 다정한 포즈 등 친구들이 SNS에 올리는 사진을 보면 이런 생각이 절로 든다.

　최근 사회적 쟁점이 되고 있는 '카페인(카카오톡, 페이스북, 인스타그램의 앞글자를 딴 줄임말) 증후군'은 SNS에서 타인의 행복한 일상을 보면서 우울감, 열등감, 상대적 박탈감을 느끼는 사회 현상을 말한다. 이 현상은 첫 번째 상상력의 오류를 설명하기에 딱 적당한 예이다.

　보기만 해도 한숨이 나오는 카드 명세서와 통장 잔액, 연인과의 말다툼, 바가지요금, 덥고 습한 날씨, 여행지에서의 불쾌했던 경험 등 친구들이 SNS에 올린 '사진 한 장'에는 수많은 정보가 빠져 있지만, 경험의 시뮬레이터는 이를 집어내지 못한다. 이것은 경험의 시뮬레이터가 범하는 첫 번째 오류로 상상하는 과정에서 없는 정보를 채우거나 혹은 있는 정보를 빠뜨린다.

　그럼에도 불구하고 우리는 그 찰나의 순간만으로 그들의 행복과 나의 불행을 예측한다. 그들은 행복하고 나는 그렇지 못하다고 말이다. 이 같은 상상의 오류는 매우 순식간에 일어나기 때문에 대개는 이렇게 불쑥 올라오는 생각에 대해 별다른 의심을 하지 않고 받아들인다. 하지만 이러한 착각의 문제를 해결하고 싶다면 빠져 있는 내용 중에 정말로 중요한 것이 있다는 사실을 기억해야 한다.

이제는 스스로에게 말해보자. 보이는 것이 다는 아닐 거라고. 빠뜨린 내용 중에 정말로 중요한 것은 없는지, 스스로에게 질문하는 것만으로도 예측의 정확도를 높일 수 있다.

2. 발생하는 일이 상상할 때와는 전혀 다르다는 점을 인식하지 못하는 오류

소개팅을 나갔는데 앞에 앉은 상대가 밥 먹는 도중에 코를 판다. 소개팅 내내 다른 좋은 점은 눈에 들어오지 않고 코를 파던 그의 손가락만 자꾸 생각나니 어쩌나. 아마 두 번은 못 만날 것이다.

그런데 이미 결혼을 했다면? '그래도 착하잖아', '애들에게 잘하면 됐지' 등 애써 만족할 거리를 찾아내서 합리화하지 않는가. 코 파는 배우자 앞에서 이혼을 결심하는 사람은 거의 없다.

대니얼 길버트의 설명에 따르면 인간은 누구나 앞뒤로 꽉 막힌 상황에서 행복할 방법을 찾아내는 능력이 있는데, 이를 '심리적 면역 체계'라 부른다. 물러설 곳 없는 최악의 상황에서도 행복하다고 믿으면 실제로 행복하다고 느낄 수 있는 능력이 우리에게 있는 것이다.

이러한 심리적 면역 체계는 큰 고통이나 선택의 여지가 없는 경우에는 잘 돌아가지만, 자잘한 고통에는 잘 작동하지 않는다. 생사의 고

비를 넘나드는 투병 생활 중에는 삶에 대해 긍정적인 태도를 유지했으면서도 치료가 끝나고 일상으로 돌아와 겪는 작은 불쾌함 앞에서는 여지없이 짜증을 참지 못하는 이유가 여기에 있다. 작은 일들은 심리적 안정에 큰 위협을 주지 못하기 때문에 작동하지 않지만, 엄청난 불행은 큰 위협이 되므로 오히려 엄청난 긍정의 힘을 발휘할 수 있다.

이 때문에 우리의 뇌는 어떤 새로운 상황에 놓여도 시간이 지나면 상황에 적응하지만, 경험의 시뮬레이터는 우리가 이에 적응하지 못할 것이라고 예상한다. 어떤 일이 발생하고 나면 그 일이 상상했을 때와는 전혀 다른 모습이 될 수 있는데도 이를 인지하지 못하고 실제보다 더 괴로울 것으로 예상하는 것이다.

그러나 실제 수많은 연구(몇몇 예외적인 트라우마 사건을 제외하고는)가 석 달이 지나면 어떤 사건도 우리의 마음에 큰 영향을 미치지 못한다는 사실을 밝혀냈다.

배우자를 잃는 상상을 하면서 '숨을 못 쉴 정도로 괴로울 거야. 아마 견딜 수 없을지도 몰라'라는 상상은 쉽게 하지만 시간이 지나 언젠가 웃고 있을 자신의 모습은 쉽게 상상하지 못하는 것처럼 말이다. 우리에게 이러한 심리적 면역 체계가 있다는 사실을 이해한다면 어려운 상황에서 마음의 평정심을 찾는 데 도움이 될 것이다.

3. 현재를 기반으로 미래를 예측하는 오류

'배고프니까 많이 시켜야지.'

저녁 8시가 지났는데 아직도 저녁을 못 먹었다. 점심부터 거른 탓인지 뱃가죽이 등에 들러붙을 지경. 분식집에 들어가 메뉴판을 보니 먹고 싶은 게 세 개나 된다. 결국 떡볶이, 튀김, 순대를 종류별로 시킨다. 반도 못 먹었는데 벌써 배가 부르다. '괜히 많이 시켰나' 하는 후회가 밀려온다. 매일 먹는 게 일이면서 왜 배가 금방 차리란 걸 예상하지 못했을까.

이것은 경험의 시뮬레이터가 범하는 세 번째 오류 때문이다. 우리가 예측하는 상상 속 미래는 우리의 현재의 상태에 기반을 둔다. 따라서 상상하는 미래는 주어진 현실에서 크게 벗어날 수 없기 마련인데 경험의 시뮬레이터는 이 사실을 모른다.

예를 들어, 쓴 인삼을 씹으면서 달콤한 음식을 상상하는 게 어려운 것처럼 지금 현재 우울한 사람은 자신의 밝은 미래를 상상하기 어렵다. 계속 우울한 삶이 이어지리라 예측하는 것이다. 그러나 그것은 실제 다가올 미래가 아니다. 어디까지나 현실에 기반을 둔 상상 속 미래일 뿐이다. 그러나 우리는 그것이 다가올 미래인 양 착각하고 끝도 없는 걱정을 이어간다.

상상력으로 만들어진 행복도 진짜 행복일까?

자, 어떠한가? 그동안 생각했던 미래에 대한 걱정이 조금은 다른 시각으로 다가오지 않는가? 우리의 미래는 우리가 걱정하는 것만큼 어둡지 않다. 당신의 뇌 안에서 벌어지는 상상력의 오류를 인지하는 것만으로도 분명 쓸데없는 걱정을 많이 줄일 수 있을 것이다.

마지막으로 한 가지 더 기억하면 좋을 대니얼 길버트의 조언은 '우리가 행복을 만들 수 있으며 그렇게 만들어진 행복도 진짜 행복이다'라는 것이다. 코 파는 배우자 앞에서 '그래도 착하니까'라고 생각하는 것. 우리가 가끔 제멋대로, 혹은 나 좋을 대로 생각했던 일들이 실은 스스로 행복을 만드는 과정이었다.

어느 날 한 지인이 이런 이야기를 했다.

"소개팅으로 누굴 만나는 건 너무 부자연스럽지 않아? 난 그냥 자연스럽게 만나는 게 좋더라."

소개팅뿐만이 아니다. 우리는 흔히 만들어진 것이 자연스러운 것보다 못하다는 믿음이 있다. 그러나 이러한 믿음은 우리가 가진 행복을 만들어내는 능력을 과소평가하게 한다. 그래서 우리는 각자 행복을 만들어내는 능력이 있음에도 그런 능력이 있다는 걸 모르거나 설령 안다고 해도 그게 진짜 행복이 아니라고 생각하는 것이다.

그러나 대니얼 길버트는 만들어낸 행복도 자연스러운 행복과 아주 똑같다고 이야기한다. 코 파는 배우자와 살면서도 다른 장점을 떠올리며 만족하고 산다면 그것 역시 행복이라는 것이다.

기억하자. 행복에는 급이 없다. 만들어진 행복도 똑같은 행복이다.

"인생이 비참하고 무질서해지는 까닭은 선택과 포기의 차이를 과대평가하기 때문입니다. 조금 더 좋은 것이야 있겠지만, 지나친 열정으로 인해 신중함이나 공정함을 유지하지 못하거나 과거 실수에 대한 부끄러움, 잘못에 대한 후회로 마음의 평화를 잃을 만큼 가치 있는 일은 없죠."

그는 또 다른 강연에서 현대 자본주의의 창시자 애덤 스미스^{Adam} ^{Smith}의 말을 인용하며 우리가 행복을 만들어내는 환경을 모르기 때문에 행복해지기가 어려운 것이라고 말한다. 이 강연에서 그가 이야기하고자 하는 것은 우리의 바람이나 걱정이 지나칠 때가 있다는 점이다. 더 나은 미래를 위해 노력하는 것은 가치가 있겠지만 그 차이를 과대평가해서 자신을 강하게 몰아세울 필요는 없다는 말이다.

미래에 대한 막연한 걱정, 자기 능력에 대한 끊임없는 의심, 관계에서 오는 스트레스…. 우리를 옭아매고 있는 근심 걱정들을 다시 한 번 바라보자. 그의 조언대로 어떠한 선택을 하던 우리가 스스로 행복을 만들어내는 존재라는 사실을 기억한다면 우리가 가진 과도한 걱정과 불안을 조금은 덜어낼 수 있을 것이다.

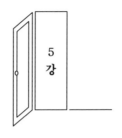

후회 없는 선택을 위한 가이드

"임신 중이라 비타민을 먹으려고 하는데요. 검색해보니 제품이 너무 많아서 고민이 돼요. 좋은 것으로 추천 부탁해요."

"신차 구매 예정입니다. 3,000만 원 선에서 생각 중인데 뭐가 좋을까요? 애가 둘이니 아무래도 SUV가 낫겠죠? 추천 부탁합니다."

어디 이뿐이랴.

"노트북 어떤 것이 좋을까요?", "배경화면 다들 뭐 쓰세요?", "괜찮은 게임 캐릭터 하나만 골라주세요" 등 인터넷 게시판에는 결정 장애라 제목 붙은 글들이 하루에도 수백, 수천 건씩 올라온다.

이제는 결정을 못하는 사람들을 위해 대신 선택해주는 애플리케이션까지 생겨났다.

대체 언제부터 이렇게 스스로 무언가를 결정하는 것이 어려워졌을까?

◦————◦

1982년생인 독일의 젊은 저널리스트 올리버 예게스^{Oliver Jeges}는 〈디벨트〉라는 일간지에 선택의 홍수 속에 방황하는 2, 30대를 가리켜 '메이비 세대^{Generation Maybe}'라 부르며 이들에 대한 에세이를 기고해 전 세계적인 반향을 불러일으켰다.

메이비 세대라. "글쎄…"를 입에 달고 사는 우리에게 잘 어울리는 명칭이다. 전쟁과 가난을 겪지 않은 행운의 첫 세대. 지구 역사상 그 어떤 시대보다 무궁무진한 선택의 자유가 허락된 희망의 세대. "살기가 얼마나 좋아졌니. 우리 때는 안 그랬다"라는 이야기를 귀에 못이 박이게 듣고 자란 복 받은 세대. 다 맞는 말이다. 그런데 이상하다. 그렇게 복 받은 것 같지 않은 이 묘한 기분은 뭘까?

레고 조립하듯 스스로의 의지로 얼마든지 자신의 삶을 만들 수 있다고 하는 이 사회에서 만 오천 개가 넘는 직업 중 단 하나를 고르지 못해 방황하는 건 정말 개인의 열등함 또는 노력과 열정의 부족 탓일까?

직업은 고사하고 점심 메뉴 하나 고르는 것도 어려워하는 자신에게 지쳐본 적 있는 독자라면 경제학과 심리학의 관계를 연구하며 현대인들에게 놀라운 통찰을 준 배리 슈워츠Barry Schwartz의 이야기를 들어보길 권한다.

그는 과잉 선택의 희생양이 된 현대인의 모습을 분석한 심리학자이자 경제학자로, 현대사회가 모든 면에서 더 많은 자유와 선택을 얻었음에도 우울해하는 이유를 설명한다. 나아가 최근에는 규칙과 보상만으로 움직이는 사회를 비판하고 인간성과 도덕성을 강조하는 '실천적 지혜Practical Wisdom'에 대한 연구를 활발히 하고 있다.

그는 인간은 자유와 선택의 기쁨을 누릴 때 행복하지만 과도한 선택의 자유는 오히려 행복감을 감소시킨다며 전 세계 사람들에게 과도한 선택의 희생양이 되지 않는 방법을 알려준다. 공기처럼 당연시 여겨졌던 선택과 자유의 본질에 관해 통찰을 얻어보자.

선택의 역설

by 배리 슈워츠

○ 우리는 선택의 폭이 넓어진 것이 더 많은 자유와 행복을 가져다준다고 믿지만, 이는 사실이 아니다.

○ 과도한 선택은 심리적 긴장과 스트레스를 유발해 판단력을 흐리게 하고, 선택으로 인한 만족도를 떨어뜨린다.

○ 과도한 선택의 희생양이 되지 않기 위해서는 최고의 선택을 하려 하기보다는 자신만의 기준으로 만족스러운 선택을 하는 법을 익혀야 한다.

QR코드를 스캔하시면 강연 동영상을 보실 수 있습니다.

인생에 정답은 없고 각자 만들기 나름이라지만, 그래서 가끔은 더 힘겨울 때가 있지 않은가? 이제 우리는 집안 대대로 내려오는 생업 대신 만 오천 개가 넘는 직업 중 하나를 선택해야 하고, 어떤 사람이 될지 스스로 선택해야 한다. 삶 자체가 선택의 연속인 것이다.

물론 선택의 자유는 좋다. 하기 싫은 일은 안 하면 된다. 그러나 '하기 나름인 인생' 앞에서 우리는 얼마나 힘겨운가? 무한한 선택의 자유 앞에 당당히 마주할 준비가 되어 있는가?

복잡한 DIY 상자처럼 펼쳐진 인생 앞에서 어떻게 조립을 시작할지 막막하다면 아래의 생각을 통해 자신의 일상을 돌아보고 해결의 실마리를 찾아보자.

과도한 선택이 주는 부정적인 결과

배리 슈워츠는 퇴직금 투자에 관한 연구에서 선택 가능한 옵션이 너무 많으면 사람들이 선택 자체를 매우 힘겨워한다는 것을 증명했다. 직원이 10개의 펀드를 추천할 때마다 투자율은 2% 감소했고, 50개의 펀드를 추천하면 5개의 펀드를 추천했을 때보다 참여도가 10% 감소했다. 50개의 펀드 중에서 하나를 고르는 일은 너무나 힘들기 때문이다. 그가 이야기하는 과도한 선택이 주는 부정적인 결과는 다음과 같다.

먼저, 과도한 선택은 자유보다 마비를 일으켜 판단력을 흐리게 한다. 또 선택권이 적은 경우보다 더 나쁜 선택을 하게 만들고, 선택으로 인한 만족도를 떨어뜨린다.

생각해보면 누구나 비슷한 경험이 있을 것이다. 내겐 결혼 준비가 그랬다. 웨딩플래너, 스튜디오, 식장, 혼수, 드레스, 메이크업, 신혼여행 등 수많은 선택 앞에서 특히 힘들었던 것은 웨딩드레스를 고르는 일이었다. 스무 벌이 넘는 드레스를 입고 나니 어느 것이 더 나은지에 대한 판단이 무의미해졌다. 판단력이 마비된 것이다.

"아 몰라. 정말 못 고르겠어." 지칠 대로 지친 나는, 결국 마지막으로 간 드레스숍에서 입어본 네 개의 드레스 중 하나를 대충 골라버렸다. 하지만 결혼식 날 그 드레스를 입어보니 나와 어울리지 않는 게 아닌가. 어찌나 맘에 들지 않던지! 결국 마음에 들지 않는 드레스 입고 식장에 들어서야만 했고, 그제야 먼저 결혼한 친구들이 왜 그렇게 드레스에 신경을 썼는지 이해했다.

이렇듯 과도한 선택권이 주어질 경우, 오히려 판단력이 흔들리며, 당연히 올바른 결정을 내리기도 더욱 힘들어진다.

과도한 선택은 우리를 어떻게 비참하게 만들까?

이제 과도한 선택이 우리를 어떻게 비참하게 만드는지 알아보자.

1. 선택에 대한 후회

나는 지금까지도 그 드레스를 선택한 걸 후회한다. 만약 스무 벌이 아닌 단 세 벌의 드레스 중에서 골랐다면 어땠을까? 어쩌면 세 벌의 드레스보다 내가 택했던 드레스가 더 나을 수도 있다. 그렇지만 이렇게까지 후회하진 않았을 것이다. 선택권이 많아지면 설령 그것이 꽤 괜찮았음에도 불구하고 자신의 선택을 후회할 가능성이 더 커진다.

2. 선택하지 않은 것에 대한 기회비용

기회비용이란 어떠한 선택으로 인해 포기한 기회의 가치를 뜻한다. 무언가를 선택한다는 건 곧 다른 나머지를 포기한다는 것을 의미하는데, 문제는 대안들이 많으면 선택하지 않은 것들이 가진 좋은 점이 자꾸 생각난다는 것이다.

모든 드레스를 입고 결혼식장에 입장할 수는 없지 않은가. 고를 수 있는 드레스는 스무 벌 중 딱 한 벌뿐이다.

문제는 이 드레스를 입으면 저 드레스가 생각나고, 저 드레스를 입으면 또 다른 드레스가 생각난다는 것. 그래서 하나를 고르고 '아휴, 그때 그걸 고를 걸 그랬나?' 하는 생각이 들 수밖에 없다.

이러한 마음은 욕심이 많아서도, 결정 장애여서도 아니다. 수많은 선택지 앞에서는 대부분 이렇게 되고 만다. 그렇기 때문에 선택한 것이 아무리 훌륭하더라도 선택지가 많으면 거기서 얻을 수 있는 만족도가 감소하는 것은 당연하다.

3. 선택에 대한 기대감 상승

웨딩드레스가 딱 한 가지 스타일로만 나왔다고 가정해보자. 크기도 잘 맞지도 않고 촌스러울 수 있지만, 오히려 선택권이 많은 지금보다 만족할 가능성이 높다. 그 이유는 많은 대안이 오히려 선택에 대한 기대치를 높이기 때문이다.

한 가지 스타일로 나올 때는 별다른 기대감이 없기에 큰 만족 없이 입게 되지만, 100가지 스타일로 나오게 되면 그중 하나는 완벽할 것이라 기대하게 된다. 과거보다 월등히 좋은 선택을 했다 할지라도 기대한 완벽에는 미치지 못하기 때문에 실망하게 되는 것이다.

나 역시 드레스숍에 걸려 있는 수백 벌의 드레스를 보고, 드레스에 대한 기대치가 높아진 것이 사실이다. 적어도 그중에 내게 맞는 완벽한 드레스가 있을 것이라 생각했다. 그러나 너무 높아진 기대치는 웬만해선 충족되지 않았다.

기대치가 낮으면 행복한 순간을 경험할 확률이 더 높아진다. 하지만 모든 것이 넘쳐나고 손안의 작은 화면에서 터치 하나로 온갖 '최고'를 경험하는 지금, 우리의 기대치는 이미 지붕을 뚫어버렸다. 선택에 대해 만족할 기회가 줄어든 것이다.

4. 잘못된 선택에 대한 자책

가장 문제가 되는 부분이 아닌가 싶다. 세상에 한 가지 종류 밖에 없는 드레스가 잘 맞지 않는다면 그건 드레스가 한 종류뿐인 세상 탓이지만, 수백 벌의 드레스가 있었음에도 자신이 고른 게 마음에 들지 않는다면 그건 자기 탓이 된다. 우리는 그만큼 자책하기 쉬운 세상에 살고 있다.

가장 아름답게 보이고 싶은 결혼식 당일, 평소 입던 원피스만도 못한 웨딩드레스를 입고 속상했던 마음 한쪽에는 스스로를 원망하는 마음이 가장 컸다.

'왜 나는 이렇게 안목이 없을까.'

'그렇게 많은 선택의 기회가 있었는데 그 돈을 주고 겨우 이거라니.'

수많은 선택지 앞에서 실패에 대한 변명은 있을 수 없었다. 선택의 대안이 많을수록 사람들은 자신이 선택한 것에 대해 실망하고 자책한다.

배리 슈워츠의 말에 따르면 한 세기 동안 폭발적으로 증가한 우울증과 자살률의 주요한 원인 중 하나가 바로 사람들이 가진 높은 기대치와 그에 따른 실망이다. 실망을 자신의 잘못 또는 무능함이라 여기기 때문이다.

만족스러운 선택을 하는 방법

그렇다면 과잉 선택의 환경에서 어떤 선택을 해야 현명할까? 좋은 대안을 찾으면서도 마음의 평안을 찾는 방법은 없을까? 과연 어떤 선택이 만족스러운 선택일까?

배리 슈워츠는 우리가 과도한 선택의 희생양이 되지 않기 위해서는 최고의 선택을 추구하려는 경향에서 벗어나야 한다고 주장한다. 그 방법으로 '최고 추구자'와 '만족 추구자'를 언급하는데, 이 개념을 자세히 알아둔다면 '선택의 순간'이나 '선택을 후회할 때' 사용할 수 있다.

최고 추구자 Maximizer

- '최고의 하나'를 찾기 위해 노력함
- 끊임없이 다른 대안과 비교함
- 하나를 선택하기 위해 많은 시간과 에너지를 쓰는 것을 마다하지 않음
- 자신이 생각한 최상의 결과가 아니라면 결과에 만족하지 않음

만족 추구자 Satisficer

- '충분히 괜찮은 것'을 찾음
- 다른 대안에 대해 과도하게 신경 쓰지 않음
- 결정한 후에는 다음 일에 신경 씀
- 최고가 아니어도 상관없음. 충분히 괜찮으면 된다는 기준에 만족함

'최고 추구자'는 가능한 한 할 수 있는 최상의 선택을 하기 위해 모든 정보를 탐색하고, 모든 대안을 철저히 검색한다. 하지만 이러한 행동은 일반적으로 많은 시간이 걸리고, 불평이나 의심을 하게 된다.

반면, '만족 추구자'는 '충분히 좋은' 선택에 만족한다. 그렇다고 기준이 낮은 것도 아니다. 그러나 최고만을 추구하지 않는다는 점에서 최고 추구자와는 다르다.

자신이 할 수 있는 적당한 범위를 정하고 그 안에서 충분히 괜찮은 선택을 하는 만족 추구자들은 일반적으로 선택에 대한 에너지와 시간을 현저히 줄여 그 시간과 에너지로 다른 것을 즐기며 자신의 선택을 더 행복해하는 경향이 있다고 한다.

최고 추구자들은 분명 더 일을 잘했다. 좋은 성과를 냈고, 좋은 기회를 잡아 직장에서도 유리한 고지를 점령했다. 하지만 만족 추구자들보다 더 우울했고, 불안했으며, 더 많은 걱정과 피로, 후회, 실망 등의 부정적인 감정을 보였다. 만약 당신이 최고 추구자의 성향을 가지고 있으면서 행복하고 싶다면 비슷하지만 전혀 다른 개념인 최적주의 Optimalism를 알아둘 필요가 있다.

완벽주의 (부정적 완벽주의)

- 완벽한 상태에 도달할 수 있다고 믿음
- 웬만한 성취가 아니고서야 실패로 간주함
- 실수를 용납하지 않고 지나치게 비판적임
- 실패에 대한 두려움, 또는 타인을 만족시키는 것 등으로 동기가 부여됨
- 긴장되어 있고 불안하며 충동적인 경향이 있음
- 일에 대한 의심과 걱정이 끊이질 않음
- 흑백 논리가 강함(성공/실패, 최고/최저)

최적주의 (긍정적 완벽주의)

- 완벽한 상태에 도달할 수 없다고 믿음
- 완벽한 수행이 아니더라도 만족하는 능력이 있음
- 개인적, 상황적 제약을 받아들임
- 옳은 일을 하는 데 중점을 두고 동기부여가 됨
- 신중하고 여유 있으며 자신감 있는 태도를 보임
- 균형 감각 있는 사고를 함

"완벽주의와 최적주의는 서로 뚜렷하게 다른 존재 방식이 아닌 한 개인 안에 동시에 존재하는 개념이다. 우리가 완벽주의에서 최적주의로 나아갈 수는 있지만 완전히 완벽주의를 버리거나 오로지 최적주의인 상태가 될 수는 없다."

하버드대에서 가장 인기 있는 긍정심리학 강의를 하는 심리학 교수인 탈 벤 샤하르Tal Ben Shahar는 최적주의의 개념을 위와 같이 설명하며 이를 '긍정적 완벽주의'라고 표현했다.

완벽함을 추구하면서도 그것이 우리가 결코 도달할 수 없는 경지임을 깨닫고 실패를 유연하게 받아들인다면 그것이 최적주의로 가는 방법이라는 것이다.

인간이 초고도 산업사회의 딜레마인 '과잉 선택'의 희생자가 될 것이라는 앨빈 토플러Alvin Toffler의 예견은 이미 일상이 되었다. 이런 환경에서 완벽함을 손에 쥐려는 것은 하늘에 떠 있는 별을 만질 수 있다고 착각하는 것이다.

이제 삶의 다양한 선택의 순간에서 우리는 선택의 역설을 기억해야 할 것이다. 그리고 잘못된 선택이라 여겨지는 순간에서도 자책 대신 '충분히 좋음'으로 가는 새로운 방향을 고민하면 어떨까?

Part 2

일과 시간 work & time

두 번째 주제는 '일과 시간'이다.

당신은 지금 하는 일에 얼마나 만족하고 있는가?

일에서 재미와 의미를 찾고 몰입해 성취감을 맛보는 것은 삶의 질에 있어 굉장히 중요한 부분이다. 그러나 안타깝게도 주변을 둘러보면 그렇지 못한 이들이 많다. 대부분 죽지 못해 일한다는 말을 달고 살지 않는가.

대체 무엇이 문제일까?

어떻게 해야 원하는 일을 찾고 열정적인 삶을 살 수 있는지, 똑같이 주어진 시간 속에서 왜 누군가는 많은 일을 해내고 누구는 패배감을 느끼는지, 뭘 해도 쉽게 질리는 이유는 무엇인지, 왜 아무리 노력해도 달라지지 않는지, 성공과 실패를 구분하는 결정적 차이는 무엇인지 궁금하다면 바로 여기 그 답들이 있다.

자신이 하는 일에 열정적으로 매달리는 누군가를 부러워하지만 말고 여기 있는 지식들을 적용해 이제 스스로 그런 삶을 만들어보면 어떨까.

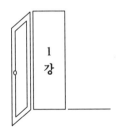

어떻게 원하는 일을 찾을까?

높은 연봉에 공무원 못지않은 복지를 자랑하는 굴지의 대기업에 다니는 지은 씨. 앞만 보고 사느라 사춘기도 겪지 않았던 그녀는 서른 살이 넘은 이제야 제대로 된 방황을 겪고 있다. 정신없이 바쁜 사무실의 분위기 속에서 혼자 길을 잃은 느낌으로 모니터를 바라보고 있자니 불쑥 이런 생각이 든다.

'아, 어쩌지. 평생 이 일을 하면서 살고 싶지는 않은데?'

현실에 만족하지 못하고 툴툴거리는 자신이 영 못마땅하다가도 사는 게 다 그렇지 않느냐며 스스로를 다독인 지 벌써 5년째. 직장인

80%가 자기 일을 싫어한다는 뉴스 기사에 위로를 받다가도 한편으론 궁금해진다.

'나머지 20% 사람들의 정체는 대체 뭐지?'

─○─○─

한 번쯤 이런 생각을 했거나, 진로를 고민하는 독자라면 스콧 딘스모어Scott Dinsmore의 '내가 사랑하는 일을 찾는 법'이라는 강연을 추천한다. 그는 사람들의 숨은 열정을 되찾아 그들이 원하는 꿈과 직업을 이어주는 인생 설계 회사인 '전설처럼 살아라Live Your Legend'의 창립자인데 그 역시 자신의 직업을 싫어하는 사람 중 하나였다.

그는 원대한 꿈을 품고 치열한 경쟁에서 승리해 '포춘 500대 기업'에 입사하지만, 회사가 자신의 인생을 좀먹고 있다는 느낌을 지울 수 없어 두 달 만에 퇴사의 충동을 느낀다. 아침마다 모니터에 머리를 처박고 싶을 정도로 심한 내적 갈등에 빠져 있던 어느 날, 그는 워런 버핏Warren Buffett이 남긴 문구를 읽고 회사 생활을 청산한다.

"경력을 쌓기 위해 일을 하는 건, 노년을 위해 섹스를 아끼는 것이다."

그리고 퇴직 후 4년 동안 '자기 일을 사랑하는 사람들의 특징'과 '의미 있고 기쁨을 주는 일'을 연구한 끝에 결정적이고도 중요한 사실을 발견한다.

과연 그가 발견한 것은 무엇일까?

당신이 사랑하는 일을 찾는 법

by 스콧 딘스모어

○ 자신의 직업에 만족하며 열정적으로 살아가는 사람들의 공통점은 '자신이 사랑하는 일'을 한다는 것이다.

○ 자신이 사랑하는 일을 찾기 위해서는 '강점 찾기', '가치의 우선순위 정하기', '경험을 일상에 적용하기' 이 세 가지가 필요하다.

○ 자신이 사랑하는 일을 찾기 위해서는 주변 환경을 스스로 관리하는 것도 중요하다. 가장 좋은 방법은 이미 해낸 사람들, 열정적인 사람들과 함께 하는 것이다.

QR코드를 스캔하시면
강연 동영상을
보실 수 있습니다.

스콧 딘스모어의 강연을 영상으로 보면, 그가 얼마나 열정과 호기심이 넘치는 사람인지 느낄 수 있으리라. 그의 상기된 표정과 특유의 제스처는 트레이드마크라고 생각될 만큼 인상적이다. 마치 그의 열정이 모니터를 뚫고 나와 내 몸에 고스란히 흡수되는 느낌이랄까. 그래서인지 똑같은 강연을 반복해서 보는데도 볼 때마다 새로운 에너지를 얻는다.

나 역시 직장 생활을 시작한 지 몇 개월 만에 일에 대한 회의감을 넘어 공포를 느꼈다. 힘들게 공부해서 그토록 원하던 직업을 가졌는데도 불구하고 '이게 아닌 것 같다'라는 생각이 들었기 때문이다. 혼란스러운 내게 지인들이 해준 조언은 거의 비슷했다.

"먹고살기도 힘든데 뭔 적성", "좋아하는 일을 하면서 사는 사람이 몇이나 되겠니. 다 그러고 사는 거지", "시간이 지나면 적응이 될 거야". 그러나 시간이 지날수록 괴로움은 더욱 깊어졌고 직장 생활 10년이 넘어가자 더는 참을 수 없는 지경에 이르렀다. 그때 즈음 스콧 딘스모어의 강연을 만났다. 그는 말했다. 열정 따윈 넣어두라는 식의 충고는 최악의 조언이라고.

그는 자신의 직업에 만족하고 열정적으로 인생을 사는 사람들에게는 주목할 만한 공통점이 있다고 말한다. 그것은 바로 '나를 가장 나답게 만드는 일'을 한다는 것이었다.

하지만 여기서부터 새로운 문제가 발생한다. '그 일'을 찾는 게 어려울뿐더러 아무도 대신할 수 없다는 것이다. 결국 자신이 무엇을 원하는지 모르면 영원히 '그 일'을 찾을 수 없다.

따라서 진정으로 원하는 일을 하며 살기 위해서 우리가 할 수 있는 유일한 길은 자기 자신에 대한 전문가가 되는 것, 즉 나를 전공하는 것뿐이다. 물론 어려운 일이다. 그러나 '사랑하는 일'을 찾기 위해 다른 방법이 없으니 어쩌겠는가.

스콧 딘스모어가 알려준 세 가지 분석틀을 조금 더 쉽게 이해하려면 아래 퍼즐 조각을 살펴보자.

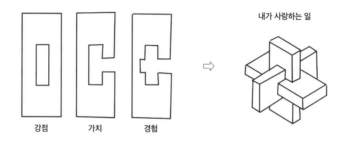

강점   가치   경험   내가 사랑하는 일

강점, 가치, 경험 이 세 가지가 당신이 사랑하는 일을 찾아줄 퍼즐 조각이다. 이 퍼즐 조각들을 제대로 조합할 때 비로소 자신이 사랑하는 일을 찾을 수 있다.

정말일까? 속은 셈 치고 그의 조언을 일상에 적용한 결과는 놀라웠다. 아래에서 자세히 이야기하겠지만 이 책을 쓰기까지는 이 세 가지 퍼즐이 결정적인 역할을 했다. 특히 '강점 찾기'가 가진 힘은 굉장했다. 정해진 순서는 없지만 강점 찾기를 먼저 해볼 것을 추천한다.

첫 번째 퍼즐 : 나의 강점을 찾아라

스콧 딘스모어가 알려주는 첫 번째 퍼즐은 '강점 찾기'다. 사실 그가 강점이 중요하다고 말하는 유일한 사람이었다면 그냥 흘려들었을지도 모른다. 그러나 긍정심리학의 창시자 마틴 셀리그만을 비롯해 많은 심리학자들이 이 강점 찾기를 강조하는 것을 보면서 강점 찾기가 정확히 무엇을 의미하는지 알아봐야겠다는 생각이 들었다. 마틴 셀리그만이 웰빙의 조건으로 꼽는 '긍정적 정서', '몰입', '관계', '의미', '성취' 중 '몰입'의 수준을 향상하는 방법으로 강조하는 것이 바로 이 '강점 찾기'다. 잘하는 활동을 할 때, 비로소 몰입할 수 있기 때문이다.

우리는 그동안 잘하는 것보다 부족한 것을 채우려고 노력하며 살아왔다. 그러나 부족한 것을 채우는 것 만으로는 결코 원하는 일을 찾을 수 없다. 정말 원하는 걸 찾기 위해서는 '잘하는 것'에 집중해야 한다.

부족한 점을 파악하려 했던 체크리스트는 이제 잠시 치우고 뭔가를 했을 때 이게 진짜 나다운 것이라는 자신감이 드는 일을 생각해보자. 하는 동안 피곤하기는커녕 의욕이 솟구치고 하고 났을 때 에너지가 생기는 활동은 없었는가? 전문가들에 따르면 이 강점을 제대로 활용하면 스스로를 제어하기 힘들 정도로 에너지가 넘친다고 한다.

당신은 어떤 사람인가? 당신을 대표하는 5가지 특징이나 강점을 바로 이야기할 수 있는가? 아마 잘 떠오르지 않을 것이다. 그래도 괜찮다. 거의 대다수가 모르니까 말이다. 이걸 이미 잘 알고 있다면 자신이 사랑하는 일을 벌써 찾지 않았을까. 잘 모르겠다면 좋아하는 것에서부터 찬찬히 출발해보자. 하루아침에 되는 일이 아니니 너무 조급하게 생각하지 않았으면 한다. 몇 달이 걸릴 수도, 몇 년이 걸릴 수도 있다.

스콧 딘스모어는 '강점 찾기 2.0 strengths finder 2.0'을 추천하는데 유료이긴 하지만 나 역시 추천하고 싶은 툴이다. 우리나라에는《위대한 나의 발견 강점혁명》이란 제목으로 번역되어 있어 책을 사면 온라인 테스트를 해볼 수 있는데, 굳이 책을 사지 않아도 갤럽 웹페이지에서 유료 테스트가 가능하다.

자신의 타고난 장점을 알고 싶을 때 사용하면 좋다는 그의 말에 나는 주저 없이 홈페이지에 들어가 25달러를 긁으며 생각했다. '공돈만 날리는 거 아냐? 이렇게 귀가 팔랑거려서야.' 그러나 속은 셈 치고 했던 이 테스트는 내게 기대 이상의 통찰을 주었다. 언뜻 보면 이해되지 않지만 각각의 장점에 대한 설명과 이를 활용하는 방법, 보완할 방법 등이 자세히 나와 있는 제법 긴 결과지였다. 결과지를 여러 번 읽다보면 미처 몰랐던 내 자신에 대해 돌아보게 된다.

예를 들면 이런 식이다.

개발자, 개인화, 경쟁, 공감, 공평, 관계자, 긍정성, 매력, 맥락, 명령, 미래지향, 복구자, 분석가, 사고, 성취자, 신념, 신중함, 연결성, 의사소통, 자기 확신, 적응력, 전략, 조정자, 조화, 중요성, 질서, 착상, 책임, 초점, 최상주의자, 탐구심, 포괄성, 학습자, 행동주의자

결과지는 위에 나열된 총 34개의 강점 중 자신에게 가장 맞는 상위

5개의 강점을 알려주고, 각각의 강점별 특징과 이를 삶에 적용하기 위한 전략들을 알려주는데 A4 용지로 무려 19페이지나 되는 분량이다. 나의 다섯 가지 대표 강점 중 하나이기도 한 미래지향의 특징에 대해 간단히 소개하면 이러하다.

미래지향 Futuristic

특징
- 미래에 대한 비전으로 사람들에게 영감을 줌
- 다가올 미래에 대해 생각하는 데 많은 시간을 소비하며 한 달 뒤, 1년 뒤, 10년 뒤를 그리며 내일을 향해 나아감
- 본능적으로 시각적 사고를 함
- 과거의 자신보다 더 나아지게 하도록 동기부여 하는 것을 좋아함

적용 전략
- 당신의 비전을 쏟아부을 수 있는 역할을 선택할 것 ex) 스타트업, 기업 등
- 당신의 생각과 비전을 들어줄 청중을 구할 것
- 당신의 생각이 다른 사람들에게는 너무 광범위하게 느껴질 수 있으므로 최대한 자세하고 생생하게 설명하고 단어를 신중히 선택할 것
- 미래지향적 강점을 가진 친구나 동료를 찾을 것
- 강한 행동주의자들과 파트너를 하면 좋음
- 상상력을 자극할 지식을 얻기 위해 관련 연구 및 기사를 꾸준히 읽을 것

물론 테스트를 통해 다섯 가지 강점을 아는 것 자체로 당장 어떤 변화가 일어나지는 않는다. 사실 아무런 변화를 느끼지 못할 가능성이

훨씬 더 크다. 그렇기 때문에 이 강점 찾기의 결과를 한 번 보고 던져 버리면 아무 소용이 없다. 경험해본 바로는 여기서 알려주는 많은 내용 중 실제 나와 가장 맞는 부분, 일상에 적용할 부분을 골라 다시 편집하는 과정이 중요했다. 그리고 나머지 두 퍼즐과 함께 삶에 적용할 때 비로소 강점 찾기는 그 빛을 발한다.

두 번째 퍼즐 : 가치의 우선순위를 정하라

두 번째 퍼즐은 '가치의 우선순위 정하기'다. 돈과 명예가 있는 화려한 삶을 원하는가, 소박하지만 화목한 삶을 원하는가? 공무원처럼 안정적인 삶을 원하는가, 불안정하더라도 성취감이 있는 프리랜서의 삶을 원하는가?

당부하고 싶은 것은 가치의 우선순위를 정할 때는 스스로에게 솔직해야 한다는 것이다. 나를 포장하거나 다른 사람에게 보여주기 좋은 가치를 우선순위로 두면 아무 소용이 없으며 진정 나다운 삶을 살 길은 요원해진다는 것을 기억하자. 내가 가치의 우선순위를 정하는 데 사용했던 질문들 중 몇 가지를 소개하고자 한다.

가치의 우선순위를 정하는 질문들

· 1,000억이 있다고 가정하자. 돈 때문에 일할 필요가 전혀 없다면 어떤 삶을 살고 싶은가?

- 만약 당신이 절대 실패하지 않는다면 무엇을 하고 싶은가?
- 당신이 타인에게 말하고 다니는 주제나 신념은 무엇인가?
- 서점에서 가장 좋아하는 코너, 가장 먼저 들춰보는 분야는 무엇인가?
- 기꺼이 무료로 할 수 있는 일은 무엇인가?
- 누구를 존경하는가? 누구로부터 영감을 받는가?
- 지금부터 한 시간 동안 인터넷 검색을 할 시간이 주어진다면 어떤 것을 검색하겠는가?
- 다른 사람을 보면서 저 직업이 내 직업이었으면 좋겠다고 생각한 것이 있는가?

위의 질문들을 따라가면 자신이 신념으로 삼고 싶은 가치와 마주하게 된다. 서두르지 말고 천천히, 그리고 깊이 생각해서 솔직하게 답을 적어보자. 2, 3시간이 필요할 수도 있고 누군가에게는 더 많은 시간이 걸릴 수도 있다. 답이 바뀔 수도 있지만 그래도 괜찮다. 중요한 건 얼마나 솔직하게 답을 했느냐이다.

가치의 우선순위를 정하는 건 물론 하루아침에 할 수 있는 일이 아니다. 그래서 마지막 세 번째 퍼즐이 중요하다.

세 번째 퍼즐 : 경험을 일상에 적용하라

세 번째 퍼즐은 경험을 일상에 적용하는 것이다. 우리는 매일 크고 작은 경험을 한다. 좋아하고 싫어하는 순간, 잘하고 잘하지 못하는 순간, 인생에서 중요한 가치를 고민할 순간들이 하루에도 몇 번씩 스쳐 가지만 우리는 이것들을 그냥 흘려보낸다. 자기계발서를 읽고도 변하는 게 없는 이유는 바로 경험을 일상에 적용하는 것의 중요성을 간과했기 때문이다.

지금 이 순간에도 우리는 많은 경험을 한다. 아무것도 하지 않고 이불 속에서 진종일 뒹군 자신에게 참을 수 없는 답답함을 느끼는가? 잘나가는 친구를 보며 질투심을 느끼는가? 이 모든 것이 우리가 원하는 삶을 알려 줄 힌트다.

'돈이 많아서 아무것도 안 하고도 평생을 살 수 있다면 어떨까?'

'저 사람 정말 부럽다. 나도 저렇게 되고 싶어.'

이런 생각을 그냥 흘려보내지 말고 적어보자. 일기는 경험을 일상에 적용하는 가장 훌륭한 방법이다. 어릴 적엔 일기를 쓰는 일이 무척이나 싫었다. 특히 개학 전날, 일기를 몰아서 쓰는 일은 여간 고통스러운 일이 아닐 수 없었다. 하지만 가만히 생각해보니 일기 쓰는 것이 고통스러웠던 이유는 '왜 써야 하는지'를 몰랐기 때문이다. 일기가 내가 사랑하는 일을 찾게 하는 결정적 열쇠라는 걸 알았다면 더욱 열심히 쓰지 않았을까?

물론 쓰기만 한다고 되는 건 아니다. 어떤 경험을 했느냐도 중요하지만, 더 중요한 건 아무리 사소한 경험이라도 그것을 어떻게 자신의 삶에 적용하느냐다.

실제로 스콧 딘스모어는 하루도 빠짐없이 이게 옳은지 그른지, 하고 싶은 일이 무엇인지, 누굴 만났는지, 누가 영감을 주었는지, 누구를 부러워했는지를 생각하고 기록하며 삶에 적용하고 싶은 경험을 스스로에게 물었다.

삶의 모든 경험을 기억할 필요는 없다. 인간은 망각의 동물 아니던가. 그러나 무엇이 인상 깊었는지 기록하는 것은 중요하다. 그리고 그 기록을 자신의 삶에 적용하면 좀더 원하는 삶에 다가설 수 있다.

스콧 딘스모어의 강연을 들은 지 4년이란 세월이 흘렀지만 나는 여전히 다니던 직장을 관두지 못했고 나의 사랑하는 일 찾기는 아직도 진행형이다. 그러나 나의 강점을 알고 몰입의 기쁨을 누리게 해주는 활동들을 찾아 하나씩 해나가자 불안함과 답답함이 점점 옅어졌다. 이 책을 쓰는 것도 그 활동 중 하나다. 아무것도 변한 것이 없어 보이는 일상이지만 사실 많은 것이 변했다. 배움과 활동이 모여 결국 내가 원하는 삶으로 이끌어줄 것을 믿기 때문이다.

그가 이 강연을 통해 말하고자 하는 것은 빌 게이츠나 스티브 잡스처럼 성공하라는 것이 아니다. 무엇을 하든 내가 진짜 원하는 것을 찾아보라는 말이다. 누구도 우리 스스로를 탐구하는 것을 막을 수 없다. 굳은 결심이 있다면 자신을 바꿀 수 있는 이유다.

경험을 통해 깨닫고, 이를 통해 스스로를 알아가고, 자신만의 가치를 정립하는 과정에 인생의 의미가 있다고 믿는다. 자신만의 강점을 파악하고 몰입해서 할 수 있는 활동을 찾아보자. 관심 있는 분야의 책이나 강연을 꾸준히 들으며 하루하루의 느낌이나 생각을 글로 적다보면 사랑하는 일에 한 걸음씩 다가가며 어제보다 더 나은 오늘을 사는 자신을 발견하게 될 것이다.

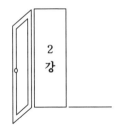

성공하는 사람들의 시간 활용법

아침 6시 반, 알람시계 세 개가 연달아 울린다. 엊저녁, 결혼하라고 성화인 엄마와 신경전을 벌인 미진 씨. 아침에 겨우 눈을 떴지만, 아직도 머리가 지끈거린다.

30분 만에 출근 준비를 마치고 회사에 도착하니 7시 반. 자리에 앉자마자 잠에서 덜 깬 두 눈으로 서둘러 조간신문을 읽는다. 어제 올린 기사가 영 맘에 들지 않지만 괴로워할 틈이 없다. 손은 이미 컴퓨터 전원 버튼을 누르고 메일함을 체크하고 있다. 받은 메일 21통. 빛의 속도로 쏟아지는 보도 자료를 훑고 나니 8시다. 이런, 부서장 회의까지 한 시간밖에 남지 않았다. 회의 때 가지고 들어갈 기사를 발제해야 하므로 오전에는 그야말로 전투가 따로 없다. 취재도 나가야 해서 오늘따라 마음이 급하다.

정신없이 발제를 마치고 취재를 나갔다오니 오후 2시. 기사를 쓰고 송고까지 마치니 다섯 시간이 순식간에 지났다. 일주일에 한 번 있는 기획 회의까지 하고 파김치가 돼서 집에 도착하니 밤 10시다. 오늘도 하루가 다 지났다.

5년 차 사회부 기자 미진 씨에게 결혼은 사치다. 내 몸 하나 챙기며 살기도 벅찬데 남편과 아이까지 챙기며 사는 게 가능할까? 결혼은 고사하고 연애할 시간도 없다.

지구를 지키는 일도 아닌데 이렇게까지 시간이 없는 게 이상하지만, 딱히 해결 방법이 떠오르지 않는 게 더 문제다. TV에 나오는 성공한 사람들은 대체 몸이 열 개라도 된단 말인가.

─o────o─

미진 씨처럼 감당하기 힘든 스케줄에 허덕이고 있는 독자라면 로라 밴더캠^{Laura Vanderkam}의 '자유 시간을 제어하는 법'이라는 제목의 강연을 들어보길 바란다. 시간에 대한 새로운 통찰을 얻게 될 것이다.

로라 밴더캠은 강연과 글을 통해 사람들을 만나며 시간 관리와 생산성에 대한 연구를 소개하는 시간관리전문가다. 그녀는 일과 가정의 균형을 어떻게 맞춰야 하는가에 대한 실질적인 이야기를 하는데, 많은 시간 관리 강연 중 유독 그녀의 강연이 더욱 와닿는 이유는 그녀가 방법적인 측면이 아닌 문제의 본질을 건드리기 때문이다.

시간관리전문가라는 생소한 직업을 듣고 사람들은 그녀가 시간을 칼 같이 지키고, 절약하는 다양한 팁을 알고 있을 것이라고 생각한다. 하지만 그녀는 전혀 그렇지 않다고 고백한다. 심지어 시간 관리를 주제로 하는 강연에 지각한 적이 있다고 고백하니 웃기지 않는가?

이런 그녀의 솔직함 덕분인지 그녀는 수많은 라디오와 TV 프로그램에 출연해 큰 인기를 끌었고, 〈뉴욕타임스〉와 〈월스트리트저널〉, 〈리더스다이제스트〉 등 다양한 간행물에 글을 기고하고 있다.

'해야 하는 일'로 가득 찬 일상에서 어떻게 삶을 더 가꿔나갈 시간을 만들 수 있을까? 가끔 지각할 때면 네 아이의 엄마로서 아이들 핑계를 대고 싶지만 사실 그것도 꼭 애들 때문만은 아니라는 그녀의 솔직한 고백처럼 진솔하고 유쾌한 그녀의 이야기를 들어보자.

자유 시간을 제어하는 법

by 로라 밴더캠

○ 사람들은 자신의 일과 노동 시간을 과대평가하는 반면, 개인적인 시간은 별로 없다고 생각한다.

○ 그러나 시간은 굉장히 탄력적이고, 선택적이다. 시간의 절대량을 늘리는 것은 불가능하지만, 시간은 우리가 쓰려고 하는 곳에 맞춰 늘어난다.

○ 시간을 활용할 때 '중요한 일'에 초점을 맞춘다면, 각자에게 주어진 시간 속에서 원하는 삶을 살아갈 수 있다.

QR코드를 스캔하시면
강연 동영상을
보실 수 있습니다.

우리는 흔히 성공한 사람들은 당연히 바쁘다고 생각하거나, 성공하려면 바쁘게 움직여야 한다고 믿는다. 처리해야 할 서류들이 가득 쌓여 있는 책상에 앉아 어깨와 머리 사이에 핸드폰을 끼고 통화하며 동시에 비서에게 업무지시를 내리는 CEO는 성공한 사람의 대표 이미지가 아니던가.

왠지 성공한 사람들은 뚜렷한 목표와 계획을 세워 시간을 분, 초 단위로 나누어쓸 것 같다. 가령 신호대기 중일 때 메일을 체크하거나, 인터넷 강연을 들으면서 주변을 정리하고, 밥을 먹으면서 책을 읽는 등 자투리 시간조차 빈틈없이 잘 활용해야 그 정도 스케줄을 소화하지 않을까 싶다.

로라 밴더캠 역시 처음에는 이러한 방법을 썼다고 한다. 운동하는 시간을 만들려면 평소에 하던 일들에서 조금씩 시간을 떼어내는 수밖에 없다고 생각한 것이다. 특히 그녀는 프로그램을 녹화해서 필요한 부분만 돌려보는 걸 좋아했는데, 이렇게 하면 30분마다 광고시간 8분을 절약할 수 있고, TV를 시청하는 2시간 동안 32분의 운동 시간을 찾아낼 수 있다는 것이다.

이렇게 숨막히는 시간 관리법이라니, 듣기만 해도 답답하지 않은가? "자투리 시간을 최대한 활용하세요! 여기저기서 시간을 절약하면 하고 싶은 일을 하는 시간을 만들 수 있어요"라고 말하고 끝났다면 시간 낭비 같은 강연이었을 테지만, 다행히 그렇지 않았다. 재미있는 강연에는 역시나 큰 반전이 있다.

그녀는 성공한, 그리고 매우 바쁜 사람들이 대체 시간을 어떻게 사용하는지 시간대별로 체크하며 그들의 스케줄을 분석한 결과, 한 가지 놀라운 사실을 발견한다. 그것은 우리가 기존에 알고 있던 '숨막히는 시간 절약법'이 완전히 잘못되었다는 사실이다.

성공하는 사람들은 생각보다 그렇게 숨막히게 살고 있지 않았다. 아니, 사실 정확히 반대였다. 그녀는 최근 진행한 '시간 일기'라는 프로젝트에서 지역 사회 활동을 활발히 하는 여성 CEO들의 1,001일 간의 삶을 들여다본다. 그리고 그들의 일주일간의 스케줄을 시간별로 분석하고 인터뷰한 결과, 시간을 절약하며 원하는 삶을 만들어가는 것이 아니라 원하는 삶을 만들어갈 때 시간은 저절로 절약된다는 것을 발견했다.

이것은 전혀 새로운 이론은 아니다. 우리의 일상에서 계속해서 벌어지는 일들이다. 앞의 일화에 등장했던 미진 씨의 일상을 살펴보며 시간의 탄력성과 선택성을 이해해보자.

시간은 우리가 쓰려고 하는 곳에 맞추어 늘어난다 : 시간의 탄력성

어김없이 바쁜 시즌 중 하루였다. 미진 씨는 정시에 퇴근해 집에서 마무리 작업을 하려던 참이었다. 그런데 웬걸, 노트북이 먹통인 게 아닌가. 바이러스 때문인지, 험하게 써서 고장 난 건지 알 길이 없지만, 분명한 건 최대한 빨리 노트북을 고쳐야 한다는 사실이었다. 그 많은 자료가 모두 날아갔다고 생각하면 그보다 더 큰 재앙이 또 있을까.

안 그래도 일분일초가 바쁜데 노트북 A/S센터도 찾아보고, 예약도

하고, 직접 가서 대기까지 해야 하다니. 짜증이 이만저만 나는 게 아니다. 다시 말하지만 할 일이 산더미인 그녀는 시간이 없다. 하지만 어쩌겠는가. 망가진 노트북으로 일할 수는 없다!

미진 씨는 A/S센터에서 노트북 데이터를 겨우 복구했지만, 메모리에 문제가 생겨 결국 새로운 노트북을 사야 했다. 노트북이 한두 푼 하는 것도 아니고, 업무용으로 쓰려면 아무거나 살 수도 없어 이리저리 가격과 사양을 비교한다. 겨우 노트북을 사고 새로운 프로그램을 설치하고 나니 이 사태를 해결하기 위해 소비한 시간만 무려 6시간이다.

잠깐, 6시간이 생겼다고?

참 이상한 일이다. 결코 시간이 없다던 미진 씨가 대체 어떻게 6시간을 만들어냈을까. 만약 미진 씨에게 일주일에 6시간 봉사 활동을 할 수 있는지, 마라톤 대회에 참가하는데 토요일에 시간을 낼 수 있는지 물었다면 그녀는 말도 안 된다는 듯이 고개를 저으며 말했을 것이다.

"죄송해요. 제가 정말 바쁘거든요. 도저히 시간이 없어요." 그러나 그녀는 고장 난 노트북을 수리하고 새 노트북을 사기 위해 6시간을 썼다.

거기에 시간은 있었다. 이것이 로라 밴더캠이 설명한 시간의 탄력성이다. 시간의 절대량을 늘리는 것은 불가능하지만, 시간은 상대적이라 우리가 쓰려고 하는 곳에 맞추어 늘어난다는 것. 늘 포화 상태로 시간이 없다고 말하던 미진 씨가 노트북을 고치려고 하자 6시간이 생긴 것처럼 말이다. '닥치면 다 한다'는 말에 내포된 의미가 시간의 탄력성이다.

막상 닥치면 다 하게 되어 있으니 신경 쓰지 말라는 이야기를 하는 게 아니다. 시간의 특성을 잘 기억해두는 것이 정말 중요한 곳에 시간을 활용하는 첫걸음이라는 뜻이다.

시간은 선택의 문제다 : 시간의 선택성

미진 씨는 요즘 성공한 스타트업 창업자들을 취재 중이다. 다음 취재 대상은 고연봉의 대학병원 의사 자리를 걷어차고 유기농 도시락 사업을 시작한 한 여성이다. 놀라운 점은 그녀가 무려 아이 셋을 둔 워킹맘이라는 것이다. 아이 셋을 키우면서 사업을 하다니. 듣고도 믿을 수가 없다.

미진 씨는 그 사람이 어떻게 모든 걸 다 해낼 수 있는지 궁금해 견딜 수가 없었다. 그 비결을 듣기 위해서라도 인터뷰를 잡으려고 했지만 바쁜 스케줄을 이유로 매번 거절당했다. 나중에 알게 된 사실은 그녀의 거절 이유가 일이 아닌 테니스 때문이라는 것이었다. 미진 씨가 마침내 그녀와 전화 인터뷰를 하기로 했을 때, 그 여성은 이렇게 말했다고 한다. "죄송해요. 솔직히 말씀드리면 이 인터뷰가 한동안 제 우선순위에 없었어요. 테니스를 치러 가는 게 더 중요했거든요."

로라 밴더캠이 인터뷰한 한 여성 CEO 역시 비슷한 말을 했다고 한다. "로라, 들어봐요. 제가 하는 모든 일, 제가 사용하는 매시간은 저의 선택이에요. x나 y, z를 할 시간이 없어서 하지 않는 게 아니라, x나 y, z가 저의 우선순위가 아니기 때문에 하지 않죠."

즉, 시간은 선택이고, 시간이 없다는 말은 다른 말로 그건 우선순위가 아니라는 게 정확한 표현이라는 것이다.

아냐, 난 진짜 바쁘다고!

아니라고 우기고 싶은 마음이 불끈 솟다가도 이내 인정할 수밖에 없었다. 밥하고 청소할 시간, 운동할 시간 따위는 도무지 나지 않는다고 말했던 나지만 사실 그저 운동과 살림이 내 우선순위가 아니었던 것뿐이다. 만약 한 시간 운동에 100만 원을 준다고 하면 나 역시 빛의 속도로 헬스장에 달려갈 테니까 말이다.

이 두 가지 사실을 조합해 얻을 수 있는 결론은 시간 관리의 비결이 자투리 시간을 아껴 숨막히게 쓰는 데 있는 게 아니라 바로 자신의 우선순위를 잘 관리하는 데 있다는 것이다.

이쯤 되면 약간 막막함을 느끼는 독자가 있을지도 모르겠다. 특히 육아에 치여서 화장실 갈 시간도 없는 엄마들이나 내일모레가 수능이거나 몇억짜리 계약이 걸려 있는 프레젠테이션처럼 중요한 일을 앞두고 있다면 당장 이 조언이 크게 와닿지 않을지도 모른다.

그러나 좀더 큰 그림을 그려보자. 인생 전체를 놓고 그런 시간이 차지하는 비율은 그리 높지 않다는 사실을 기억하자. 당신의 인생이 계속 그렇게 정신없이 흘러가진 않을 것이다. 그래도 회의적인 생각이 든다면 우리가 가진 시간을 객관적으로 바라보자.

당신에게 주어진 시간이 얼마인지 구체적으로 생각해본 적 있는가? 시간처럼 평등한 게 또 있을까. 한 주에 주어진 168시간은 모두에게 동일하다. 로라 밴더캠은 누구의 바쁨도 축소하고 싶지는 않다고 하면서 아래와 같이 객관적인 숫자로 바쁨에 허둥대는 우리들을 독려한다.

주5일, 1일 8시간 9AM-6PM 근무의 경우

한 주에 주어진 총시간 | 168시간 (24시간 X 7일=168시간)
· 노동 시간 | 40시간 (8시간X 주5일 = 40시간)
· 수면 시간 | 56시간 (8시간 X 7일 =56시간)
= 남은 시간 | 72시간 (168-40-56 = 72시간)

전일제로 하루 8시간, 주5일을 일한다고 가정하고, 8시간 숙면을 한다고 해도 우리에겐 여전히 다른 일을 할 수 있는 72시간이 있다. 친구와 커피숍에 앉아서 머리가 아플 정도로 수다를 떨어봤자 3, 4시간 아니던가. 72시간은 무언가를 하기에 결코 적은 시간이 아니다.

위의 표가 야근을 밥 먹듯이 하는 한국의 실정과 맞지 않다는 느낌이 드는가? 그렇다면 매일 아침 9시부터 밤 10시까지 일한다는 가정하에 다시 계산해보자.

주5일, 1일 12시간 9AM-10PM 근무의 경우

한 주에 주어진 총시간 | 168시간 (24시간 X 7일=168시간)
· 노동 시간 | 60시간 (12시간X 주5일 = 60시간)
· 수면 시간 | 56시간 (8시간 X 7일 =56시간)
= 남은 시간 | 52시간 (168-60-56 = 52시간)

이 경우 일주일에 60시간을 일하는 셈인데 그렇다 해도 52시간이 남는다. "전 이것보다 훨씬 더 일을 많이 하는데요?" 글쎄, 과연 그럴까. 60시간보다 일을 더 많이 하고 있다는 생각이 든다면 자신이 정말 그렇게 일하면서 살고 있는지 한번 체크해보자.

로라 밴더캠은 사람들의 추정 노동 시간을 비교한 연구를 보여주는데, 연구 결과 자신이 주당 75시간 정도 일한다고 생각하는 사람들의 실제 노동시간은 50시간에 불과했다. 자신들이 25시간이나 더 일하고 있다고 착각한 것이다. 사람들은 자신에게 주어진 일의 양과 노동의 시간은 실제보다 훨씬 많은 것으로 과대평가하는 반면 자신에게 주어진 개인 시간은 얼마 없는 것으로 과소평가하는 경향이 있다고 한다.

따라서 시간을 관리하는 첫걸음은 마치 가계부를 쓰듯 자신이 보내는 한 주의 시간을 객관적으로 분석하는 것이다. 자신이 그 많은 시간을 어디에 쓰고 있는지 체크해보자. 그다음 중요한 일은 할 일의 우선순위 목록을 만드는 것이다. '역산 스케줄링'은 지금이 한 주의 끝 혹은 한 해의 끝이라고 가정하고, 그때 이루었을 리스트와 우선순위를 미리 만드는 방식이다. 지금이 12월 31일이라 생각하고 이루었다면 좋은, 이루지 못했다면 아쉬운 일이 무엇인가? 그 일을 하기 위해서는 얼마만큼의 시간이 필요할 것 같은가? 시간을 거슬러 스케줄을 짜다 보면 이번주, 오늘 해야 할 일이 명확해진다.

금요일 오후를 활용하는 것도 좋은 팁 중 하나다. 대부분의 사람에게 금요일 오후는 막연히 신나게 놀아야 할 것 같은 시간이다. 불타는 금요일을 보내지 않으면 괜히 억울하지 않던가? 경제학자들은 금요일 오후를 '낮은 기회비용의 시간대'라고 부른다. 제대로 놀지도 않으면서 무의미한 시간을 보낼 가능성이 크기 때문이다.

그렇다고 금요일 오후에 일을 하라는 것이 아니다. 잠시만이라도 시간을 내어 다음주에 해야 할 우선순위 목록을 일, 관계, 자기 자신에 대한 세 가지 범주로 나눠 생각해보자. 그렇게 많을 필요도, 거창할 필요도 없다. 아무것도 하지 않고 멍하게 흘러가기 쉬운 금요일 오후에 잠시 우선순위를 생각해보는 것만으로도 다음주 스스로에게 중요한 일을 할 시간을 충분히 찾아낼 수 있다.

그렇다. 시간은 충분하다. 중요한 것은 얼마나 많은 일을 바쁘게 하면서 사느냐가 아니라 우리가 얼마나 중요한 것에 초점을 맞추고 살아가느냐가 아닐까. 로라 밴더캠의 강연은 그동안 사는 게 너무 바쁘다며 징징거렸던 스스로를 부끄럽게 만들지만, 동시에 우리가 가진 시간이 얼마나 충분한지, 그리고 그것이 얼마나 귀한지 상기시켜 준다.

오늘도 눈코 뜰 새 없이 정신없는 하루를 보내고 있는가? 그렇다면 잠들기 전에 차분하게 당신의 우선순위를 정리해보자. 모든 것을 다 할 수는 없다는 사실을 받아들이고 진짜 중요하고 가치 있는 것에 초점을 맞출 때, 시간은 당신을 위해 존재할 것이다.

그리고 그 시간 속에서 당신이 원하는 삶을 충분히 만들어 나갈 수 있다.

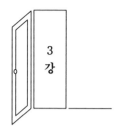

3
강

나에게 꼭 맞는 직업을 찾지 못했다면

지방의 한 건축설계사무소에서 디자이너로 일하고 있는 석준 씨. 그는 어렸을 적부터 꿈이 많았다. 중·고등학교 때까진 꿈이 많다는 게 별문제가 되지 않았다. 그 또래의 아이들은 다들 그랬으니까. 그러나 서른 살을 넘기니 그렇지가 않았다. 작가, 화가, 뮤지컬 배우, 실내디자이너 등 흥미가 있는 여러 분야를 옮겨 다닌 그에게는 '산만한', '변덕스러운', '끈기 없는' 등의 수식어가 따라붙기 시작했고 부모님은 석준 씨가 아직 세상 물정 모르고 철이 없다며 걱정하셨다.

"하고 싶은 게 많다는 건 하고 싶은 게 하나도 없다는 것과 마찬가지야. 잘 생각해보고 하나만 골라."

고3 담임 선생님의 조언에 따라 그는 결국 건축 디자이너가 되었지만 굵직굵직한 프로젝트를 몇 개 하고 나니 이내 지겹다는 생각이 들었다. 꼭 건축이 싫어서가 아니라 평생 한 직업만 갖는다는 게 어쩐지 답답하게 느껴진 것이다. 그는 아직도 해보고 싶은 다른 일들이 많았다.

'정서적으로 불안한 게 아니냐', '진득하게 한 우물만 파는 사람이 성공한다'라는 주변의 이야기는 둘째 치더라도 왔다 갔다 하는 이 열정의 정체는 무엇인지, 하나를 끈기 있게 하지 못하는 자신에게 문제가 있는 건 아닌지 스스로 혼란스럽고 궁금하다.

"당신의 소명은 무엇입니까?"

이 짧은 한 문장 앞에서 아무 말도 할 수가 없는 상태가 되어 버린 석준 씨. 그는 정말 끈기가 부족한 걸까? 아니면 아직 천직을 만나지 못한 것일까?

o———o

석준 씨처럼 뚜렷한 목표 없이 이것저것 하고 싶은 것이 많아 고민인 독자라면 에밀리에 왑닉^{Emilie Wapnick}의 강연을 들어보자.

다양한 관심사를 가진 사람들을 위한 커뮤니티 공간인 푸티라이크^{Puttylike}의 창립자이자 크리에이티브 디렉터인 에밀리에 왑닉을 단 하나의 직업으로 소개하기는 어렵다. 책을 쓰고, 강연을 하고, 사람들을 가르치고, 예술품을 만들고, 탐험하는 등 여러 일을 하는 그녀는 자신처럼 다양한 흥미로 인해 단 하나의 천직이 없는 사람들을 일컬어 '다능인'이라는 신조어를 만들어냈다. 그리고 전문적인 일 하나를 갖는 것이 미덕으로 여겨지는 이 사회에서 다능인들이 방황하지 않고 보다나은 삶을 살도록 돕는 일을 하고 있다.

하나의 천직을 찾지 못해 방황하고 있는가? 일생 하나의 일만 하며 살 자신이 없는가? 그렇다면 당신은 다능인일지 모른다. 그녀의 강연을 통해 다능인이란 무엇이며, 그들에게 어떤 비범한 능력이 숨어 있는지 알아보자.

어떤 사람들에겐 하나의 천직이 없는 이유

by 에밀리에 왑닉

MULTIPOTENTIALITE(다능인) =

MULTI(다양한) + POTENTIAL(잠재력이 있는) + ITE(-파, 지지자)

- 다방면에 재능을 가진 사람, 많은 흥미와 창의적인 취미를 가진 사람을 일컬어 '다능인'이라고 한다.

- 다능인들은 쉽게 지루해한다. 그러나 그들은 아이디어를 통합해 새로운 혁신을 주도하는 '아이디어 통합 능력'과 '빠른 습득력', '높은 적응력' 등 강력한 장점이 있다.

- 우리는 모두 자신의 기질에 맞게 인생과 진로를 설계할 필요가 있다. 만약 당신이 다능인이라면 자신이 가진 수많은 열정과 호기심을 따라가자.

QR코드를 스캔하시면
강연 동영상을
보실 수 있습니다.

"너는 뭐가 되고 싶니?"

어릴 적엔 이 질문에 답을 하는 게 그리 어렵지 않았다. 그렇지만 나이가 들수록 질문은 다양한 형태로 무게감을 더하며 우리를 잠 못 이루게 한다.

"어느 대학에 갈 거니?", "전공은 뭐로 정했니?", "어떤 직업을 가질 생각이야?" 이러한 질문에 만약 누군가 두세 가지 대답을 한다면 들을 수 있는 반응은 그중 하나를 고르라는 말 뿐일 것이다. "심리학자인 동시에 건축가가 될 거야"라는 대답은 어딘가 이상하게 느껴지니까. 그렇게 어른이 되는 동안 우리는 자연스레 평생을 바칠 하나의 직업을 찾아 헤매며 천직을 찾은 사람들을 부러워한다.

그러나 에밀리에 왑닉은 이 소명이나 천직이라는 개념이 우리 문화에서 과도하게 낭만적인 것으로 여겨지고 있음을 꼬집는다. 우리가 '단 하나의 대단한 일'을 찾아 일생을 헌신하는 것이 진정으로 의미 있는 삶이라는 생각이 인생을 바라보는 시야를 좁게 만든다는 것이다. 그리고 무엇보다 이렇게 만들어지지 않은 사람들도 있다며 다능인의 세계로 우리를 안내한다.

'다능인Multipotentialite'은 1972년 이미 정의된 '다재다능함Multipotentiality'이라는 용어를 에밀리에 왑닉이 시대성을 반영해 만든 신조어다. 그녀가 이 용어를 만들고 다능인을 위한 책인《모든 것이 되는 법How to be everything》을 쓴 이유는 자신 역시 타고난 다능인이기 때문이다. 석준 씨처럼 그녀의 관심 분야도 끊임없이 바뀌었다. 고등학교 때에는 영어와 수학, 미술에 빠져 웹사이트를 만들었고, 펑크 밴드에서 기타를 연주하기도 했다. 성인이 되어서도 어느 한 분야에 흥미를 갖게 되면 한동안 거기에 푹 빠지곤 했지만 문제는 그 이후에 느끼는 지루함이었다.

사실 '지루함'은 다능인의 주요한 특징이다. 많은 다능인들이 석준 씨나 에밀리에 왑닉처럼 하나의 직업에 정착하려고 노력한다. 새로운 것을 배우느라 공들인 시간과 에너지, 돈을 생각하면 열정이고 흥미고 집어치우고 그냥 하나만 고르는 게 편하다는 걸 그들이라고 왜 모르겠는가.

그렇지만 다능인에게 그건 말처럼 쉬운 일이 아니다. "그래, 이제 내 일을 찾았어. 이게 내가 평생 할 일이야"라는 생각이 들다가도 얼마 안 가서 지루함을 느끼고 또 다른 일이 눈에 들어오는 것이다.

하지만 많은 다능인들의 불안과 방황의 이유는 많은 흥미, 또는 지루함 그 자체라기보다는 불타오르다 식어버린 수많은 관심 분야를 어떻게 직업으로 연결해야 하는지 잘 모르거나 삶의 목표가 없는 건 아닌지, 산만한 건 아닌지 스스로를 의심하는 데 있다.

따라서 스스로가 다능인의 기질이 있다고 판단된다면 아래의 두 가지 포인트를 잘 읽어보길 바란다. 다능인으로서의 본성을 억누르지 않고 원하는 삶을 사는 방법을 찾을 수 있을 것이다.

스스로 '다능인'임을 인정하라!

모든 시작이 그렇듯이 다능인으로 만족스러운 삶을 살기 위해서는 먼저 스스로 다능인이라는 사실을 받아들여야 한다. 그러나 헷갈리기 쉬우니 조심하자. 다능인이라고 해서 다 같은 다능인이 아니기 때문이다.

다능인은 한 스펙트럼의 선상 위에서 다양하게 존재한다. 수년간 하나의 분야에 몰두해 마치 전문가처럼 지내다가 완전히 다른 분야로 전향하는 경우가 있는가 하면, 동시에 20여 가지의 프로젝트에 관심을 두는 경우도 있다. 또한 끊임없이 새로운 것에 흥미를 느끼는 사람이 있는가 하면, 두세 가지 정도의 흥미에 그치는 경우도 있다. 지루함을 견디는 기간도 천차만별이다.

안타까운 점은 다능인들을 바라보는 사회적 시선이 그다지 긍정적이지 않다는 것이다. 목표가 없거나, 쉽게 지루해하거나, 끈기가 없는 사람으로 보이기 때문에 잠재력을 충분히 발휘하기가 어렵다. 그래서 많은 다능인들은 자기 자신에게 무슨 문제가 있는 것 아닌지 스스로를 부정하거나 고독감을 느끼며 살게 된다.

그러나 기억하자. 당신이 다능인이라면 당신에게는 아무런 문제가 없다. 그건 그저 다능인의 특성일 뿐이다. 생각해보자. 르네상스 시대에는 다능인들이 능력 있는 사람으로 대우받았다. 〈모나리자〉와 〈최후의 만찬〉으로 유명한 이탈리아의 천재 거장 레오나르도 다 빈치Leonardo da Vinci가 그 대표적인 예다. 그는 회화뿐 아니라 물리학, 수학, 해부학, 건축, 철학, 작곡, 조각, 시, 육상 등 셀 수 없이 많은 분야에 능통했다. 악기를 잘 다루는 데 그치지 않고 류트라는 악기를 직접 만들기도 했으며 비행기를 설계하고 직접 수차와 수문을 만들기도 했다. 그러나 그 역시 쉽게 지루해했다. 기하학 문제를 풀다 갑자기 밀쳐버리고 기마상을 만들기 시작했고 얼마 가지 않아서는 다시 기마상을 치우고 그림을 그렸다. 시작한 일을 끝까지 마무리한 경우는 드물었지만 그는 위대한 예술가이자 사상가로 역사 속에 남았다.

너무 먼 옛날처럼 느껴져 와닿지 않는다면 우리에게 스마트폰의 신세계를 열어준 스티브 잡스Steve Jobs를 떠올려보자. 도전 정신과 혁신의 아이콘으로 손꼽히는 그도 다능인이다. 그는 그 어느 분야의 전문가도 아니었다. 컴퓨터를 만들었지만 엔지니어는 아니었고, 디자인에 탁월했지만 전문 디자이너도 아니었다. 게다가 그의 전공은 철학이었다. 물론 1년 만에 중퇴했지만 그때의 철학적 경험은 애플의 남다른 철학을 만드는 데 영감을 주었고 우연히 흥미가 생겨 들은 캘리그라피 수업은 훗날 애플을 있게 한 또 하나의 동력이 되었다. 그는 자신이 흥미 있어 하는 모든 분야를 융합해 새로운 시대를 연 것이다. 이제야 사람들은 말한다. 스티브 잡스 같은 인재가 바로 4차 산업혁명에서 우리 사회가 원하는 융합형 인재라고 말이다. 그러나 그것이 그가 다능인이기에 가능했다는 것을 아는 사람은 여전히 많지 않다.

그러니 이제 더는 이것저것 기웃거리는 스스로를 부끄러워하지 말자. 대신 자신의 장점들을 파악해 전문가를 능가하는 멋진 일을 해낼 수 있다는 사실을 믿어보자.

'다능인'은 어떤 강점이 있을까?

다능인에게는 많은 장점이 있지만 여기서는 에밀리에 왑닉이 강연에서 이야기한 세 가지 대표 장점을 이야기하겠다.

1. 아이디어 통합 능력

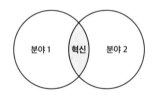

아이디어 통합 능력은 한 분야와 또 다른 분야의 교차점 안에서 새로운 것을 창조하는 능력을 의미한다. 혁신은 바로 이 교차점에서 일어난다. 이것저것 다양한 분야에 관심 있는 다능인에게 이보다 유리한 일이 또 있을까. 이 같은 장점을 잘 활용한다면 다능인인 당신은 이 교차점 안에서 무궁무진한 아이디어를 탄생시키고 혁신을 이끌어낼 수 있다.

2. 빠른 습득력

다능인은 새로운 일을 벌이는 것에 대한 두려움이 적고, 적극적이다. 초보인 상태를 견디는 것도 익숙하다. 또한 다양한 학문의 경계를 넘나들며 이전에 배웠던 모든 것을 새로 배우는 분야에 적용하기 때문에 뭐든 빨리 습득하는 경향이 있다.

이것저것 일만 벌이는 자신을 한심하게 여기고 있는가? 에밀리에 왑닉은 다능인들이 끌리는 것을 좇는 것이 결코 시간 낭비가 아니라고 말한다. 설령 중도에 포기하고 그만두어도 괜찮으니 도전해보자. 그 지식은 예상치 못했던 방식으로 완전히 다른 분야에 적용될 것이다.

3. 적응력

21세기 생존과 성공을 위해 가장 중요한 능력 중 하나는 바로 예측 불가능한 환경에 적응하는 능력이다. 필요에 따라 다양한 역할을 수행하는 다능인이 변화하는 상황에 적응할 확률이 높은 건 어찌 보면 당연하다. 설령 하나의 직업을 잃는다 해도 그들은 모든 걸 잃는 것이 아니기 때문이다.

실제 성공하는 최고의 팀은 애플의 스티브 워즈니악과 스티브 잡스처럼 전문가와 다능인이 짝을 이루는 경우가 많다. 전문가는 깊게 파고들어 아이디어를 구현하고, 다능인은 프로젝트에 광범위한 지식과 영감을 가져오기 때문에 안성맞춤인 협력 체계가 된다는 것이다.

하지만 다능인의 잠재 능력은 스스로 깨닫지 못하거나 한 가지만 파고들어 잘해야 한다는 압박을 받으면 장점을 발휘하지 못한다. 그러니 전문가가 되기를 강요받는 이 사회에서 제대로 능력을 꽃피우지 못한 다능인들이 얼마나 많았겠는가.

4차 산업혁명의 물결 속에서 평생직장이 사라진다고 하지만 주변을 돌아보면 여전히 많은 사람이 단 하나의 소명, 천직에 목말라 있다.

당장 나부터도 그랬다. 뭔가를 하려면 일단 학위부터 따고 그 분야의 전문가가 되어야 한다고 생각했다. 그러다보니 관심 있는 분야가 있어도 선뜻 시작하지 못한 채 시간이 흘렀다. 그러던 내게 굳이 모든 사람이 전문가가 되어야 하는 건 아니니 하고 싶은 많은 것들을 하라는 그녀의 조언은 신선함을 넘어 큰 위로가 되었다.

물론 전문가의 길이 더 맞는 사람들도 많을 것이다. 그러나 그에 못지않게 다능인 또한 많다. 미래학자들은 앞으로 다능인이 점차 스스로의 정체성을 찾으면서 그 수가 더 늘어나리라 예측한다. 우리나라의 경우도 지난해를 기점으로 직업이 두 개 이상인 직장인의 수가 40만 명을 돌파했다. 직장인들 70% 이상이 두 개 이상의 직업을 갖길 원한다는 통계도 있다. 복수의 직업을 갖는 이유는 경제적인 이유가 가장 크지만, 자아실현과 취미가 그 뒤를 이었다는 것도 간과할 수 없는 현실이다.

이제 우리 사회도 다능인들이 스스로의 정체성을 인식하고 잠재력을 펼치도록 도와주는 분위기를 만들어야 할 때라고 생각한다. 그리고 이를 위해서 무엇보다 다능인 스스로가 먼저 자신의 잠재력을 믿기를 바란다.

당신은 결코 혼자가 아니다. 전문가가 아니라고, 학위가 없다고 움츠러들지 말고 자신에게 맞는 인생과 진로를 설계해보자. 우리 앞에 놓여 있는 수많은 복잡한 문제를 해결할 독창적이고 창의적인 혁신은 당신 안에 존재한다. 그러니 좀더 스스로를 믿고 한 걸음을 내딛어보는 건 어떨까. 그 작은 시작이 당신을 어디까지 이끌지 아무도 모르는 일이니 말이다.

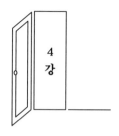

4
강

무엇이든 잘하는 사람들의 힘

학창 시절엔 그저 공부만 잘하면 되는 줄 알았는데, 사회에 나오니 이것저것 배워야 할 게 왜 이렇게 많은지. 영어 회화, 중국어, 재테크, 요리, 스포츠, 포토샵, IT 기기 다루는 법부터 코딩하는 법까지. 거기에 왠지 악기 하나 정도는 능숙하게 다뤄야 할 것 같다. 세상엔 배워야 할 것이 많고 그만큼 부지런히 무언가를 배우는 사람들도 많다.

아마 당신 역시 최선을 다해 살아가는 많은 사람 중 하나일 것이다. 스스로 아니라고 해도 이미 이 책을 읽고 있다는 것 자체가 그렇다는 소리다. 물론 열심히 한다고 해서 잘하는 건 아니라는 게 포인트지만.

열심히 하는 만큼 실력이 향상되고 좋은 성과를 낸다면 얼마나 좋을까? 그러나 현실은 그렇지 않다. 수년째 열심히 영어를 배워도 외국인 앞에서 쭈뼛거리고 숨고 싶은 사람들이 얼마나 많은가. 영어 하나도 버거운데 스페인어나 중국어를 배우는 사람들을 보면 그저 신기하다.

문득 궁금해진다. 왜 누구는 최선을 다하지만 늘 같은 자리에 머물러 있고, 누구는 믿을 수 없는 성과를 내는 걸까?

◦──◦

무언가를 잘하고 싶지만 맘처럼 되지 않는다면 전 세계의 학생, 교육자, 전문가를 대상으로 어떻게 해야 배움의 효과가 극대화하는지 알려주는 에듀아르도 브리세노Eduardo Briceno의 강연을 들어보자.

펜실베이니아 대학교에서 경제학과 공학을 전공하고 스탠퍼드 대학교에서 MBA를 취득한 그는 자신에게 가장 중요한 것은 끊임없이 학습을 즐기는 것이라 말하는 '평생 학습 추구자' 중 한 명이다. 또한 그는 교육 전문가인 캐롤 드웩Carol Dweck과 리사 블랙웰Lisa Blackwell 박사와 함께 인간의 성장을 연구하는 '마인드셋 워크'를 공동으로 창립했다.

많은 시간을 투자하고 열심히 하는데도 성과가 없거나 실력이 향상되지 않아 답답한 독자라면 배움을 사랑하는 그의 강연을 통해 실력 향상과 성장의 비결을 배워보자.

중요한 일의 실력을 향상시키는 법

by 에듀아르도 브리세노

- ◦ 모든 분야에서 가장 유능한 사람이나 팀이 가진 성장의 비결은 의도적으로 '학습 영역'과 '행동 영역'을 반복하는 것이다.

- ◦ 열심히 해도 실력 향상이 없는 사람들은 대부분의 시간을 '행동 영역'에서 보낸다. 반면, 발전하는 사람들은 '학습 영역'에서 더 많은 시간을 보내며 의도된 연습을 한다.

- ◦ 실력을 끌어올리기 위한 심리적 요소
  - ① 더 나아질 수 있다는 믿음과 이해, 즉 성장형 사고방식을 가지기
  - ② 특정 기술을 개선하려는 욕구를 가지기
  - ③ 어떻게, 무엇을 개선할지 생각하기
  - ④ 부담이 없는 상황에서 연습하기

QR코드를 스캔하시면
강연 동영상을
보실 수 있습니다.

'학습 영역'과 '행동 영역', 이 두 가지는 사실 완전히 새로운 개념은 아니다. 잘 생각해보면 우리도 이 두 영역을 오가며 살고 있다. 물론 두 영역에 대해 깊이 생각해본 적이 없더라도 공부하고 일하는 가운데 우리도 모르게 두 영역 사이를 오가고 있었다. 얼핏 들으면 당연한 이야기 같지만 여기에서 중요한 포인트는 성장하는 사람들은 의도적으로 '학습 영역'과 '행동 영역'을 오간다는 것과 '학습 영역'에 더 많은 시간을 보내며 의도된 연습을 한다는 사실이다.

즉 알고 하느냐, 모르고 하느냐가 엄청난 차이를 가져온다는 것이다. 뭔가를 잘 해내기 위해서는 구체적으로는 어떻게 해야 하는지 함께 살펴보자.

'학습 영역'과 '행동 영역' 구분하기

뭔가를 잘해내고 실력을 쌓고 싶은가? 그렇다면 학습 영역과 행동 영역을 확실하게 구분하는 것이 그 첫걸음이다. 학습 영역과 행동 영역이 어떻게 다른지 아직도 명확한 느낌이 없다면 에듀아르도 브리세노가 예로 들어준 '타자를 치는 행동'을 생각해보자.

대다수의 사람이 직장이나 집에서 많은 타자를 치지만, 그렇다고 타자 실력이 더 빨라지지는 않는다. 많이 하면 할수록 속도가 더 빨라져야 정상 아닌가? 그런데 실은 전혀 그렇지 않다. 이것은 타자를 치는 행위가 바로 '행동 영역'에 있기 때문이다. 영어 신문을 매일 보지만 영어 실력은 중급 수준에 계속 머물러 있는 경우, 매일 기타를 치는

데도 몇 년째 실력이 그대로인 경우도 마찬가지다. 늘 행동 영역에 머물러 있기 때문이다.

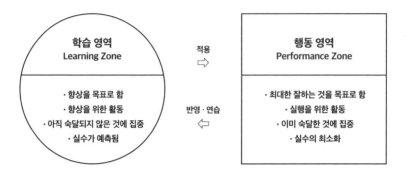

'행동 영역'에서는 최대한 잘하는 것이 목표다. 이미 숙달된 기술을 사용하여 최고의 수행을 하고 실수를 최소화하고자 한다. 그러나 기억하자. 여기에 성장을 위한 공간은 없다. 그러니 백날 이 영역에서 노력해봤자 실력이 늘지 않는다.

반면 '학습 영역'에서는 향상이 이루어진다. 이전에 알지 못했던 기술이나 지식을 배우고, 숙달하지 못한 일에 집중하기 때문이다. 여기에서 기억해야 할 것은 학습 영역에서는 '의도된 연습'이 필요하며 실수가 필연적으로 동반된다는 사실이다.

오해는 말자. 행동 영역이 가치가 없다는 것이 아니다. 행동 영역 역시 매우 중요하다.

"여기저기 찔러보고 모르는 데 집중하세요. 실수를 통해 배우는 거니까요."

의사가 환자의 무릎을 수술하면서 이렇게 말한다면 끔찍하지 않을까? 에듀아르도 브리세노는 의사의 수술처럼 우리가 최대한의 수행을 해야 할 때는 행동 영역에 있어야 한다고 말한다. 즉, 수능이나 입사 시험 혹은 큰 계약이 걸린 프레젠테이션 등의 상황에서는 행동 영역에 있어야 한다는 말이다. 그러나 뭔가를 배우고 실력을 늘리기 위해서는 다시 의식적으로 학습 영역으로 돌아오는 것이 필요하다.

다시 말해 실력을 쌓는 가장 좋은 방법은 학습 영역과 행동 영역을 의식적으로 오가는 것이다. 행동 영역에서 최상의 성과를 내면 이것이 다시 학습 영역으로 돌아가는 동기부여가 된다. 그리고 학습 영역에서 의도적으로 연습해 실력을 쌓은 후, 다시 행동 영역으로 돌아가 이를 적용하는 것이다.

에듀아르도 브리세노는 비욘세Beyonce의 순회공연을 예로 든다. 콘서트 중 비욘세는 행동 영역에서 최고의 퍼포먼스를 선보이지만 공연이 끝나고 호텔에 돌아오면 다시 학습 영역으로 돌아간다. 그날 있었던 공연의 영상을 보면서 어떻게 하면 더 좋은 퍼포먼스를 만들 수 있을지 연구하는 것이다. 그리고 다음날 아침, 댄서와 영상 스태프들과 논의하여 다음 공연 전까지 개선하려고 애쓴다. 비욘세가 세계적인 스타가 된 비결은 끊임없이 행동 영역과 학습 영역을 반복했기 때문이다.

이것이 바로 그가 이야기하는 성장의 비결이다. 두 가지를 동시에 할 수는 없기에 우리는 언제 배우고, 언제 행동해야 하는지 스스로 판단해야 하는데 분명한 사실은 학습 영역에서 시간을 보낼수록 더 발전한다는 것이다.

'의도된 연습'을 하라!

그렇다면 학습 영역에서 어떤 방법으로 노력을 해야 실력이 향상될까?

방법은 간단하다. 학습 영역으로 들어가 의도된 연습을 하면 된다. 예를 들어 매일 치는 타자도 실력을 늘리기 위해서는 의도된 연습이 필요하다. 현재 타속을 체크하고 도달하기 원하는 타속을 정한 후 매일 10분씩 현재 속도보다 10% 빨리 치는 것을 목표로 연습하면 타속은 빨라지기 마련이다. 특히 자주 틀리는 단어를 찾아내서 집중하면 더욱 효과적이다. 이것은 다른 모든 일에도 적용된다.

에듀아르도 브리세노는 이것을 앤더스 에릭슨Anders Ericsson 박사가 말하는 '의도된 연습'이라고 설명한다. '1만 시간의 법칙'으로도 잘 알려진 앤더스 에릭슨 박사는 얼마나 오래, 열심히 하느냐보다 얼마나 올바른 방법으로 연습하느냐가 더 중요하다고 강조하며 구체적인 목표를 세우고 '집중focus'과 '피드백feedback', 그리고 '수정fix'의 3F로 요약되는 의도된 연습을 할 때 실력이 향상된다고 말했는데 이것이 바로 학습 영역에서 기억해야 할 부분이다.

앤더스 에릭슨 박사에 따르면 최고 수준의 전문성에 도달하기 위해서는 분야를 막론하고 적어도 1만 시간은 이런 의도적 연습을 해야 한다. 그의 이러한 주장은 말콤 글래드웰Malcolm Gladwell의 저서 《아웃라

이어^{Outliers}》에서 '1만 시간의 법칙'으로 대중화되며 큰 반향을 불러일으켰다. 국내에서도 큰 인기를 끌었기 때문에 아마 많이들 들어봤을 것이다.

그런데 1만 시간이라니. 김빠지지 않는가? 1만 시간은 공휴일이나 주말 없이 매일 하루도 빠지지 않고 8시간 동안 노력한다고 했을 때 3년 반, 가끔 휴식을 취하면 5년 정도가 소요되는 매우 긴 시간이다. 그런 시간이 대체 어디 있느냔 말이다. 의도된 연습은 중요하다. 그러나 1만 시간은 많은 사람에게 현실적으로 불가능하다. 은퇴 후라면 모를까. 그렇다면 앞으로 무언가를 전혀 배울 수 없고 실력을 향상할 수도 없다는 말일까?

물론 아니다. '1만 시간의 법칙'이 대중화되면서 생긴 오해는 그것이 어떤 기술이나 지식을 잘하는 데 필요한 시간이라 여기게 된 것이다. 그러나 이것은 사실이 아니다. 앤더스 에릭슨 박사가 이야기하는 '1만 시간의 법칙'은 고도의 기술을 갖춘 전문가가 되는 데 필요한 시간이다.

그가 연구의 대상으로 삼았던 사람들은 세계적인 음악가, 금메달리스트, 체스 그랜드 마스터 등 각 분야의 최고 실력을 보유한 사람들이었다. 물론 이렇게 높은 기술을 보유한 전문가가 되기 위해서는 1만 시간 동안 열성적이고 헌신적으로 연습에 집중해야 한다. 그러나 우리가 모두 김연아나 박지성이 되려는 것은 아니지 않은가? 어디 가서 부끄럽지 않을 정도의 영어 실력과 좋아하는 노래 몇 곡을 자신 있게 칠 정도의 기타 실력을 원하는 것이라면? '1만 시간의 법칙'은 분명 훌륭하지만 우리가 모두 최고 수준의 전문가가 될 필요는 없다. 원하는 것이 새로운 것을 익혀 삶을 더 풍요롭게 하고, 실질적인 이익을 주고, 만족할 만한 성과를 내고, 스스로를 즐겁게 하는 정도라면 1만 시간이 아니더라도 충분히 만족할 만한 실력을 향상할 수 있다.

적당히 잘하려면 얼마만큼의 시간이 필요할까?

그렇다면 새로운 것을 배우고 실력을 향상하기에 적당한 시간은 얼마일까?

독일의 실험심리학 분야 선구자인 헤르만 에빙하우스Hermann Ebbinghaus가 1885년 최초로 개념화해 지금껏 일반적으로 사용하는 '학습 곡선Learning Curve'을 보면 초창기에는 연습량에 따라 실력이 급격히 증가하는 모습을 보이다가 연습량이 증가할수록 점차 학습의 속도가 느려진다.

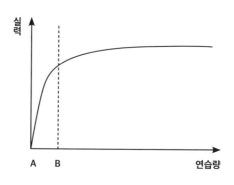

| 학습 곡선 |

이를 뒤집어 다시 생각하면 새로운 지식이나 기술을 어느 정도 잘하게 되기까지 그리 많은 시간이 필요하지 않다는 뜻이다. 학습 곡선이 평평해지기 전까지. 즉 급격하게 실력이 향상하는 초기의 시간만으로도 충분히 실력을 향상할 수 있다. 그렇다면 과연 A와 B 사이의 시간은 얼마나 걸리는 것일까?

비즈니스 코치이자,《처음 20시간의 법칙^{The First 20 Hours}》으로 세계적 베스트셀러 작가가 된 조시 카우프만^{Josh Kaufman}의 연구 결과에 따르면 A와 B 사이에 걸리는 시간은 바로 20시간이다. 이 시간이면 새로운 기술과 지식을 익히기에 충분하다는 것이다.

단, 20시간이라니! 1만 시간과 비교했을 때 말도 안 되게 짧은 시간이 아닌가. 매일 한 달 동안 45분만 연습하면 된다. 어떤가. 할 만하다는 생각이 들지 않는가? 물론 이것으로 전문가가 될 수는 없겠지만 기본적인 사항을 배우고 어느 정도 잘하게 되기엔 충분하다. 물론 이 20시간도 얼마나 제대로 쓰는지가 중요하다.

조시 카우프만은 이 20시간을 어떻게 사용하면 좋을지 구체적인 조언을 하는데 그 방법은 아래와 같다.

---

step 1 향상하길 원하는 부분을 명확하게 결정하고 세부 과제로 나누기
step 2 자신이 틀린 부분이 어디인지 알 수 있을 만큼 배우기
step 3 연습의 방해 요소들을 제거하기
step 4 최초 20시간을 견디고 연습하기

열심히 노력해도 제자리에 머물러 있다는 느낌이 드는가? 만약 20시간 이상을 할애했는데도 불구하고 어떤 일의 실력이 전혀 향상되지 않았다면 방법에 문제가 있는 것은 아닌지 점검해보자. 자신이 지금 노력하는 행동이 어느 영역에 있는지를 생각해보라. 행동 영역에 있으면서 자신이 학습하는 중이라고 착각하고 있지는 않은지, 열정은 있지만 의도된 연습이 빠진 것은 아닌지도 살펴볼 일이다.

실력 향상을 위해 갖춰야 할 조건들

마지막으로 이야기하고 싶은 부분은 실력 향상을 위한 우리의 마음가짐이다. 앞에서도 이야기했듯이 에듀아르도 브리세뇨는 실력 향상을 위해 우리가 지녀야 할 정신적 조건으로 아래의 네 가지를 꼽는다.

---

1. 더 나아질 수 있다는 성장형 사고방식을 가지기
2. 특정 기술을 개선하려는 욕구를 가지기
3. 어떻게, 무엇을 개선할지 생각하기
4. 부담이 없는 상황에서 연습하기

여기서 내가 강조하고 싶은 것은 네 번째 조건인 '부담 없는 상황'이다. 부담을 갖게 되면 실수를 최소화하기 위해 행동 영역으로 진입한다. 학습 영역에서는 실수하기 마련이므로 부담을 최소화해야 하고,

실수했을 때 그 결과가 너무 중요하거나 비극적이면 안 된다. 줄타기 선수가 안전장비 없이 새로운 기술을 연습하지 않으며, 운동선수가 결승선 앞에서 새로운 동작을 시도하지 않듯이.

그러나 우리는 보통 불필요하고 과도하게 부담스러운 환경에 처해 있기 때문에 행동 영역에 많은 시간을 쏟아붓는 경향이 있다. 학교와 직장을 한번 생각해보자. 학교는 배우는 곳이다. 즉, 온전히 학습의 영역에 있어야 한다. 그러나 학교에서조차 우리는 점수로 평가된다. 학생 때부터 우리는 실수하면 경쟁에서 뒤처진다는 압박감에 시달리고 집중과 피드백, 수정을 하기보다 답을 맞추는 데 급급해했다. 그야말로 학습 영역의 정점에 있어야 할 학교가 행동 영역이 되어버린 것이다. 어떻게 진정한 배움이 일어날 수 있겠는가?

직장에서도 마찬가지다. 회사는 절대적으로 행동 영역이 필요한 곳이다. 그러나 회사가 계속해서 혁신하고 발전을 거듭하기 위해서는 조직 구성원들이 학습 영역에서 더 많은 시간을 보내게 해야 한다. 행동 영역에서 현재 아는 것에만 집중한다면 퇴보할 수밖에 없다. 역사의 뒤안길로 사라진 한때 잘나갔던 수많은 기업은 안타깝게도 이것을 알지 못했다.

반면, 구글은 조직원의 실수를 기꺼이 장려한다. 사원들이 학습 영역에 있을 수 있는 환경을 만들어주는 것이다. 이것이 혁신을 주도하며 세계적인 기업으로 성장한 구글의 성공 비밀이다.

그러나 아쉽게도 우리는 실수의 공간을 쉽사리 용납하지 않는 사회적인 분위기 속에 살고 있다. 우리가 이 상황에서 벗어나기 위해 할 수 있는 것은 무엇일까?

바로 학습이란 실수를 동반할 수밖에 없다는 것을 인지하고 부담을 내려놓는 것이다. 실패해도 괜찮은 환경을 만들고 학습 과정에서 일어나는 실수가 실패가 아니라는 것을 인지하자.

무엇이든 잘하는 사람들의 비결이 궁금한가? 그 비결은 지능이나 능력에 달려 있지 않다. 새로운 것을 익히고 실력을 쌓는 것은 능력보다는 정신적 차이에서 온다. 그들은 배움의 과정에서 겪을 실수, 어려움, 바보가 된 느낌 따위를 절대 두려워하지 않는다. 이를 당연하게 여기기에 새로운 것을 주저하지 않고 스스로 그것을 해낼 수 있다고 믿는다. 그들에게 중요한 것은 그저 '내가 그것을 하고 싶은가, 아닌가'의 문제일 뿐이다.

많은 사람이 여전히 무언가를 배우고 실력을 향상하기 위해 노력하지만 동시에 많은 부담을 느낀다. 그렇게 되면 학습 영역과 행동 영역을 제대로 구분하지 못하고 행동 영역에서 무의미한 노력만 하게 되는 꼴이다.

진정한 자신감은 끝없는 배움에서 비롯된다. 실수를 거듭할 때 진정한 배움이 일어난다는 것을 믿고 어깨를 짓누르고 있는 부담을 벗어던지자. 당신의 가슴 속에 불안 대신 진정한 배움에서 오는 자신감과 기쁨이 오래도록 자리 잡게 되기를 바란다.

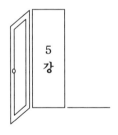

사람의 마음을 움직이는 0.1%의 차이

가격 또 올린 샤넬. 비싸서? 아니, 없어서 못 팔아. 한 달 대기는 기본.

2007년까지만 해도 200만 원대였던 샤넬 가방이 이제는 700만 원을 넘었다. 똑같은 가방을 10년째 판매하는데 값이 내려가기는커녕 3배 이상이 오른 것이다. 오죽하면 '샤테크'라는 말이 생겼을까. 그런데도 없어서 못 팔정도란다.

대체 그 가방에는 어떤 특별한 것이 있기에 시간이 갈수록 가치를 더해가는 것일까. 사람들은 왜 샤넬에 열광하며 몇 달치 월급을 모아서라도 그것을 가지려고 하는 것일까.

상식적으로 쉽게 이해가 가지 않는 이런 일이 비단 샤넬에서만 벌어지는 것은 아니다.

스타벅스는 또 어떤가. 이 작은 나라에 무려 1,020개가 넘는 매장이 들어서 있다. 그 매장들에서 지난해 벌어들인 연매출액은 무려 1조 28억 원. 업계 브랜드 평판 부동의 1위를 유지하는 것은 물론이고 2, 3위 브랜드보다 무려 5배나 높다. 압도적으로 시장을 장악하고 있다는 소리다. 상황이 이렇다보니 건물주들마저 스타벅스 앞에선 을로 전락한다. 스타벅스가 주변 상권을 살리는 역할을 하기 때문이다. 건물주들은 스타벅스를 위해 건물 인테리어를 바꾸는가 하면 임대료도 수수료 결제로 계약한다.

애플, 샤넬, 스타벅스, 나이키, 이케아, bmw 등 같아 보이지만 절대 같지 않은, '한 끗 차이'로 남다른 결과를 내고 사람들의 마음을 움직여 성공하는 사람들은 비즈니스, 정치, 패션, 광고, 예술, 문학 등을 막론하고 어느 분야에나 존재한다.

그리고 그들은 세상을 리드한다. 이러한 성공을 그저 우연으로만 볼 수 있을까?

◦——◦

어떻게 이런 일이 가능할까? 사람들의 마음을 움직여 비범과 평범, 성공과 실패를 가르고 새로운 역사를 쓰는 '그 무엇'의 정체가 궁금하다면 사이먼 사이넥Simon Sinek의 강연만큼 명쾌한 답을 알려주는 강연도 없을 것이다.

《나는 왜 이 일을 하는가?Start with why》,《리더는 마지막에 먹는다Leaders Eat Last》의 저자로 우리에게 더 잘 알려진 사이먼 사이넥은 전략 커뮤니케이션 전문가이자 동기부여 연설가다. 세계 최고의 싱크탱크로 꼽히는 랜드연구소RAND Corporation의 객원연구원인 동시에 기업, 정부기관, NGO 단체 등에서 '리더와 조직이 어떻게 사람들에게 영감을 줄 수 있는지'를 가르치고 있다.

리더? 영감? 나랑 별 상관없는 이야기라고 생각하는가? 그렇게 생각할지라도 그의 강연은 들을 만한 가치가 충분하다. 살면서 언젠가는 누군가의 마음을 움직여야 하는 순간이 올 테니 말이다.

위대한 리더는 어떻게 영감을 주는가

by 사이먼 사이넥

○ 영감을 주는 리더들은 일반 사람들과 어떤 점이 다를까? 그것은 '생각을 하는 순서'에 있다.

○ 대부분의 사람들이 '무엇을What'에서 시작해 '어떻게How', '왜Why'의 순서로 생각하지만, 위대한 리더들은 그것과 반대인 '왜Why'에서부터 시작한다.

○ 어떤 일에 성공하고 싶은가? 그렇다면 '나는 왜 이 일을 하는가'라는 질문에서 출발하라. '왜'에서 나온 답인 신념과 믿음, 가치가 무엇인지 명확해야 사람의 마음을 움직이고 성공에 도달한다.

QR코드를 스캔하시면 강연 동영상을 보실 수 있습니다.

그는 강연을 통해 애플이 어떻게 그토록 창의적일 수 있었는지, 마틴 루터 킹 목사는 어떻게 수많은 사람을 이끌고 인권 운동을 주도할 수 있었는지, 막대한 자금과 충분한 자격을 갖춘 다른 쟁쟁한 팀을 제치고 라이트 형제가 성공할 수 있었던 이유는 무엇인지 그 숨겨진 비밀을 말한다.

그 답은 사람들에게 영감을 주는 능력에 달려 있었다. 훌륭한 리더들은 사람을 조종해서 움직이게 하지 않는다. 그저 영감을 주어 스스로 움직이게 할 뿐이다.

샤넬과 스타벅스가 사람들의 마음을 이끌고 스스로 지갑을 열게 하기까지 무슨 일을 했는지 살펴보고 이러한 현상을 우리 일상에서 어떻게 적용할지 생각해보자.

사람들의 마음은 언제 움직이는가

사람들이 저마다 새로운 것을 받아들이고 좋아하게 되기까지 그 속도 면에서 큰 차이가 있다. 어떤 사람들은 빠르게 새로운 것을 받아들이지만 대부분의 사람들은 새로운 것을 곧바로 받아들이는 데 거부감이 있기 마련이다. 사이먼 사이넥은 이러한 현상을 설명하기 위해 미국의 사회학자 에버렛 로저스Everett Rogers가 주장한 '혁신의 전파 법칙Diffusion of Innovation'을 이야기하는데 이를 잘 살펴보면 사람들이 새로운 것을 어떻게 수용하는지, 사람들의 마음을 어떻게 사로잡을 수 있는지에 대한 힌트를 얻을 수 있다. 비즈니스에만 해당하는 것이라 생각하고 흘려버리지 말자. 이것이 곧 우리의 일상이고 개인에게도 적용되는 문제이니 말이다.

에버렛 로저스는 사람들이 새로운 것을 받아들이는 척도에 따라 혁신가(2.5%), 얼리어답터(13.5%), 초기 대다수(34%), 대다수(34%), 느린 수용자(16%) 이렇게 5개 범주로 나눴다. 여기의 핵심은 큰 시장에서의 성공을 원하거나 아이디어가 널리 퍼지길 원한다면 혁신가와 얼리어답터들의 마음을 잡아서 급격하게 아이디어가 퍼지는 '티핑 포인트 Tipping point'에 도달해야 한다는 것이다.

대부분의 사람들은 어느 정도 많은 사람이 움직이기 전까지는 새로운 것에 꿈쩍도 하지 않는다. 그렇기 때문에 혁신가와 얼리어답터들의 마음을 붙잡아 티핑 포인트 지점까지 도달하지 못한다면 성공할 수 없는 것이다. 그러나 반대로 그 지점을 넘는다면 상황은 드라마틱하게 바뀐다.

따라서 혁신가와 얼리어답터를 붙잡는 것이 중요한데, 이들이 바로 아이폰이 처음 출시되었을 때 6시간 동안 줄을 서서 구입한 사람들, 스타벅스 다이어리를 웃돈을 주고서라도 모으는 팬들이다. 이들이 움직이면 기업의 신념에는 관심도 없던 대다수의 사람이 덩달아 아이폰을 사고 스타벅스를 가게 된다. 좋다는 느낌이 놀라운 속도로 전파되는 것이다. 문제는 이 사람들의 마음을 움직이려면 아이디어의 참신함, 제품의 성능보다는 신념, 느낌과 같은 직관이 중요하다는 사실이다. 결국 사람들의 마음을 움직이고 싶거나 아이디어를 알리고 싶거나 성공하고 싶다면 객관적 정보가 아니라 신념과 느낌과 같은 직관을 이용해야 한다. 그렇다면 사람의 마음은 어떻게 움직일 수 있을까?

성공과 실패를 가르는 한 끗 차이

사이먼 사이넥은 3년 동안 수많은 기업들을 분석한 결과, 영감을 주는 리더들과 그렇지 않은 이들의 차이점이 '생각하는 순서'에 있다는 것을 발견한다.

생각하는 순서를 이해하기 위해서는 '골든 서클golden circle'이라는 개념을 먼저 알아야 한다. 이 개념은 비즈니스뿐만이 아니라 우리가 삶의 의미를 찾는 일과도 아주 밀접하게 닿아 있다.

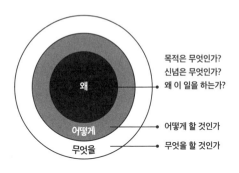

목적은 무엇인가?
신념은 무엇인가?
왜 이 일을 하는가?

어떻게 할 것인가

무엇을 할 것인가

| 골든 서클 |

사이먼 사이넥이 만든 골든 서클이란 개념은 '왜why', '어떻게how', '무엇을what'이라는 세 가지의 간단한 요소로 구성된다. 명료한 why, 원

칙이 있는 how, 일관된 what을 가질 때 서클의 균형이 유지된다는 게 그의 주장이다.

흥미로운 것은 영감을 주는 리더들과 그렇지 않은 사람들의 사고 방향이 완전히 다르다는 사실이다.

무엇을 ▷ 어떻게 ▷ 왜

일반적으로 사람들은 원의 바깥인 '무엇'에서부터 출발한다. 무엇을 할지를 먼저 생각하는 것이다. '난 뭘 하지?', '그걸 하려면 어떻게 해야 하지?'라는 질문을 시작으로 목표를 세우고 거침없이 계획을 세운다. 계획표는 소중하니까. 하지만 거기에는 십중팔구 '왜'가 빠져 있다.

그러나 영감을 주는 리더들은 정확히 반대로 생각하고 행동한다.

왜 ▷ 어떻게 ▷ 무엇을

원의 안쪽인 '왜'를 먼저 생각하는 것이다. 그리고 이것이 바로 사람들에게 영감을 불어넣는 비결이다. 왜를 생각하지 않는 리더와 조직은 아무리 훌륭한 아이디어와 제품을 가지고 있어도 사람들에게 영감을 주지는 못한다. 왜냐하면 거기에는 그들의 신념과 믿음이 빠져 있

기 때문이다. '왜'만이 중요하다는 것이 아니다. 원의 구성 요소 세 가지가 모두 중요하다. 그러나 가장 중요한 것은 항상 '왜'에서부터 시작해야 한다는 것이다.

사이먼 사이넥은 지구상의 모든 개인이나 단체가 자신들이 '무엇을' 하는지 정도는 알고 있고, 그들 가운데 몇몇이 '어떻게' 하는지에 대해서도 알지만 아주 극소수의 사람이나 단체만이 '왜' 그 일을 하는지 알고 있다고 말한다. 그리고 그 극소수의 대표적인 예로 애플을 든다. 그렇다면 무심코 지나쳤던 애플의 국내 광고를 다시 살펴보자.

> "그렇습니다. 중요한 건 바로 제품이 주는 경험.
> 사람들이 어떻게 느낄까? 삶이 더 좋아질까? 존재할 만한 이유가 있는 걸까?
> 단 몇 개의 위대한 것을 얻기 위해 그 몇 배의 시간 동안 우린 노력합니다. 우리의 손길이 닿은 모든 아이디어가 사람들의 삶에 닿을 수 있을 때까지.
> 당신은 무심코 지나칠 수도 있겠지만 언제나 느낄 것입니다.
> 이것이 우리의 소명.
> 그리고 이것은 우리의 전부입니다."
> – 애플 광고 한국어 버전 중

그들은 구체적인 제품의 성능과 디자인의 유려함을 전면에 내세우지 않는다. 그들이 먼저 내세우는 것은 다르게 생각한다는 자신들의 신념, 삶을 더 좋게 만들겠다는 도전정신이다. 사람들의 마음을 움직일 수 있었던 결정적인 이유는 바로 여기에 있다. 애플만이 아니다. 수많은 성공한 기업의 사례가 이 같은 현상을 뒷받침한다.

샤넬의 성공 뒤에는 20세기 여성 패션의 혁신이자 브랜드 그 자체가 되어버린 '코코 샤넬'이 있다. 코코라는 이름으로 더 유명한 샤넬의 창립자 가브리엘 샤넬Gabrielle Chanel은 '편안하지 않은 것은 럭셔리가 아니다'라는 신념으로 몸을 옥죄는 코르셋으로부터 여성을 해방시키고, 손에 들고 다니거나 겨드랑이에 끼고 다녀 불편했던 가방에 체인을 달아 어깨에 멜 수 있게 해 패션의 근대화에 새로운 지평을 열었다.

패션은 변하지만 스타일은 남는다.
패션은 단순한 옷의 문제가 아니다. 그것은 모든 곳에 존재한다.
그것은 생각, 격식, 사건에서 비롯된다.
– 가브리엘 샤넬

그녀 역시 옷감이 얼마나 좋은지, 디자인이 얼마나 예쁜지 구구절절 설명하지 않았다. 그녀에게는 옷을 만드는 명확한 이유가 있었고 그녀가 만든 옷과 가방은 단순한 패션을 넘어 삶의 방식이자 그녀의 신념 그 자체가 되었다. 사람들은 그녀의 신념에 매료되었고 그것이 지금껏 샤넬을 존재하게 하는 힘이기도 하다.

사람들에게 감동을 주는 휴먼 마케팅의 대표적인 인물이자 스타벅스 CEO인 하워드 슐츠Howard Schultz 역시 사람을 중시하는 카페 문화에 대한 확고한 신념과 비전이 있었고, 세계적 가구 기업인 이케아도 단순히 가구를 파는 것을 넘어 주거 및 생활 문화를 전파한다는 확고한 철학을 가지고 있다.

이들이 하나 같이 먼저 내세운 것은 어떻게, 무엇을 파는지가 아니라 왜 그것을 파는지에 대한 신념이다. 정보의 순서를 뒤집어 놓았을 뿐인 이 작은 차이가 명품을 만들고 성공과 실패를 가른다. 이것은 특정한 사람과 조직에만 해당하는 이야기가 아니다. 리더가 꼭 많은 조직원을 이끄는 사람이라고 생각하는가? 리더는 사람들의 잠재 능력을 끌어내는 사람이다. 그런 점에서 모든 부모, 아니 우리는 모두 리더다. 적어도 자기 자신의 잠재 능력을 끌어내기 위해서는 스스로를 리드해야 하지 않겠는가.

스스로에게 물어보자. '나는 왜 이 일을 하는가?' 이것은 삶의 본질을 건드리는 문제다.

누군가는 이렇게 대답할 수 있다. 대학 진학 혹은 돈을 벌기 위해서라고. 그러나 사이먼 사이넥은 이것들은 '왜'가 아니라 단지 결과일 뿐이라고 딱 잘라 말한다. '왜'라는 것은 당신의 목적은 무엇인지, 이 일을 하는 이유가 무엇인지, 곧 당신의 신념과 가치관이 무엇인지를 의미한다. 엄마가 시키니까 마지못해 공부하는 학생들, 낳았으니 키우는 것이라는 생각만으로 양육에서 회의감을 느끼는 부모들, 꼬박꼬박 들어오는 월급통장 때문에 도살장에 끌려가는 소처럼 출근하는 직장인들. 거기에는 모두 '왜'가 빠져 있다.

반면 '왜'를 가장 먼저 생각하고 그 답을 찾은 사람들은 누가 시키지 않아도, 아니 누가 말려도 공부를 하고 양육의 기쁨을 누리며 직장에서 활력 있게 생활한다. 대다수의 사람이 방황하는 이유는 바로 이 '왜'를 가장 먼저 생각하지 않고 수단과 방법에 대해서만 생각하기 때문이다.

꼭 성공하는 사업가나 조직의 리더가 될 생각이 없더라도 자신의 삶에서 만족하기 위해서는 본질에 해당하는 '왜'라는 물음을 올바로 정의하는 것이 무엇보다 중요하다. 이것이 타인을 움직이고 또 우리 스스로를 움직이게 하는 힘이기 때문이다.

'Why'가 통하는 이유

그렇다면 '왜'라고 생각하는 것이 왜 사람들을 움직이고, 우리 스스로를 움직이게 만드는 걸까? 사이먼 사이넥의 설명에 따르면 이러한 현상은 인간의 뇌 구조, 즉 생물학적 원인 때문이다.

우리가 골든 서클의 바깥쪽에서 안쪽으로 소통할 때, 즉 '무엇을'을 먼저 생각하면 두뇌의 신피질 부분을 건드린다. 신피질은 이성과 분석적 사고, 언어를 담당하는 부분으로, 복잡하고 많은 양의 정보를 이해할 수는 있지만, 영감을 주고 행동을 이끌지는 못한다. 그렇기 때문에 아무리 제품이 좋다고 성능을 열거해도 사람들의 감정을 건드리지 못하는 것이다. 공부의 좋은 점을 아무리 열거해도 스스로 공부하겠다는 생각이 없는 아이를 책상에 오래 붙들기 힘든 것도 마찬가지의 이유다.

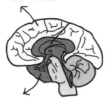

신피질 | 이성 분석적사고 담당 '무엇을'

변연계 | 감정 담당 '어떻게', '왜'

반면, 우리가 안쪽에서 바깥쪽으로 소통할 때, 즉 '왜'를 먼저 생각하면 두뇌의 변연계 부분을 건드리게 된다. 변연계는 감정과 행동을 조절하는 부분이다. 따라서 이 부분이 자극되면 사람들은 일단 먼저 행동하고 그다음 행동을 합리화하는데 이것이 직관에 의해 결정되는 방식이다. 따라서 자신이 믿는 신념에 대해 말해야 다른 사람에게도 영감을 주고 행동을 변화시킬 수 있으며 그것이 자신에게도 영향을 미칠 수 있다.

우리는 모두 세상을 바라보는 렌즈를 하나씩 가지고 있다. 문제는 우리가 오직 이 렌즈를 통해서만 세상을 볼 수 있다는 데에 있다. 싸구려 렌즈로 보는 세상은 편협하고 왜곡되어 있지만, 높은 화소와 넓은 화각을 가진 고급 렌즈로는 더 넓은 세상을 깊고, 아름답게 볼 수 있다. 골든 서클의 정점에서 '왜'를 질문하는 사람들은 소위 말해 고급 렌즈를 가진 사람들이다.

인지심리학자들은 이 렌즈를 '프레임'이라는 개념으로 설명한다. 음식을 단지 돈벌이 수단으로 생각하는 프렌차이즈 사업가와 자신의 음식이 사람들의 건강을 책임진다고 생각하는 동네 식당 주인. 돈만 생각해 한 채라도 더 짓기 위해 다닥다닥 집을 설계하는 건축가와 세대원의 삶의 질에 영향을 미칠 공간을 창조한다고 생각하는 건축가. 이들의 프레임은 질적으로 그 차원이 다르다. 양심이 있고 없고, 경제적 효용이 있고 없고의 문제를 떠나 프레임의 질이 다른 것이다.

서울대학교 심리학과 최인철 교수는 프레임을 상위 프레임과 하위 프레임으로 구분하며 이를 나누는 결정적 차이가 바로 '어떤 질문을 하느냐'에 달려 있다고 했다. 상위 프레임을 가진 사람은 '왜'를 묻고, 하위 프레임을 가진 사람들은 '어떻게'를 묻는다는 것이다. 우리가 자기 자신을 리드하며 끊임없이 스스로에게 인생의 의미를 물어야 하는 까닭이 바로 여기에 있다.

당신은 어떤 렌즈를 갖고 싶은가? 분명한 것은 삶에 대한 깊은 통찰 없이는 좋은 렌즈를 갖기 어렵다는 사실이다. 삶의 정원을 가꾸는 기쁨을 누리고 타인에게도 좋은 영향을 미치고 싶은가? 그렇다면 이제 '왜'를 먼저 질문하라. 그 답을 찾는 데 에너지와 시간을 들이는 것이 당신의 인생을 변화시키고 자유를 가져올 것이다.

우리에게 기쁨을 주는 것은
진리 그 자체가 아니라
진리에 도달하기 위해
우리가 기울이는 노력이다.

톨스토이 Tolstoy

Part 3

관계 Relationship

세 번째 주제는 '관계'다.

관계가 중요하다는 것은 모두가 아는 사실. 그러나 관계를 위해 노력하는 사람들은 생각보다 많지 않다.

'무엇이 우리를 건강하고 행복하게 만들까?'

누적 연구비만 216억 원. 1937년부터 시작되어 지금까지 이어져온 세계에서 가장 긴 기간에 걸친 프로젝트인 '하버드 대학교 성인발달 종단 연구'의 시작은 이 한 물음에서 시작되었다.

그리고 이 기간동안 7백여 명의 인생을 통째로 추적한 결과, 그 답이 밝혀졌다. 우리를 건강하고 행복하게 만드는 것은 부나 성공, 명예가 아니라 바로 '좋은 관계'였다.

90세가 되어 어떤 깨달음을 얻는다 해도 인생을 다시 살 수는 없는 일 아닌가. 후회해도 이미 때는 늦다.

이 챕터에서는 관계를 맺는 것이 왜 그토록 어려운지, 타인과 진정으로 연결되는 데 필요한 것은 무엇인지, 공감 능력을 높이고 적절하게 자기주장을 하는 법은 무엇인지, 무한 경쟁의 시대에서 어디까지 타인을 도와야 하고 내 이익을 챙겨야 하는지 등의 팁을 얻을 수 있을 것이다.

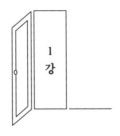

타인을 도우면서도 성공하는 사람들

"착하게 살다가는 뒤통수만 맞는 거야. 딱 너만 생각해. 세상이 얼마나 무서운데."

미순 씨가 어릴 적부터 귀에 딱지가 앉게 들은 말이다. 그래서인지 학창 시절부터 미순 씨는 자기가 손해를 보는 일은 절대 하지 않았다. 이유 없이 남을 돕는 일에도 인색했고 친구들의 작은 부탁도 흔쾌히 들어주지 못했다.

시험이 코앞인데 남자 친구와 헤어져 힘들어하는 친구를 위해 온종일 위로하거나, 어려운 문제와 씨름하는 친구를 붙잡고 과외를 해주다시피 하는 친구들을 보며 미순 씨는 늘 궁금했다.

'저렇게 남들을 다 챙기면서 언제 자기 공부를 하겠다는 걸까? 시간이 아깝지도 않은가? 내가 너무 이기적인 걸까?'

대학을 가고, 취직을 해도 그런 사람들은 어디에나 있었다. 자기 일도 아니면서 야근을 마다하지 않고 남의 업무를 도와주는 사람들, 남의 경조사가 마치 자기 일인 양 나서서 돕는 사람들을 보면서 궁금증과 함께 알 수 없는 죄책감이 들었다. 계속 이렇게 살자니 너무 이기적인 것 같고 그들처럼 살자니 이용만 당하다가 실패자가 될 것 같았다. 차라리 전자가 되는 편이 낫겠다는 판단으로 그럭저럭 살아왔지만 언제부턴가 이렇게 사는 게 맞는 건지 회의감이 밀려왔다.

———○———

타인을 돕는 행동, 소위 착하게 사는 건 어디까지가 적당한 건지, 내 이익만큼 타인의 이익을 위하며 사는 게 세상을 아름답게 할 것이라는 믿음은 너무 순진한 생각인지 궁금했던 적 있는가? 미순 씨처럼 착하게 살아야 한다는 조언보다 너무 착하면 안 된다는 조언을 더 많이 듣고 자라 어느 것이 맞는지 헷갈리는 독자라면 이 문제에 대해 명쾌한 해답을 찾아줄 애덤 그랜트^{Adam Grant}의 강연을 소개하고 싶다.

애덤 그랜트는 세계 3대 경영대학원인 와튼 스쿨에서 최연소 종신 교수로 임명된 조직 심리학자이고 그의 저서인 《기브 앤 테이크^{Give and Take}》와 《오지리널스^{Originals}》는 세계적인 베스트셀러이다. 또한 그는

〈포춘〉과 〈비즈니스위크〉가 선정한 최고의 교수 중 하나로 뽑히기도 했다.

걸출한 명성에 걸맞게 그는 강연에서 앞에서의 의문을 단 10분 만에 해결한다. 스스로 너무 이기적으로 사는 것 같다거나 반대로 주기만 해서 걱정인 독자들이 있다면 애덤 그랜트의 강연을 들어보자.

당신은 기버인가, 테이커인가

by 애덤 그랜트

○ 사람들은 타인과의 관계에서 '테이커Taker', '기버Giver', '매처Matcher' 중 한 가지 양식을 선택하여 행동한다.

테이커

자신이 준 것보다
더 많이 받기를
바라는 사람
(19%)

기버

자신이 받은 것보다
더 많이 주는 것을
좋아하는 사람
(25%)

매처

손해와 이익이
균형을 이루도록
애쓰는 사람
(56%)

○ 각 직종에서 가장 성과가 안 좋은 사람들은 대부분 '기버'였지만, 놀랍게도 최고의 성과를 내는 사람도 '기버'였다.

○ 성공하는 기버의 행동 양식은 성과가 안 좋은 기버와는 분명한 차이가 있다. 성공하는 기버들은 스스로 탈진하지 않도록 보호했고, 남을 돕는 만큼 자신의 이익을 추구했으며, 상대를 보면서 베풀었다.

QR코드를 스캔하시면
강연 동영상을
보실 수 있습니다.

사람을 이렇게 세 부류로 나누는 것도 흥미로웠지만, 기버라고 다 같은 기버가 아니라는 사실이 이 강연의 핵심이었다. 게다가 성공의 꼭대기에 있는 사람도 기버라니! 눈이 번쩍 뜨일 만큼 놀라운 발견이 아닌가.

자신이 이익만 챙기는 테이커이거나 남에게 베풀기만 해서 손해를 보고 있는 기버라고 생각된다면 더욱 눈을 크게 뜨고 아래의 이야기에 귀를 기울여야 할 것이다.

혹시 자신이 테이커라고 생각되는가? 그렇다면 명심하자. 자신의 이익을 극대화하는 데만 집중하는 테이커들은 어느 조직에서나 빠르게 성공하는 경향이 있지만 그만큼 빠르게 무너진다는 사실을. 왜냐하면 기브 앤 테이크를 실천하는 매처들에게 결국 발목이 잡히기 때문이다.

애덤 그랜트의 연구에 따르면 매처들은 무려 56%로 가장 많았다. 받은 만큼 돌려줘야 직성이 풀리는 매처들은 자신의 이익을 위해서는 서슴지 않고 다가가 필요한 것만 쏙쏙 가져가는 얄미운 테이커들을 결코 그냥 두고보지 않는다. 인과응보라는 말이 괜히 있는 게 아니다. 과반수가 매처인 세상에서 테이커들은 언젠가는 대가를 치르고 정의는 그렇게 실현되는 것이다.

테이커가 아니라면 혹시 '베풀기만 하는 기버'로 살고 있는가? 그렇다면 명심하자. 베풀기만 하는 기버로 사는 건 테이커로 사는 것보다 더 비참할 수도 있다는 사실을 말이다. 그의 연구에 따르면 이들의 성과는 테이커보다 한참이나 더 낮았다.

　그러나 성공의 꼭대기에 있는 사람도 테이커가 아닌 기버라는 사실이 우리에게 희망을 준다. 당신의 위치는 어디쯤이라고 생각하는가? 밑바닥과 꼭대기에 있는 사람 모두가 기버라는 사실을 이해했다면 이쯤에서 궁금할 것이다. 과연 성과가 낮은 기버와 성공하는 기버 사이에는 어떤 차이가 있을까? 다른 사람에게 베풀면서도 성공하는 기버가 되기 위해서는 어떻게 해야 할까?

탈진하지 않도록 스스로를 보호하며 남을 돕기

　당장 내 코가 석 자인데도 남을 돕는 것은 병적인 이타주의이며, 망하는 기버가 되는 지름길이다. 애덤 그랜트의 연구에 따르면 성공하는 기버들은 탈진하지 않도록 스스로를 보호하며 남을 도왔다. 기버들은 보통 스스로를 희생하면서 그들이 속해 있는 조직을 향상시키지만, 그 과정에서 손해를 보거나 고통을 받기도 쉽다. 그렇기 때문에 지치지 않도록 스스로를 보호하는 지혜가 필요하다. 당신이 기버라면 기억하자. 남은 돕는 데 꼭 그렇게 큰 에너지가 필요한 것은 아니다. 어느 상황에서나 자신을 지키며 선의를 베푸는 것이 중요하다.

타인의 이익과 나의 이익을 함께 도모하기

우리는 야심이 크면 보통 테이커라고 생각하지만 꼭 그렇지도 않다. 성공하는 기버는 받은 것보다 더 많이 베풀지만 받는 것에도 익숙하고 테이커나 매처 못지않게 야심도 컸다. 또한 베풀면서도 스스로의 이익을 찾는 것을 잊지 않았다.

그들은 상대방의 이익은 물론 자신의 이익에도 큰 관심을 가지면서 모두에게 이득이 되는 방법을 찾으려고 노력했다.

이 대목에서 나는 이 문제에 대한 고민의 근원이 흑백 논리에서 시작되었다는 것을 깨달았다. '내 이익'과 '타인의 이익'을 양극단의 개념으로 이해했기 때문에 공존할 수 없다고 여긴 것이다. 하지만 사실 이두 가지는 서로 엄연히 다른 동기이며 서로 얼마든지 공존할 수 있다. 성공한 기버는 자신의 이익과 타인의 이익이 상충하는 개념이 아니라는 것을 알고 있고, 이 두 가지를 함께 충족시키려고 노력하는 자였다.

물론 나의 이익과 타인의 이익이 상충하는 경우도 있겠지만, 늘 그런 것은 아니라는 사실을 기억하고 모두가 이익을 보는 길을 먼저 찾아보는 습관을 기르자.

상대의 성향을 보면서 베풀기

가장 중요한 대목이다. 호구로 전락하지 않으면서도 베풀며 살기 위해서는 상대의 성향을 알아야 한다. 호구인 기버는 상대가 누군지

가리지 않고 돕지만, 성공하는 기버는 다르다. 애덤 그랜트의 연구에 따르면 성공하는 기버는 기본적으로 기버의 성향이 있더라도 상대에 따라 행동 양식을 조정했다. 테이커에게는 매처의 행동 양식인 기브 앤 테이크로 대했던 것이다.

하지만 누가 테이커인지, 기버인지 구분하는 것은 생각만큼 쉬운 일이 아니다. 주변 사람들을 생각해보자. 누가 기버이고, 테이커인가?

보통 우리는 상냥하고 친절하면 기버이고, 차갑고 무뚝뚝하면 테이커라고 생각한다. 애덤 그랜트 역시 처음에는 그렇게 생각했다. 그러나 데이터를 모아본 결과, 그것과는 아무 관련이 없었다. 겉으로 드러난 상냥함과 무뚝뚝함으로 기버와 테이커를 구분하는 우를 범하지 말자. 테이커라고 다 같은 테이커가 아니고 기버라고 다 같은 기버가 아니다.

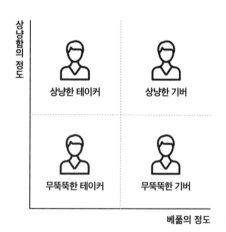

그의 설명에 따르면 기버와 테이커는 위의 그림처럼 다시 네 가지 타입으로 구분할 수 있다. 그는 상냥한 기버와 무뚝뚝한 테이커는 빨리 구분되지만, 무뚝뚝한 기버와 상냥한 테이커는 그렇지 않다며 조심해야 한다고 경고한다.

순간 직장의 한 동료가 떠올랐다. 할 말을 직설적이고 거칠게 하는 편이라 친해지기 쉽지 않았지만 막상 지나고 보니 그 동료만큼 조직 전체를 생각하는 사람도 없었다. 그는 딱 보기엔 테이커 같았지만 실은 무뚝뚝한 기버였다. 그래도 이런 사람들을 테이커로 오해하는 것은 안타깝지만 치명적인 일은 아니다.

그러나 상냥한 테이커를 못 알아보는 것은 치명적이다. 일명 '척하는 사람'이 그들이다. 앞에서는 친절한 척하지만 뒤에서는 뒤통수를 치는 사람들. 애덤 그랜트는 우리가 상냥한 테이커를 가려내는 안목을 길러야 한다고 말한다. 그는 상냥한 테이커를 가려내기 위해서는 그들이 종업원이나 택시 운전사를 대하는 태도를 보라고 조언한다. 상냥한 테이커는 자신보다 서열이 높은 사람에게는 아첨하고, 아래 서열에 있는 사람들을 하대하는 것에 능숙하기 때문이다.

당신은 어떤 성향으로 살고 있는가? 앞으로는 또 어떻게 살고 싶은가? 아마 어느 순간에는 기버로, 어느 순간에는 테이커로 살고 있을지도 모른다. 그러나 타고난 기버인지 아닌지, 지금 얼마나 많은 선의를 베풀고 있는지보다 더 중요한 것은 '성공에 대한 잘못된 믿음'이다. 착한 사람을 짓밟고, 수단과 방법을 가리지 않는 사람들이 성공의 꼭대기에 오른다고 생각하는 잘못된 믿음이 테이커를 더욱 당당한 테이커로 만들기 때문이다. 성과가 낮은 상냥한 기버들과 온갖 불법을 저지르고도 부귀영화를 누리는 테이커를 보며 여전히 많은 사람들이 성공의 기준을 남을 돕는 것보다는 경쟁에서 이기는 것으로 오해하고 있다.

애덤 그랜트의 연구가 희망적인 이유는 이 믿음이 잘못되었음을 명확하게 밝혀주고 있기 때문이다. 지나치게 경쟁적이고 소모적인 제로섬 싸움의 현실에서 타인에게 기여하는 것이 여전히 의미 있음을 객관적으로 증명하고 있지 않은가. 나 역시 가장 의미 있는 성공이란 어떻게든 타인을 돕는 형태로 나타남을 믿는다. 혼자 사는 세상이 아니기 때문이다.

이제 자신과 타인의 이익 앞에서 이 사실을 기억했으면 좋겠다. 베푸는 기버가 진정한 성공을 가져다줄 것이라는 사실을, 그리고 우리 사회에서 더 많은 성공한 기버들이 생겨난다면 성공을 정의하는 방식을 바꿀 수 있을 것이고 결국 이것이 세상을 바꾸게 될 것이라는 사실을 말이다.

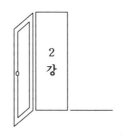

할 말은 하고 사는 법

"아니, 그게 아니라…. 죄송합니다."

유통 회사에 7년째 근무 중인 이미영 대리가 가장 많이 하는 말이다. 그는 오늘도 상사와 동료 앞에서 할 말을 삼킨다.

그뿐만이 아니다. 어쩌다보니 점심 주문이며, 간식이며, 비품 정리 등 뒤치다꺼리는 자연스레 그의 몫이 되어버렸다.

"이 대리님, 복사기 고장 난 거 같은데 전화 좀 해주실래요?"

"어? 그래. 일겠어."

한참 어린 후배가 너무나도 자연스럽게 건네는 부탁의 순간. 뭐라 할 말이 생각나지 않아 머뭇거리다 결국 알겠다고 대답해버렸다. '번호 알려줄게. 직접 전화해 봐.' 이 말이 뭐 그리 어렵다고 바보같이 굴었을까? 뒤늦게 억울함이 밀려온다.

왜 나만 이렇게 힘들어야 하는지 오늘도 깊은 한숨이 나올 뿐이다. 처음에는 사람들이 자신의 희생을 알아줄 것이라 믿었다. 그런데 몇 년이 지나니 고마워하기는커녕 당연한 일이 되었고 이제는 오히려 작은 실수에도 핀잔을 주는 게 아닌가!

'그래. 나 하나 참으면 돼.' 하고 견뎌온 그녀지만 요즘 들어 한계가 온 것 같다.

◦——◦

정도의 차이는 있겠지만 많은 사람들이 자신의 의견을 주장하는 일에 어려움을 느낀다. 말할까, 말까의 연속인 '주장하기의 딜레마'. 우리는 하루에도 몇 번씩 딜레마에 빠진다. 신중해야 할 때는 입을 놀려서 일이나 관계를 망치고, 정작 의견을 내야 할 때는 할 말이 입안에서만 맴돌아 손해를 본 경험이 다들 한 번쯤 있지 않은가?

이와 관련해 가장 도움을 받은 강연을 추천하고자 한다. 현재 콜럼비아 비즈니스 스쿨의 학장으로 있는 저명한 사회심리학자 아담 갈린스키Adam Galinsky의 강연이다. 그는 〈포춘〉이 선정한 100대 기업이나 비영리 기관, 정부를 비롯해 전 세계 클라이언트를 대상으로 컨설팅과 강연 활동을 활발히 하고 있다. 그는 리더십, 협상, 다양성, 의사결정

및 윤리에 관한 20여 년의 연구를 바탕으로 '자기주장을 하는 법'을 논리적이고 과학적으로 설명한다. 자기주장이 어렵다고 느껴지는 독자라면 아마 큰 도움을 받을 수 있을 것이다.

세계 최고의 경영대학 교수 50명 중 한 명으로 선정되기도 했던 그의 강연에는 또 어떤 놀라운 삶의 지혜가 숨어 있는지 살펴보자.

신디의 강연 3단 요약

자기주장을 하는 법

by 아담 갈린스키

- ○ '회의 시간에 이 의견을 말해도 될까?' 의견이나 주장을 이야기하는 것은 생각
  보다 큰 용기가 필요하다.

- ○ 그 이유는 의견이나 주장이 받아들여지지 않을지도 모른다는 두려움 때문이
  다. 같은 주장을 하더라도 누구는 받아들여지고 보상을 받는 반면, 어떤 사람
  들은 무시당하거나 불이익을 받는데 그 차이는 바로 '권력'에 있다.

- ○ 자기주장이 잘 받아들여지려면 '권력power'의 범위를 넓혀야 한다. 권력은 타인
  을 옹호하거나 역지사지로 생각하기, 선택권을 주기, 내 편 만들기, 조언 구하
  기, 전문성을 가지기, 열정 드러내기 등을 통해 확장할 수 있다.

QR코드를 스캔하시면
강연 동영상을
보실 수 있습니다.

자기주장의 근본적인 문제가 '주장이 받아들여지는 범위'와 '권력'이라는 아담 갈린스키의 설명을 듣고 나니 유학 시절 억울했던 사건이 떠올라 절로 고개가 끄덕여졌다.

당시 나는 외국인 룸메이트와 같이 지냈는데 친구가 여행을 간 사이 온수가 끊기고 말았다. 밖은 영하 40도였고, 며칠째 폭설이 내리고 있었다. 아파트 설비 담당자에게 전화를 걸어 빨리 고쳐달라고 이야기하니 2주 안에는 도저히 해결이 어렵다는 것이 아닌가! 이 추위에 그게 말이 되느냐며 따졌지만, 설비 담당자는 오히려 화를 냈다.

도움을 요청할 곳도 마땅히 없었던 나는 하는 수 없이 작은 냄비에 물을 끓여썼다. 5일 만에 여행에서 돌아온 친구는 나의 모습에 한동안 놀란 표정을 짓더니 말했다.

"너 지금 뭐 하는 거야?"

"뜨거운 물이 안 나와. 내가 몇 번이나 말했는데 소용없어. 고치려면 2주는 넘게 걸린대."

친구는 꾀죄죄한 내 몰골을 다시 바라보더니 고개를 절레절레 흔들며 아파트 설비 담당자에게 전화를 걸었다. 그런데 이게 웬일인가. 폭설을 뚫고 1시간 만에 수리공이 도착하더니 뚝딱 고쳐주는 게 아닌가.

도대체 뭐가 문제였을까. 똑같은 상황에서 같은 말을 해도 A가 하면 받아들여지지만, B가 하면 받아들여지기는커녕 욕만 먹는 이런 억울한 상황은 우리의 일상에서도 자주 일어난다.

아담 갈린스키는 그 이유가 바로 개인의 '수용 가능한 행동의 범위' 즉, A와 B의 주장이 타인에게 받아들여지는 범위가 다르기 때문이라고 설명한다. 당시 이방인이었던 나의 수용 가능한 행동의 범위는 좁았지만, 이미 2년이나 그곳에 살고 있었던 그 친구의 범위는 넓었던 것이다.

그렇다면 이 범위는 왜 사람마다 다르며, 어떻게 결정되는 것일까? 그는 결정적인 변인으로 '권력Power'을 꼽는다. 우리가 가진 권력에 따라 주장할 수 있는 범위가 결정된다는 것이다. 권력이 없으면 범위는 좁아지고 오히려 문제가 생긴다. 말을 하면 욕을 먹고, 가만히 참고 있으면 무시당하는 현상 말이다.

상상만 해도 억울하지 않은가? 그는 이런 억울한 현상을 가리켜 '저권력의 이중고The low-power double bind'라고 부른다.

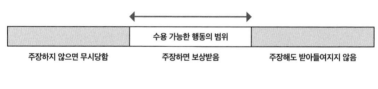

| 저권력의 이중고 |

의견을 말하면 설친다는 소리를 듣고, 가만히 있으면 소극적이라고 핀잔을 받는가? 그렇다면 '저권력의 이중고' 상태에 있을 가능성이 크다. 여기서 벗어나야 한다. 보통 이런 상황이 오면 우리는 대인관계에 문제가 있다거나 처세술, 화술이 부족하다고 생각하는 경우가 많다. 더러는 내성적인 성격을 탓하며 자책하기도 한다.

그러나 아담 갈린스키의 강연을 듣다보면 그런 것들이 근본적인 이유가 아니라는 것을 알게 된다. 저권력의 이중고에서 벗어나기 위해서는 성격을 바꾸거나 화술을 쌓기보다는 자신의 범위를 알고, 권력을 만들어 각자의 범위를 넓혀야 한다.

그러기 위해서 먼저 권력에 대한 오해를 풀어보자. 권력은 대통령이나 국회의원, 막대한 부를 거머쥔 재벌처럼 사회경제적 지위가 높은 소수의 특정 계층에게만 필요한 것이 아니다. 우리에게도 권력이 필요하다. 희망적인 사실은 권력이라는 것이 사회적인 지위에 의해서만 결정되는 것이 아니며, 평범한 일상을 사는 누구나 노력하면 얻을 수 있다는 점이다.

그렇다면 우리의 권력은 어떻게 만들어질까? 권력을 만들기 위해 기억해야 할 중요한 두 가지는 첫째, 스스로에게도 권력이 있어보여야 한다는 것이고 둘째, 다른 사람들 눈에도 권력이 있어보여야 한다는 것이다. 첫 번째가 더 중요하다. 스스로 난 '힘이 없어'라고 생각하는 순간 범위는 완전히 좁아진다. 일단 스스로 권력이 있다고 생각해야 두려움이 없어지고 자신이 생긴다. 그렇게 되면 실제로도 권력이 부여되고 주장할 수 있는 범위가 확장되는 선순환이 일어난다.

그는 '주장하는 범위'를 넓히기 위한 7가지 도구를 소개하는데, 이 중 내가 도움을 받은 몇 가지를 이야기하고자 한다.

상대가 이해하기 쉽게 주장하라

주장을 할 때는 역지사지로 생각할 필요가 있다. 즉, 타인의 입장을 취하는 것이다. 도덕책에 나오는 이야기라고 생각할지 모르지만, 역지사지는 권력의 범위를 넓히는 가장 중요한 도구이며, 개선의 효과도 가장 크다.

아담 갈린스키가 예를 든 실험은 이마에 알파벳 E를 그려보는 것이다. 직접 한번 그려보자.

A와 B중 어떻게 그렸는가? B는 자신의 시선에서 그렸지만, A는 상대의 시선에서 E를 그렸다. 보는 입장에서 어느 편이 더 잘 받아지는가? 당연히 A이다.

주장하기도 마찬가지이다. 상대가 이해할 수 있게 주장해야 받아들여질 확률도 커지는 것이다. 그러니 무언가를 주장하기에 앞서 그 사람에게 어떻게 받아들여질지, 그 사람이 원하는 것은 무엇인지 한번쯤 생각해보자.

상대에게 선택권을 부여하라

쉽게 말해 여러 대안을 가지고 있으면 주장하는 범위가 넓어진다는 말이다. 사람들은 자신에게 선택권이 있을 때, 덜 방어적이 되고 제안을 수락할 가능성이 커진다.

옷 입기 싫다고 투정하는 아이에게 "이거 입을래, 저거 입을래?" 하고 선택권을 주면 별 저항 없이 금방 옷을 입는 경우가 많지 않은가.

일할 때도 마찬가지다. 상사에게 하나의 대안을 이야기하기보다 선택 가능한 여러 대안을 함께 제시하면 서너 번 왔다 갔다 할 일을 한두 번으로 끝낼 수 있다.

내 편 만들기와 조언 구하기

마지막으로 기억했으면 하는 것은 내 편이 많을수록 내 주장이 받아들여질 확률이 높아진다는 사실이다. 아담 갈린스키는 높은 위치에 있는 사람과 강력한 동맹을 얻는 방법으로 '조언 구하기'를 추천한다. 조언 구하기는 아부와는 다르다. 아부는 부담스럽지만 조언 구하기는 겸손하게 다가가 상대를 추켜세우기 때문에 받는 입장에서도 기분이 좋다.

그는 특히 조언 구하기가 자신의 성과를 드러내면서도 사람들에게 미움받지 않는 좋은 방법이라고 말한다.

"제가 이 부분은 이렇게 해결했는데, 다른 부분은 어떻게 하는 게 좋을까요? 이 분야의 전문가이시니 조언을 구하고 싶습니다."

나 역시 지도 교수님이나 상사에게 내 성과를 알리면서 조언을 구한 적이 많았는데, 정말 수가 뻔히 보이는 경우에서조차 그 효과가 크게 작용한다는 것을 느꼈다.

내가 한 일을 내 입으로 알리자니 자랑하는 것 같아서 민망하고, 그렇다고 가만있자니 없던 일이 되는 것 같아 고민인가? 그렇다면 조언을 구해보라. 당신이 조언을 구한 상대는 나중에라도 당신의 주장을 받아들일 가능성이 높다.

물론 말을 잘하는 것도 중요하다. 하지만 그보다 우선시 되어야 하는 것은 일상에서 자신의 권력을 세우고 '수용 가능한 범위'를 넓히는 것이라는 사실을 기억하자.

당신의 범위는 안녕한가? 할 말은 하고 살고 있는가, 아니면 억울하고 부당한 일을 당해도 참는 것에 익숙한가. 내 목소리를 당당히 낸다는 것은 단지 억울한 상황을 피하기 위해서가 아니라 우리에게 주어진 자유의지를 충분히 실현하며 즐겁게 살기 위해서 꼭 필요한 일이다.

자신의 범위를 넓히는 것.

그것은 바로 성장의 또 다른 이름이다.

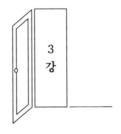

3
강

공감력을 높이는 위대한 습관

잔인하고 죄의식 없는 전형적 사이코패스 나날이 증가

연쇄살인마 유영철, 살인 자체를 미화하고 즐겨…

　세상을 떠들썩하게 한 반인륜적 범죄가 증가하는 가운데 사이코 패스에 대한 사람들의 관심도 높아졌다. 인간의 탈을 쓰고 어떻게 그런 짓을 할 수 있는지 듣기만 해도 소름이 돋는 사이코패스들의 공통된 특징은 바로 '공감 능력의 부재'다.

　그러나 공감 능력의 부재가 단지 이런 극단적인 범죄자들에게만 해당하는 것은 아니다. 우리의 일상에도 깊이 침투해 있다. 어렵게 힘든 마음을 털어놨더니 본인 이야기만 계속 늘어놓는 친구, 요리하다 손이 베인 아내를 보고도 무신경하게 넘어가는 남편, 스킨십을 원하는 아이의 마음을 읽지 못하고 우는 아이를 야단치기만 하는 엄마.

공감이 결여된 공간에서 서로가 서로에게 이해받지 못했다며 외로움을 느끼고 우울해한다. 그런 자신도 정작 상대에게 공감하고 있지 않다는 사실을 모른 채.

◦—◦

스스로 공감 능력이 부족하다고 생각되거나 공감 능력을 향상하고 싶은 독자라면 영국의 철학자이자 문화사상가, 작가로 유명한 로먼 크르즈나릭Roman Krznaric의 강연을 들어보자.

시드니와 홍콩에서 자랐고 옥스퍼드 대학교에서 정치사회학으로 박사 학위를 받은 그는 세계 최초로 공감 박물관과 디지털 공감 도서관을 창립하고, 알랭 드 보통과 함께 런던에서 인생학교를 운영하고 있다. 그의 저서《공감하는 능력Empathy》,《원더박스Wonderbox》, 그리고《인생학교 일How to Find Fulfilling Work》은 전 세계 20여 개 언어로 출간되었다. 인간관계의 핵심이 공감이라 말하며 우리로 하여금 공감을 창조하는 문화를 만들자고 설득하는 그의 이야기를 통해 일상에서 공감 능력을 높이는 힌트를 얻어 보자.

공감 능력이 뛰어난 사람들의 6가지 습관

by 로먼 크르즈나릭

○ 공감이란 상상력을 발휘해 다른 사람의 시각에서 세상을 바라보는 것으로, 타인의 삶을 이해하는 가장 강력한 도구이자 좋은 인간관계를 맺기 위해 반드시 갖춰야 할 능력이다.

○ 공감 능력은 인간의 본능적 특성으로 태어날 때부터 갖고 있기도 하지만 성인이 되어서도 충분히 향상할 수 있다.

○ 공감 능력이 뛰어난 사람들의 6가지 특징을 살펴보고 이를 적용해 공감 능력을 높여보자.

　　① 낯선 사람에게 호기심을 가지기
　　② 편견을 버리고 공통점 발견하기
　　③ 공감의 대화법을 연습하기
　　④ 다른 사람의 삶을 경험하기
　　⑤ 타인의 삶을 이해하기 위해 상상력을 발휘하기
　　⑥ 사회석 변화와 대중적 변화를 이끌기

QR코드를 스캔하시면
강연 동영상을
보실 수 있습니다.

성인이 되어도 공감 능력을 향상할 수 있다니 희망적이지 않은가?

몇 년 전 남자아이와 여자아이의 공감 능력에 대한 다큐멘터리를 본 적이 있다. 생후 24개월 된 여자아이와 남자아이를 대상으로 한 실험이었는데 같이 블록을 가지고 놀던 엄마가 손이 다친 척하며 아파했을 때 아이들의 반응을 보고 공감 능력을 비교하는 것이었다.

놀랍게도 여자아이들은 엄마의 아픔에 공감하고 울음을 터뜨렸지만, 남자아이들은 아무런 반응을 보이지 않았다. 심지어 미소를 짓는 남자아이도 있었다.

공감 능력에 있어서 확실한 남녀 차이가 있었던 것이다. 그것을 보면서 공감 능력은 타고난다고 생각했는데 성인들도 얼마든지 공감 능력을 개발할 수 있다니 눈이 번쩍 뜨일 수밖에. 나처럼 공감 능력을 높이고 싶은 독자라면 아래의 사항을 알아두면 도움이 될 것이다.

비슷하지만 전혀 다른 공감의 두 종류

공감에도 종류가 있다는 것을 아는가? 공감 능력을 향상하고 싶다면 비슷하지만 전혀 다른 두 가지 종류의 공감을 알아보자.

먼저 '정서적 공감'은 타인의 감정에 적절한 반응을 하는 능력으로, 타인의 감정이나 각성 상태에 영향을 받는다. 이것의 예로 드라마나 영화를 볼 때 슬픈 장면에서 절로 눈물이 나는 것을 들 수 있다. 아파하는 엄마를 보며 우는 24개월의 아이 역시 이러한 정서적 공감 능력을 지닌 것이다.

반면 '인지적 공감'은 타인의 정신 상태나 관점, 원하고 필요로 하는 것을 이해하는 능력으로, 타인의 삶을 이해하고 타인의 처지에서 생각하게 한다. 길가에 쭈그리고 앉아 있는 노숙자를 보고 단지 '불쌍하다', '안 됐다'라고 느끼는 것은 공감이 아니라 동정이다. 인지적 공감은 그들의 삶이 얼마나 고될지, 식사는 제대로 한 건지 등 타인의 상황으로 들어가 이해하는 능력이다. 이 능력은 상대방이 지금 왜 기분이 나쁜지 또는 얼마나 기분이 나쁜지, 그래서 원하는 것이 무엇인지 등 상대를 이해하고 상대가 필요로 하는 반응을 하게 한다.

흔히 '공감 능력은 타고난다'라고 말할 때의 공감 능력은 정서적 공감을 말하는 것이라고 이해하면 되겠다. 심리학자들은 생애 초기 부모와의 상호 작용이 공감 능력의 발달에 큰 영향을 미친다고 보고 있다. 즉 정서적 공감 능력은 생물학적으로 타고나며 생애 초기에 발달하는 어느 정도 고정된 능력치이다. 또한 정서적 공감 능력은 전염성이 있는데 우리에게 이러한 능력이 있는 것은 두뇌에 있는 '거울 뉴런' 때문이다.

'거울 뉴런'이라는 말을 많이 들어보지 않았는가? 거울 뉴런은 이탈리아 파르마 대학교의 신경과학 연구팀이 원숭이의 특정 행동에 대한 뉴런의 활성화를 연구하다 원숭이가 사람이 하는 어떤 행동을 보는 것만으로도 뇌의 특정 부분이 활성화됨을 발견하면서 그 베일이 벗겨졌다. 즉, 누군가 하품을 하면 따라서 하게 되고, 고통스러워하는 장면만 봐도 같이 인상을 찌푸리는 이유가 바로 이 거울 뉴런 때문이다. 일반적으로 여자가 남자보다 거울 신경이 더 발달했다. 드라마의 주 시청자가 남성이 아닌 여성이라는 점, 통화를 하면서 몇 시간째 '어머 어머, 웬일이야'를 연발할 수 있는 능력을 보유한 자들이 주로 여성이라는 사실을 떠올린다면 쉽게 수긍이 가는 부분이다.

혹시 스스로가 정서적 공감 능력이 부족한 편이라는 생각이 드는가? 그렇더라도 너무 실망하지는 말자. 인지적 공감 능력은 성인이 되어서도 충분히 향상 가능하다. 또한 이 두 공감 능력은 서로 엄연히 다른 능력이며 서로 독립적이다. 즉, 감정적 공감 능력이 뛰어난 사람이라 해도 인지적 공감 능력이 반드시 뛰어난 것은 아니라는 말이다.

스스로 어떤 종류의 공감 능력이 발달되어 있는지 생각해보자. 그리고 공감 능력이 부족하다고 판단되면 인지적 공감 능력을 끌어올리는 방법을 알아보자. 인지적 공감 능력을 향상시키는 것만으로도 훨씬 더 의미 있는 인간관계를 만들어갈 수 있다.

인지적 공감을 향상시키는 습관들

앞에서도 언급했지만 공감 능력을 높이기 위해 로먼 크르즈나릭이 제시하는 방법은 공감 능력이 뛰어나게 높은 사람들의 특징 중 몇 가지를 골라 실천해보는 것이다.

그가 알려주는 여섯 가지 특징 중 당장 우리 일상에 적용할 수 있는 것들에 관해 이야기해보자.

1. 타인에게 호기심을 가지기

공감 능력이 높은 사람들은 타인, 특히 낯선 사람에게 호기심을 가지고 있다고 한다. 엘리베이터에서 마주친 이웃, 지하철에서 옆에 앉은 사람, 공원에서 만난 사람 등 주변 사람들에 대한 호기심을 잃지 않고 관심을 두는 것이 공감 능력을 확장하는 방법의 하나다.

그러나 이러한 호기심은 우리 문화권에서는 영 낯설다. 괜히 먼저 인사해서 이상한 사람 취급을 받지 않을까, 오지랖이 넓다는 소리를 듣지는 않을까, 혹은 위험해지지는 않을까 등 여러 이유로 서로 문을 꽁꽁 잠그고 살아간다. 그러나 나의 작은 관심과 말 한마디가 공감을 확산하는 문화를 만든다는 것을 기억하자.

남의 일에 꼬치꼬치 신경 쓰고, 판단을 내리고, 상대가 원치도 않는 조언을 해주라는 게 아니다. 나 말고 남의 삶도 소중히 여겨보자는 것이다. 남의 인생을 판단하고 재단하는 심판관이 아니라 순수한 흥미를 느낀 탐구자가 되어보는 것. 그리고 누군가가 당신에게 다가왔을 때 경계심과 이상한 눈초리 대신 따뜻하고 반가운 미소를 보내는 것이 일상에서 우리가 실천할 수 있는 공감을 높이는 방법이다.

2. 다른 사람의 삶을 경험하기

'모든 진정한 교육은 경험에서 나온다'라고 주장한 철학자 존 듀이 John Dewey 의 말처럼 공감 능력을 높이는 가장 좋은 방법은 상대방의 삶을 직접 살아보는 것이다. 로먼 크르즈나릭은 유니버설 디자인을 세상에 있게 한 디자이너 패트리샤 무어 Patricia Moore 를 예로 들며 다른 사람의 삶을 경험해보라고 조언한다. 1970년대 유명 디자인 회사에서 가장 어리고 유일한 여자 디자이너였던 패트리샤 무어는 냉장고를 만들기 위한 디자인 회의에서 힘이 약한 노인들도 쉽게 여닫을 수 있는 냉장고 손잡이를 만들자는 아이디어를 낸다. 하지만 돌아온 건 '우리는 노인을 위한 냉장고를 만들지 않는다'라는 대답뿐이었다. 그래서 그녀는 80대 노인의 삶을 직접 체험하기로 한다. 철제 보조기를 이용해 일부러 다리를 뻣뻣하게 만들고 청력과 시력도 80대 노인에게 맞게 낮춰 무려 3년이나 노인의 삶을 산 것이다. 그리고 그 경험으로 노인들이 겪을 불안과 불편, 공포를 이해하고 노인이나 장애인뿐 아니라 모든 사람이 함께 사용할 수 있는 '유니버설 디자인 Universal Design'이라는 개념을 세상에 내놓는다.

아파트 입구에 있는 경사로를 생각하면 이해가 될 것이다. 경사로는 휠체어를 타는 장애인뿐만 아니라 쇼핑카트나 캐리어를 끄는 비장애인들에게도 유용하지 않은가. 이 개념은 이후 발전되어 건축, 제품, 서비스 등 다양한 분야에서 사회적 약자는 물론이고 누구든지 더욱 편리하고 쉽게 이용할 수 있는 디자인 영역으로 자리잡았다. 그녀의 공감이 세상을 변화시킨 것이다.

《동물 농장Animal Farm》을 쓴 영국의 소설가 조지 오웰George Orwell도 소설을 쓰기 위해 파리와 런던의 빈민가에서 부랑자들의 삶을 체험했다. 그는 초라한 신발과 옷을 걸치고 노숙을 하면서 부랑자들이 그저 술에 전 정신이상자들이 아니라 우정을 나눌 수 있는 존재라는 것을 깨닫고 《파리와 런던의 밑바닥 생활》을 저술한다.

그러나 하루하루 바쁜 일상에서 특별한 목적이 있지 않고서야 이렇게 적극적인 경험을 하기란 쉽지 않다. 그래서 할 수 있는 좀더 편안한 방법이 있으니 그것은 책이나 영화를 통해 타인의 삶을 간접적으로 경험해보는 것이다.

많은 연구 결과가 좋은 책과 영화를 통해 공감 능력을 향상할 수 있다고 말한다. 그러나 어떤 책과 영화에서부터 시작해야 할지 모르겠다면 로먼 크르즈나릭이 운영하는 공감 도서관(http://empathylibrary.com)을 둘러보자. 타인의 삶에 대해 생각해보기 좋은 영화와 책들을 추천하는 온라인 공감 도서관은 좋은 자료가 가득하다.

3. 공감의 대화법을 연습하기

무엇보다 강조하고 싶은 것은 바로 공감의 대화법이다. 가장 강력하고 우리에게 즉각적으로 영향을 미치는 것이기도 하다. 공감하는 대화가 중요하다는 것은 수도 없이 들어봤을 것이다. 그러나 정작 실천하기는 어렵다.

직장 상사 때문에 힘들다는 이야기를 털어놓는 친구를 상상해보자. 당신은 어떻게 들어주고 반응하는가? 네가 힘든 건 아무것도 아니라며 자기가 얼마나 더 힘든지 이야기하지는 않는가? 아니면 힘들다는 친구 앞에서 네가 힘들 수밖에 없는 원인과 친구의 문제점을 분석하고 있지는 않은가?

공감의 대화에서 가장 중요한 것은 '경청'이다. 타인의 이야기를 들을 때 이 두 가지에 집중해보자. 말하는 상대방의 기분이 어떤 상태인지, 그리고 상대방이 원하는 것이 무엇인지.

힘들다고 말하는 사람들은 보통 조언을 구하고자 말을 꺼내는 게 아니다. 답이 없다는 걸 누구보다 잘 알고 있다. 그렇지만 혼자 담아두기엔 너무 답답하고 힘들기 때문에 말을 하는 것이다. 그들이 원하는 건 시답잖은 충고나 경험담이 아니라 '괜찮다'는 위로다.

진정한 경청을 위해 자신을 내려놓자. 상대가 이야기하는 중에 머릿속에 어떤 생각이 떠오르더라도 그냥 지워버리자. 집중해서 들어주고 "힘들었겠다. 괜찮을 거야"라고 반응한다면 반은 성공한 경청이다.

공감의 대화를 위한 10가지 기본 원칙

마지막으로 소개하고 싶은 것은 뉴스와 토크쇼 진행자이자 싫어하는 사람과도 얼마든지 즐거운 대화를 나눌 수 있다고 말하는 대화의 귀재 셀레스트 헤들리Celeste Headlee가 알려주는 '공감의 대화를 위한 10가지 기본 원칙'이다.

아래의 열 가지 기본 원칙을 살펴보며 나의 말하기 습관과 비교해보자. 당신은 얼마나 공감하는 대화를 하고 있는가?

1 딴짓하며 대화하지 말 것, 중요한 것은 눈 맞춤

대화 도중 핸드폰, 노트북, 수첩 등은 손에서 내려놓자. 눈을 마주치는 것은 공감의 가장 기본이다. 바라보지 않는 건 대화라고 볼 수 없다.

2 설교하지 말 것

아는 걸 자랑하고 싶은가? 그렇다면 그런 이야기는 블로그에 써라. 대화는 잘난 척하는 기회가 아니다.

3 자유롭게 대답할 수 있는 질문을 할 것

좋은 대화를 위해서는 좋은 질문을 던져야 한다. 얻을 수 있는 답이 "예" 혹은 "아니요" 두 가지라면 대화가 잘 이어질 리가 만무하다. 그보다는 "그래서 어땠어요?" 혹은 "어떤 기분이었죠?" 같은 확장형 질문이 대화를 더욱 흥미롭게 이어지게 한다.

4 중간에 하고 싶은 말이 있어도 참을 것

잘 듣고 있는 것처럼 고개를 끄덕이지만 실은 자기가 말을 할 타이밍을 기다리고 있는 건 아닌가? 말하고 싶어도 참자. 흐름을 끊는 말하기는 결코 좋은 대화법이 아니다.

5 모르면 모른다고 할 것

전문가일수록 확실히 안다고 말하는 걸 조심한다. 모르면 모른다고 하자. 제대로 알지도 못하면서 아는 척하는 순간 대화는 경박해진다.

6 자신의 경험을 다른 사람의 경험과 동일시하지 말 것

이런 사람 꼭 있다. 누가 힘들다고 이야기하면 나도 얼마나 힘들었는지 이야기 꺼내는 사람. 누가 회사 일이 힘들다고 할 때 자기도 똑같다며 완벽하게 이해하는 척하지 말자. 절대로 같지 않다. 무엇보다 당신이 대화의 중심이 아니라는 사실을 잊지 말자.

7 했던 말을 또 하지 말 것

제발 했던 말은 또 하지 말자. 들었던 말을 또 듣고 있어야 하는 것만큼이나 괴로운 일은 없다. 특히 반복해서 하는 말이 자랑이라면? 그보다 더 최악의 소음

공해는 없다.

8 **세부적인 정보에 집착하지 말 것**
최대한 자세한 정보를 정확하게 전달하기 위해 애쓰는 사람들이 있다. 정확한 연도나 이름, 날짜 등. 미안하지만 듣는 사람은 그런 세부적인 정보는 전혀 관심이 없다. 그보다는 공통점을 찾는 데 더 신경을 써라.

9 **경청할 것**
열 가지 중 가장 중요하다. 우리는 듣기보다 말하는 걸 훨씬 더 좋아한다. 말하는 동안은 내가 대화의 주도권을 쥐고 관심 없는 걸 들을 필요가 없으니까. 그러나 앞에서도 이야기했듯이 공감하는 대화에서 가장 중요한 것은 '경청'이라는 것을 기억하자.

10 **짧게 말할 것**
구구절절 말하는 것은 사람을 궁색하게 만들고 논점을 흐려 대화를 지루하게 만든다. 말하고자 하는 논지의 핵심을 제대로 전달해야 좋은 대화를 이어갈 수 있다.

공감 능력은 관계를 유지시키는 가장 중요한 요소다. 당신은 공감을 잘하는 편인가? 아니면 중요하다는 걸 알면서도 누군가에게 공감하는 것이 어려운가?

우리가 흔히 듣는 명언 중 하나는 '네가 원하는 그대로를 남에게 하라'라는 것이다. 그런데 영국의 극작가 겸 소설가인 조지 버나드 쇼George Bernard Shaw는 그 반대로 말한다. '네가 스스로에게 하듯이 남에게 하지 마라. 남이 원하는 건 다를 수 있으니.' 그 '다름'을 아는 것이 공감 아닐까.

소크라테스가 '나 자신을 알라'라고 말한 이후 역사에서 중요한 것은 나 자신을 아는 일이었다. 맞다. 스스로의 내면을 마주하는 자아성찰은 그 무엇보다 중요하다. 그러나 로먼 크르즈나릭은 자아성찰을 의미하는 인트로스펙션introspection과 반대되는 개념인 '아웃트로스펙션outrospection'이라는 용어를 사용해 둘 사이의 벌어진 큰 틈을 균형 있게 맞추려고 노력해야 한다고 강조한다. 우리말로 하면 '외부성찰'이라고 해석할 수 있는 이 단어는 내가 누구인지, 어떻게 살아야 하는지를 타인의 삶이나 타인과의 관계 속에서 발견하고 이해하는 것을 뜻한다. 이제는 자아성찰과 외부성찰의 균형을 맞추려는 노력을 해보자. 나 스스로를 성찰하는 것만큼 중요한 것이 남을 아는 것임을 이제는 우리 모두 인식해야 할 때가 아닌가 싶다. 공감이 결핍된 사회에서 결국 피해를 보는 건 우리 모두일 테니 말이다.

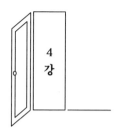

4강

열등감을 삶의 무기로 바꾸는 방법

성공한 사업가인 우재 씨는 겉으로 보면 완벽주의자 같지만 사실 열등감이 심하다.

자신은 못났기 때문에 진짜 자기 모습을 사람들이 알게 된다면 모두가 자신을 무시하고 비웃을 것이라 생각한다. 그래서 아주 작은 단점이나 약한 모습도 드러내지 않기 위해 온갖 애를 쓰며 살다보니 완벽주의자가 되었다.

그는 모든 일이 확실해야 했기에 모호한 상황을 견디지 못했다. 그래서 수많은 규칙을 만들었고 조금만 자기 기준에 어긋나도 쉽게 짜증을 냈다. 당연히 인간관계는 늘 엉망이었다.

우재 씨는 또 자기보다 성공하거나, 돈이 많거나, 학벌이 좋은 사람들과는 아예 말을 섞지 않았다. 자신보다 조금만 더 잘난 사람과 함께 있어도 괜히 위축되고 마음이 불편했기 때문이다. 그리고 본인이 더 잘났다는 느낌을 주는 사람들 앞에서는 한없이 허풍을 떨거나 자신의 재력을 과시하며 상대를 불편하게 했다. 그의 곁에 남아 있는 사람들이라곤 우재 씨의 재력을 이용하려고 아첨을 늘어놓는 사람들뿐이었다. 어느덧 우재 씨는 그런 사람들의 거짓 칭찬에 중독되었다. 그러다보니 사람들에게 돈을 펑펑 써대도 제대로 된 인간관계 하나 없이 마음은 늘 속 빈 강정처럼 외로웠다.

그의 유일한 친구는 술이었다. 허전한 마음이 들고 자신이 못났다는 기분을 느낀 날이면 그는 어김없이 술을 찾았다. 술을 진탕 마셔야 그나마 그런 기분을 잊을 수 있었기 때문이다. 그는 그렇게 조금씩 스스로를 수렁으로 가라앉게 했다.

어떻게 해야 그는 열등감을 극복하고 건강한 삶을 살 수 있을까?

⟶◦⟶

'내가 어떤 인간인지 다 알아도 나를 사랑해주는 사람이 있을까?'
'사람들 앞에선 최대한 단점이나 약한 모습을 드러내선 안 돼. 그랬다간 무시당하기 십상이라고.'
혹 이렇게 생각하고 있지는 않은가?

우재 씨처럼 사람들 앞에서 온전한 나를 보여주는 것이 두려운 독자라면 취약성의 힘에 대해 완전히 새로운 인식을 심어줄 브레네 브라운Brene Brown의 강연을 추천하고 싶다.

수치심과 취약성, 공감, 용기 등을 연구하며 현대인이 겪는 단절의 고통을 파고드는 그녀는 현재 휴스턴 대학교의 교수이자, 작가이다. 또한 그녀의 TED 강연 〈취약성의 힘〉, 〈수치심에 귀 기울이기〉는 2,500만 뷰가 넘는 경이로운 기록을 남겼다.

취약성이 우리가 인간관계를 맺고 세상과 소통하는 데 필요한 것이라 주장하는 그녀의 이야기를 통해 타인과 진정으로 관계 맺는 방법을 알아보자.

취약성의 힘

by 브레네 브라운

o 우리는 다른 사람과의 교류를 중요하게 생각하면서도 상대방이 나의 취약한 부분까지 알게 되는 것은 두려워한다. 취약성이 나약함 혹은 부족함에서 비롯된다고 여기기 때문이다.

o 그러나 진정으로 타인과 연결되기 위해서는 자신의 취약한 부분을 수용하고, 그것이 나쁜 것이 아니라는 것을 이해해야 한다. 나의 취약성이 드러날 때, 상대방은 나를 '진정한 이웃'으로 느낀다.

o 자신이 사랑받을 만한 가치가 충분하다고 여기는 사람들과 그렇지 못하고 괴로워하는 사람들의 단 하나의 차이점도 '취약한 부분을 드러낼 용기를 가지고 있느냐'는 것이었다.

QR코드를 스캔하시면 강연 동영상을 보실 수 있습니다.

몇 년 전 브레네 브라운의 취약성 강연을 처음 접했을 때만 해도 취약성이라는 주제가 신선하긴 했지만 별 감흥을 받지 못했다. 그녀의 강연이 전 세계적으로 폭발적인 인기를 누리며 동네 작은 서점에서까지 그녀의 책을 볼 수 있게 되었지만 취약성을 드러내라는 그녀의 목소리는 여전히 나와는 상관없는 일이었다. 부족한 부분을 감추려고, 아니 아예 지워버리려고 애쓰는 중이었으니 그런 그녀의 말이 와닿을 리가 없었다.

취약성이 다시 생각난 건 최근의 일이었다. 나이가 드니 직장에서 조금씩 더 큰 기회들, 다시 말하면 남들 앞에서 나를 더욱 드러내야 하는 순간들이 찾아왔는데 그때마다 엄청난 스트레스와 함께 도망치고 싶다는 생각이 들었다. 기회가 주어진 것이 싫지 않으면서도 이상하게 한 발자국도 앞으로 나아갈 수가 없었기 때문이다.

'내가 이걸 다 책임질 수 있을까', '내가 그다지 똑똑한 사람이 아니라는 걸 모두가 알게 될 텐데', '기대에 미치지 못하면 다들 실망하겠지' 등.

애써 잡은 기회를 이런저런 핑계를 대며 포기하는 내 모습을 보면서 나를 가로막고 있는 뭔가가 있다는 것을 알게 되었고 그것이 능력의 문제가 아니라 심리적인 문제이며 일의 문제가 아니라 관계의 문제라는 것을 깨닫게 되었다.

처음에는 그것이 자존감의 문제라고 생각했다. 그래서 유행처럼 번졌던 자존감과 관련된 책들을 읽어봤지만 여전히 답답한 기분이 들었다. 자존감도 맞는 이야기였지만 그게 다는 아닌 것 같다는 느낌을 지울 수 없었기 때문이다. 2% 부족한 느낌이랄까. 그러다 문득 취약성을 이야기하는 브레네 브라운의 강연이 떠올랐다. 내가 찾던 답이 바로 그 이야기 속에 있었다. 마치 오래전부터 자신을 알아보길 기다리고 있었단 듯이.

많이들 알고 있는 자존감 혹은 자아존중감은 미국의 의사이자 철학자 윌리엄 제임스$^{William James}$가 1980년대에 처음 사용한 개념으로, 자신이 사랑받을 만한 가치가 있는 소중한 존재이고 어떤 성과를 이루어낼 만한 능력이 있는 사람이라는 믿음을 뜻한다.

그런데 궁금하지 않은가? 왜 누군가는 스스로를 사랑받을 만한 가치가 있다고 여기고, 또 다른 누군가는 그렇지 못한 것일까? 그 차이는 어디에서 오는 것일까?

이것에 대한 답을 취약성에서 찾을 수 있었다. 브레네 브라운의 주 연구 주제는 '취약성', '수치심', '용기'인데 특히 취약성은 어려운 단어는 아니지만 낯설고 제대로 이해하기엔 모호한 용어다.

취약성을 더 잘 이해하고 싶다면 아래의 사항들을 살펴보는 것이 도움이 될 것이다.

자신이 사랑받을 만한 가치가 있다고 믿는 사람들의 특징

취약성은 나약함이 아니다. 우리는 흔히 취약하다는 것을 나약함, 용기 없음, 부족함, 무능함과 연결시키지 않는가. 위키백과에서조차 취약성을 일컬어 '적대적인 환경의 영향을 견디는 능력이 없는 것'이라며 취약성을 부정적으로 정의하고 있다. 그러나 브레네 브라운은 취약성이 좋은 것은 아니지만 그렇다고 나쁜 것도 아니라고 주장한다.

취약성이 나쁜 게 아니라니 그럼 대체 뭐란 말인가. 우리는 취약성을 왜 드러내야만 하는 걸까? 취약성은 대체 어떻게 생겨난 것일까?

'취약성Vulnerability'이란 사전적 정의로 '상처받기 쉬움'이라는 뜻이다. 브레네 브라운은 취약성이 불확실성, 위험, 감정 노출 이 세 가지 특징을 가지고 있다고 설명한다. 취약성은 모두가 겪는 것으로, 모든 감정과 느낌의 핵인데 주로 확실하지 않고, 위험성이 있고, 감정을 노출해야 하는 상황 앞에서 느낀다는 것이다.

그녀는 수년간 사람들을 인터뷰하고 연구한 결과, 인간관계에 소속감을 느끼며 행복해하는 사람들과 그러지 못하는 사람들의 단 하나의 차이점을 발견한다. 그것은 자신 스스로를 사랑받을 만한 가치가 있는 사람이라고 여기는지 아닌지였다.

자신이 가치 있다고 느끼는 사람들은 자신이 불완전하다고 말할 수 있는 용기, 즉 취약성을 드러낼 용기가 있었고, 나아가 취약성이 관계를 맺고 세상과 소통하기 위해 꼭 필요하다고 생각했다. 그들에게 취약성은 수치스러운 감정, 두려움, 창피함, 공포가 아니라 기쁨, 창의성, 소속감, 그리고 사랑을 만드는 가장 중요한 재료였던 것이다.

반면, 자신이 사랑받을 만한 가치가 없다고 생각하는 사람들은 자신의 감정을 드러내야 하는 상황에서 자신이 취약성을 느낀다는 사실을 감추려고 가면을 썼다. 앞의 이야기에서 술과 돈으로 자신의 취약성을 잊으려고 노력했던 우재 씨도 그런 가면을 쓴 것이다.

그러나 브레네 브라운은 강조한다. 자신의 취약성을 드러내지 않으면 사람들과 진정으로 연결될 수가 없다고 말이다.

'용기courage'의 어원은 심장을 의미하는 라틴어 'cor'에서 유래한 것인데, 원래 의미는 자신이 누구인지 온 마음으로 이야기하는 것이라고 한다. 그러니까 다시 말해 타인과 진실로 연결되기 위해서는 자신의 취약성을 드러내고 진짜 나를 보여주는 용기가 있어야 한다는 것이다.

그러나 이것이 말처럼 쉬운 일은 아니다. 취약성을 남에게 보여주기는 대체 왜 이렇게 어려울까?

우리가 취약성을 감추는 진짜 이유

우리는 태어나면서부터 필연적으로 누군가와 연결되기를 원한다. 혼자서는 살 수 없기 때문이다. 연결에 대한 우리의 욕망은 생물학적으로 타고난 것이며 존재 이유다.

우리가 누군가와 관계를 맺는 능력은 아주 어릴 때부터 형성되는데 양육자와의 상호 작용에 따라 나와 타인, 그리고 세상을 보는 틀에 대한 감각을 익힌다. '에이, 갓난아이가 뭘 알겠어'라고 생각하는가? 엄청난 착각이다. 나와 타인, 세상에 대한 기본적인 프레임은 생후 24개월에 어느 정도 완성된다. 그래서 생애 초기 애착의 경험이 중요하다고 하는 것이다.

생애 초기의 애착 경험은 우리의 사고와 행동을 지배한다. 예를 들이 누군가 자신을 향해 웃었을 때 생애 초기의 애착 경험이 있는 사람들은 '저 사람이 나에게 호감이 있어서 웃는다'라고 생각하지만, 그렇지 않은 사람은 '나한테 뭐가 묻었나? 날 비웃는 건가? 내 모습이 지금 우스꽝스러운가?'라고 생각한다.

자신이 관심과 지지를 받을 만한 사람이라고 생각하는가? 누군가 나를 받아들여줄 것이라는 확신이 있는가? 누군가에게 자신의 단점을 보여주더라도 불편함을 느끼지 않는가? 다른 사람에게 도움을 요청하는 게 어렵지 않은가? 다른 사람과 가까워질 때 편안함을 느끼는가?

그렇다는 대답이 많을수록 긍정적인 내적 작동 모델을 갖고 있다고 볼 수 있고, 반대의 경우라면 자신의 취약성을 누군가에게 보여주는 것이 많이 불편할 수 있다. 물론, 생애 초기 부모와의 상호 작용이 우리가 취약성을 드러내지 못하는 이유의 전부는 아니다. 설령 긍정적인 내적 작동 모델을 가졌어도 우리는 자라면서 점점 취약성을 감추도록 교육받는다. 나 자신이 지금 이대로도 충분하다고 느끼지 못하는 문화 속에서 살고 있기 때문이다.

미국 풋볼 코치의 영웅이라 불리는 루 홀츠Lou Holtz는 졸업 축사에서 이런 말을 했다. "다른 사람에게 당신의 어려움을 이야기하지 마라. 90%는 관심이 없으며 나머지 10%는 그 이야기를 듣고 기뻐할 것이다." 명강연으로 꼽히는 졸업 축사에서조차 타인에게 자신의 어려움을 이야기하지 말라고 조언하고 있지 않은가. 이런 상황에서 우리가 어떻게 취약성을 드러낼 수 있겠느냐는 말이다.

모두가 이 문제에서 결코 자유로울 수 없다. 그만큼 상처받기 쉬운 세상 속에서 살고 있기 때문이다. 우리가 이렇게 된 것은 결코 우리 탓이 아닌데 그로 인한 고통은 온전히 우리의 몫이다. 그러니 어쩌겠는

가. 취약성을 감싸안는 법을 배울 수밖에. 우리가 할 수 있는 일에는 어떤 것들이 있을까.

취약성을 감싸안는 용기를 가져라

취약성이 나쁘지 않다는 것과 그것을 드러내는 것이 왜 필요한지 충분히 이해했다면 취약성을 감추게 만드는 잘못된 습관들을 버려야 한다. 브레네 브라운은 취약성을 감추는 사람들이 취약성을 느끼지 않기 위해 무언가에 중독되거나 불확실한 것을 확실하게 만드는 데 에너지를 소비하고, 완벽을 추구하는 습관이 있다고 말한다. 자신이 부족하다는 느낌을 마비시키기 위해 누군가는 술을 마시고, 누군가는 일에 빠지고, 게임, 도박, 음식 등 무언가에 중독되거나 완벽함과 확실성을 추구함으로써 취약성을 잊으려 하는 것이다.

그러나 중독이 주는 희열은 오래가지 못하고 아무리 확실함을 추구하려 해도 세상은 온통 불확실한 일들뿐이다. 완벽해지려는 노력 역시 결코 이룰 수 없는 헛된 꿈이다. 이런 습관들의 더 큰 문제는 그것이 다른 긍정적인 감정들까지 함께 마비시킨다는 데 있다. 감정은 선택적으로 마비시킬 수가 없기 때문이다.

따라서 중독, 완벽주의, 확실성 추구와 같은 습관들로 열등감, 수치심, 창피함, 두려움과 같은 감정을 계속 마비시키면 즐거움, 행복, 감사함과 같은 감정들도 함께 마비되고 만다.

그러나 기억하자. 감정을 마비시키는 대신 용기 있게 드러낼 때 우리는 비로소 타인과 연결되고 세상을 향해 한 걸음 내디딜 수 있게 된다는 사실을 말이다.

사람들은 말한다. 혼자서도 행복해야 누구와 함께 있어도 행복하다고. 대한민국에 아들러 심리학 열풍을 일으킨 《미움받을 용기》에서도 인간이 추구해야 할 제1의 목표로 '자립'을 꼽지 않았던가. 그러나 아이러니하게도 진정으로 자립하기 위해서는 먼저 건강하게 의존하는 경험이 필요하다. 애착 이론에서는 이를 '의존 역설Dependency Paradox'이라고 부르는데 이는 성인에게도 마찬가지다.

우리가 정서적인 독립을 해야 하는 것은 분명하지만, 이를 위해서는 사랑받고 사랑하는 경험, 진정으로 누군가와 이어지는 경험을 해야 한다. 그리고 이를 위해서는 기꺼이 취약함을 드러낼 용기, 두려움에도 불구하고 진실하게 행동할 수 있는 용기가 필요하다.

취약성을 드러내는 것은 어려운 일이고 때로는 위험하다. 그러나 그것은 결코 약한 것이 아니다. 우리는 모두 불완전한 존재이지만 충분히 사랑받을 만한 가치가 있는 존재라는 것을 기억해야 한다. 취약성의 가면을 벗고 진정한 자신을 드러낼 때, 그리고 서로가 취약성을 용기로 받아들여 줄 때, 우리 사회는 비로소 진정으로 연결될 수 있다.

자신이 여전히 부족하다고 느껴지는가? 그렇다면 브레네 브라운의 이 말을 기억하자.

'빈틈이 있으니 그 빈틈으로 빛이 들어올 수 있는 것이다.'

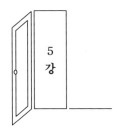

누구와 함께하는 것이 왜 이렇게 어려울까?

"어떻게 갑자기 결혼을 결심한 거야?"

"음, 글쎄. 그냥 느낌이 왔어."

"'이 사람이다' 하는 느낌이 왔다는 거야?"

"응, 그런 느낌이 오더라니까."

대체 결혼을 확신하기까지의 근거는 뭘까?

없다. 말로 설명할 수 없는 '그 느낌'이면 충분하다.

이토록 허술할 데가!

결혼이 꼭 장밋빛 미래만을 가져다주지 않는다는 걸 알면서도 청

첩장을 돌리는 이들의 들뜬 목소리와 초롱초롱한 눈빛에서 미래에 닥칠 외로움과 불안, 고통에 대한 염려는 찾아볼 수 없다. '결혼은 무덤'이라는 표현도 남의 이야기이다. 뭐, 불행하려고 작정하고 결혼하는 사람은 없을 테니까.

그러나 사랑이 어디 그리 쉬운 존재이던가. '이 사람이다' 싶었던 '그 느낌'은 온데간데없고 나도 몰랐던 내 바닥을 상대로 인해 알게 되니 이 얼마나 신의 장난 같은 변덕이란 말인가. 사소한 말다툼이 이어지거나 권태로움이 찾아오거나, 다른 사람이 더 괜찮아보이는 건 대체 누구의 탓일까.

○——○

내 영혼의 반쪽이 나타나길 기대하면서도, 막상 사랑이 나타나면 피곤하고 거부감이 드는가? 아니면, 이미 평생을 함께할 누군가를 만났음에도 어찌 된 게 더 괴롭고 힘든 기분이 드는가?

먹고살기도 바쁜 현실에서 사랑까지 신경 쓰느라 지친 독자라면 사랑을 열정이 아닌 기술이라고 이야기하는 알랭 드 보통^{Alain de Botton}의 이야기를 들어보길 바란다.

세계적인 베스트셀러 작가이자 눈부신 통찰력을 지닌 철학자 알랭 드 보통. 한국인이 뽑은 가장 영향력 있는 작가이기도 한 그는 스위스에서 태어나 영국에서 자랐으며 영국 케임브리지 대학교를 수료하고, 스물세 살의 젊은 나이에 쓴 《왜 나는 너를 사랑하는가^{Essays in love}》로 일약 전 세계적인 인기를 누리며 데뷔했다. 이후 출간한 책들 역시 일상적인 주제에 대한 철학적인 접근과 그만의 독특한 위트로 독자들의 큰 공감을 사며 인기를 끌었다.

또한 그는 다양한 주제로 활발하게 강연 활동을 하는 명강사이기도 하다. 여기서 소개할 강연은 그가 2016년 〈뉴욕타임스〉에 기고한 '당신이 잘못된 사람과 결혼하는 이유'라는 제목의 칼럼을 심도 있게 다룬 강연으로 결혼뿐 아니라 사랑이 무엇인지에 대한 본질적인 질문을 던진다.

중간중간 스타카토처럼 끊어지는 특유의 영국 발음으로 이제는 사랑도 배우는 시대가 왔다고 주장하는 그의 이야기를 통해 우리가 처해 있는 사랑의 현주소를 생각해보자. 결혼이라는 단어를 붙였지만 사랑을 원하는 하는 모든 이들에게 깊은 통찰을 주는 내용이다.

과연 알랭 드 보통은 누군가와 함께 하는 것에 대해 어떤 통찰을 줄까?

신디의 강연 3단 요약

우리는 왜 잘못된 사람과 결혼하는가

by 알랭 드 보통

- 사회가 만들어낸 과도한 낭만주의 때문에 우리는 사랑을 오해하고, 자신의 사랑이 실패했다고 느낀다.

- 사랑 때문에 더 이상 고통받고 싶지 않다면 사랑에도 기술이 필요하다는 것을 깨달아야 한다.

- 사랑의 기술 중 핵심은 자신은 물론이고 상대의 행동을 이해하는 것에서 비롯된다.

<사랑의 기술>
1 나와 상대가 불완전한 존재라는 사실을 받아들이기
2 서로의 취약함, 드러나지 않은 내면을 이해하기
3 자비심과 관용을 가지고 사랑받는 것과 사랑을 주는 것의 균형 맞추기

QR코드를 스캔하시면
강연 동영상을
보실 수 있습니다.

한번 상상해보자.

소개팅에 나온 남녀가 각자 가져온 책을 서로에게 건넨다. 두툼한 책의 겉표지에는 '나의 숨겨진 결핍들'이라고 적혀 있다. 남녀는 서로의 책을 한 장씩 넘기며 대화를 이어간다.

"아, 어릴 때부터 돈에 대한 결핍이 많으셨군요. 가난이 당신의 트라우마네요. 지금도 그건 여전하시고요."

"네, 맞아요. 그거 말고도 이상한 점이 많은데 그게 가장 큰 부분이죠. 음, 근데 그쪽은 보아하니 아이를 낳기 싫은 이유가 아버지에 대한 풀리지 않은 분노 때문이군요. 좋은 부모가 될 자신이 없다니, 아버지가 아주 힘들게 했나요?"

이런 소개팅이라면 어떨까?

알랭 드 보통에 따르면 우리는 모두 심리학적으로 조금씩 이상한 존재다. 문제는 '우리 스스로 그 사실을 모르며 그 누구도 그 이상한 점을 말해주지 않는다'는 데 있다. 물론 상대를 파악하기 위해 상대방의 친구들을 만나고, 상대방의 부모님을 뵙는다. 그러나 그런 것들로는 상대방의 이상한 점을 모두 알아내기란 불가능하다.

따라서 알랭 드 보통은 좀더 현명하고 자기 인식을 잘하는 미래의 사회에서는 소개팅에서 만나자마자 하는 첫 질문이 "당신의 미친 구석은 무엇인가요?"가 될 수도 있다며 의미심장한 말을 남긴다.

하지만 단순히 웃고 넘길 가벼운 문제가 아니다. 자기 자신을 모르는 두 남녀가 만나 서로에 대해 전혀 모른 채 사랑을 하고 평생을 약속한다. 이 얼마나 무모하고 위험한 일인가.

자신이 누구인지 모른 채 다른 사람과 사랑에 빠지는 것은 재앙이다. 가벼운 연애라면 모를까 그렇지 않다면 자신을 포함한 최소 두 사람, 결혼했다면 더 많은 이들의 불행을 초래하기 때문이다.

그렇다면 어떻게 해야 만족스러운 사랑의 기쁨을 누릴 수 있을까? 알랭 드 보통의 이야기를 정리하면 자신의 이상한 점을 먼저 알아야 하고, 이를 상대에게 알려줘야 하며, 사랑에 대해 좀더 알아야 한다는 단순한 결론이 나온다.

'이제 하다못해 사랑까지 공부하란 건가!' 싶은 독자들도 있을 것이다. 그러나 미안하지만 그렇다. 사랑도 공부해야 한다.

요컨대 아래의 두 가지를 알아둔다면 도움이 될 것이다.

자신과 상대방을 이해하고 받아들이기

우리가 정상인 순간은 우리를 모르는 사람 앞에 섰을 때뿐이라는 그의 말이 왠지 모를 위로가 된다. 나만 이상한 게 아니라 우리 모두가 어딘가 조금씩 이상한 존재라는 소리니까 말이다.

알랭 드 보통은 우리가 자신의 이상한 점에 대해 알아야 하고 이를 상대에게 잘 설명해줄 필요가 있다고 말한다.

사랑에 대해 연구하는 심리학자 조안 다빌라Joanne Davila도 알랭 드 보통과 비슷한 이야기를 한다. 이성과 건강한 관계를 맺기 위해서는 세 가지 조건이 충족되어야 하는데, 이 조건은 우리가 흔히 이야기하는 직업, 경제력, 외모, 학벌 등과는 거리가 멀다.

건강한 사랑의 조건

1. 내가 나를 알고 나를 좋아한다.
2. 내가 상대방을 알고 상대방을 좋아한다.
3. 상대방도 나를 알고 나를 좋아한다.

이 세 가지가 충족될 때 건강한 관계를 위한 조건이 만들어진다는 것이다. 알랭 드 보통의 이야기와도 일맥상통하다. 자기 자신과 상대에 대해 알고 서로의 부족한 점까지 받아들여야 건강한 사랑을 유지할 수 있다.

얼핏 당연한 이야기 같지만 사실 우리는 이 조건에 대해 깊은 생각 없이 사랑을 찾거나, 사랑에 빠진다. 사랑의 조건들을 다시 살펴보자.

내가 나를 알고 나를 좋아한다? 일단 첫 번째 조건부터 어렵지 않은가? 나도 나를 좋아하지 않으면서 남에게 무조건적인 사랑을 바라는 경우가 얼마나 많은가. 이것은 절대 가벼운 문제가 아니다. 우리의 정신적·육체적 건강을 좌우하는 일이다. 그럼에도 불구하고 이 중요한 문제를 그저 운이나 운명, 혹은 팔자로 여기고 있으니 건강한 관계를 만들기도, 유지하기도 어려운 게 당연하다.

우리가 자신과 상대에 대해 알아야 하는 것은 서로의 결핍이나 단점만은 아니다. 우리가 취약해졌을 때, 두려움과 불안함을 느낄 때 각자의 행동 패턴에 대해서도 이해하고 있어야 한다.

알랭 드 보통은 강연에서 심리학자들의 말을 빌려 우리가 정말 약해졌을 때 보이는 행동이 두 가지로 나뉜다는 것을 짤막하게 언급하는데, 이는 사실 애착 이론에 바탕을 둔 것으로 간단히 설명하면 아래와 같다.

나와 상대방의 행동 이해하기

우리는 심리적 위협을 느끼는 순간에 둘 중 하나의 방식으로 행동한다.

집착
강요
요구

또는

회피

1. 집착, 강요, 요구
이들은 상대방에게 아주 가깝게 붙어 있으면서 불안하고 경계심을 유지하는 것으로 두려움을 안정시키려 한다. 타인에 대해서는 긍정적이면서 자신에 대해서는 부정적으로 판단하는 유형의 사람이다. 이들은 계속해서 사랑을 확인해야 안심하기 때문에 상대에게 집착하거나 강요하고 요구하는 행동 패턴을 보인다.

2. 회피
이들은 회피하는 방식을 통해 두려움을 안정시킨다. 상대방에게 덜 집착하고 거리를 두어야 나중에 상대방이 없어졌을 때 상대를 빨리 잊을 수 있고 상처도 덜 받을 것이라 생각한다. 자신에 대한 생각은 긍정적이지만 타인에 대한 생각은 부정적인 이들은 관계에 문제가 생기면 상대를 멀리하는 경향을 보인다.

우리는 힘들고 두려운 순간, 상대에게 다가가 '당신이 필요해'라고 말하며 자신 안에 울고 있는 작은 아이를 드러내는 대신 사랑을 강요하거나 회피한다. 주로 여자가 집착, 요구, 강요의 행동을 보이고 남자가 회피하는 성향을 보이지만 그 반대인 경우도 있다. 따라서 서로의 행동 패턴이 다르다는 것을 알고 상대의 행동을 이해하면 사랑을 건강하게 유지할 수 있다.

과도한 낭만주의에서 벗어나기

자신과 상대에 대해 아는 것만큼이나 중요한 것이 있으니 그것은 과도한 낭만주의에서 벗어나는 일이다. 과도한 낭만주의가 낳은 대표적인 두 가지 잘못된 믿음은 '말하지 않아도 상대가 알아줘야 진짜 사랑'이라는 것과 '진정으로 사랑하면 나의 모든 것을 다 받아줘야 한다'는 것이다.

"삐졌어?"

"아니."

"에이, 화난 거 같은데?"

"아니라니까."

익숙한 대화 패턴이 아닌가? 우리는 위로받기 원하는 상대에게 비난과 질책의 화살을 던지면서 말하지 않아도 상대가 나의 마음을 알아주길 바란다. 알랭 드 보통은 관계에 있어서 이러한 비현실적인 기대를 하는 것은 재앙이며, 말하지 않으면 절대 이해받을 수 없다고 강조한다. 말도 안 되는 기대 대신 자신의 마음속에 있는 생각을 상대가 이해하도록 표현하는 것이 현명한 사랑의 기술인 것이다.

또 다른 잘못된 믿음은 진정으로 사랑하면 나의 모든 것을 다 받아 쥐야 한다는 것이다. 나의 있는 그대로의 모습을 사랑해줘야 한다며 상대에게 말도 안 되는 일을 강요하지는 않았는지 돌아볼 일이다. 심지어 있는 그대로의 자신을 사랑하는지 테스트를 한다며 일부러 못되게 구는 사람도 있다. 안타깝지만 당신의 모든 것을 무조건 받아줄 수 있는 사람은 없다. 설령 그런 경우가 있어도 그것은 한쪽이 일방적으로 희생하므로 결코 건강한 관계라고 할 수 없다.

사랑은 운명처럼 다가와 내 모든 것을 받아주는 것이 아니라 내가 원하는 만큼 상대방도 원하는 게 있다는 걸 받아들이고, 상대의 요구 역시 충족시켜주기 위한 노력을 하면서 만들어가는 것이라는 사실을 기억하자.

마지막으로 과도한 낭만주의를 벗어나기 위해서는 사랑의 종착역이라 여겨지는 결혼의 패러다임에 대한 변화가 필요하다.

"당연히 사랑하니까 결혼하죠. 당연한 거 아닌가요?"

글쎄다. 정말 그게 당연한 걸까. 그게 당연해진 건 대체 언제부터였을까. 조건을 보고 결혼하는 사람들은 비난받을 속물이고 조건 없는 사랑에 인생을 거는 자들은 순수한 낭만주의자들일까?

분명한 사실은 지금 우리가 사랑의 산물이라 굳게 믿는 결혼이 실은 애초부터 본능과 생존을 위한 전략적 제도이자 합리적인 거래였다는 점이다. 사실 역사 대부분의 기간 동안 결혼의 주요 기능은 신분을 유지하고, 정치·경제적 동맹을 맺고, 대를 이어 가문을 유지하는 것이었다. 1940년까지만 해도 사랑은 배우자를 택하는 다섯 번째 조건이었다고 하니 지금과 같이 '사랑 = 결혼'이란 공식이 성립된 것은 인류의 긴 역사를 놓고 봤을 때 매우 최근의 일이다.

그렇다고 사랑이 중요하지 않았다는 것은 아니다. 본능인 로맨스는 예나 지금이나 여전히 중요했기에 권력과 돈이 있는 남자들은 다수의 아내를 두었다. 그런데도 그 당시의 여자들이 결혼을 유지했던 것은 그들이 인내심이 강하거나 착해서가 아니었다. 가난한 남자의 첫번째 아내가 되느니 차라리 부유한 남자의 두 번째 아내가 되는 것이 더 낫다는 경제적인 판단에서였다.

경제적으로 독립할 수 없었던 여자들은 결혼을 통해서만 사회적 지위와 부를 누렸기 때문에 사랑보다 더 중요한 조건이 많았다. 남자에게도 그것은 마찬가지였다. 재산이나 혈통을 잇는 것과 같은 이해관계가 얽혀 있는 결혼은 너무나 중요한 일이어서 언제 변할지 모르는 불확실한 사랑에 차마 그것을 맡길 수가 없었던 것이다.

그러나 지금은 어떠한가? 물론 우리도 사랑만으로 결혼하는 것은 아니다. 하지만 사랑이 없는 결혼은 상상할 수 없다. 문제는 우리가 결혼을 통해 얻으려는 것이 사랑만이 아니라는 데 있다. 사실상 모든 게 중요해졌다.

이제 우리는 사랑과 결혼을 통해 거의 모든 것을 얻으려 한다. 경제적 안정감은 기본이고, 어른이 되었다는 사회적 지위와 인정을 얻고자 하며, 상대는 언제나 대체 불가할 정도로 특별한 사람이길 바라며 또 이 모든 것이 영원하기를 바란다.

그런데 과연 이것이 가능한 일일까. 거기다 100세 시대다. 수명까지 늘었으니 우리의 결혼과 사랑은 말 그대로 혼란 그 자체다. 한 사람에게 걸린 과도한 기대로 인해 어떤 만남이든 잘못된 만남이 될 수밖에 없는 것이다.

완벽한 상대를 만나지 못한 것은 문제가 아니다. 수 세기에 걸쳐 이어져온 로맨틱한 사랑에 대한 과도한 환상. 지구상 어딘가에 나와 꼭 맞는 누군가가 있을 것이라는 비현실적인 기대. 나의 모든 것을 이해하고 전부를 걸어도 아깝지 않을 운명 같은 만남. 이러한 과도한 낭만주의가 문제다.

우리가 기억해야 하는 것은 인류가 생겨난 이래 우리처럼 사랑에 대해 가장 과도한 기대를 걸었던 시대가 없었고, 또 한 사람과 이토록 오랫동안 관계를 유지했던 시대가 없었다는 점이다. 받아들일 것은 받아들이자. 어려운 것이 당연하다.

흔히 연애를 많이 해본 사람이 결혼도 잘한다는 말을 한다. 연애를 통해 자신과 잘 맞는 사람을 찾는 안목이 생긴다는 것인데 어느 정도 일리가 있다. 그러나 정말 그렇다면 그건 완벽한 사람을 찾아서가 아니라 여러 사람을 만나면서 그 누굴 만나도 완벽할 수 없다는 사실을 깨달았기 때문일 것이다.

사랑받는 것 = 사랑을 주는 것

알랭 드 보통은 이 사랑의 등식 앞에서 우리가 얼마나 균형을 맞추고 있는지 생각해보라고 말한다. 우리는 사랑을 받는 것에 더 무거운 비중을 두기 때문이다. 받는 것에만 익숙하고 주는 것에는 인색하게 행동하지는 않는가?

    사랑을 주는 것은 상대방의 단점과 드러나지 않는 고약한 면까지 이해하겠다는 의지를 갖는 것으로 자비로움과 너그러움을 실천하는 것이다. 이제는 완벽한 사랑을 바라는 낭만주의에 벗어나서 사랑을 주는 것과 받는 것의 균형을 맞춰보면 어떨까. 잘 맞는 사람이란 완벽한 사람이 아니라 서로의 불완전함을 깨닫고 받아들이는 관계에서 오는 선물일 테니 말이다.

Part 4

돈과 불안 Money & Anxiety

네 번째 주제는 '돈과 불안'이다.

살면서 우리에게 가장 스트레스를 주는 것을 꼽으라면 무엇일까? 아마 돈과 미래에 대한 불안이 아닐까?

우리가 노후, 건강, 관계, 돈에 대한 걱정으로 스트레스 혹은 불안 상태에 있는 것은 어찌 보면 당연한 일이다. 그만큼 불안하고 상처받기 쉬운 세상에 살고 있기 때문이다.

그러나 오늘보다 더 나은 내일을 위해서는 이러한 상처를 잘 극복하고 스스로가 가진 불안과 걱정, 두려움과 같은 부정적인 감정들을 잘 다룰 수 있어야만 한다.

이 챕터에서는 외로움, 실패, 거절, 죄책감과 같은 상처를 극복하는 방법, 쓸데없는 돈 걱정에서 자유로워지는 법, 스트레스를 다루는 방법, 일상에서 겪는 내면의 두려움에서 벗어나는 방법 등에 대한 힌트를 얻을 수 있을 것이다.

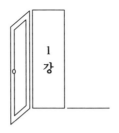

내면의 두려움을 극복하는 법

'그러니까 더럽고 치사해서 그만둔다고요! 이젠 하고 싶은 일을 하면서 살 겁니다!'

덜컹거리는 지하철 안, 출퇴근길에 읽는 책 한 권이 유일한 낙인 영재 씨의 시선이 소설 속 어느 한 장면에서 멈췄다.

'쳇. 말이야 쉽지.' 한쪽 입꼬리가 올라가더니 자기 비하가 반은 섞인 냉소를 지으며 이내 책을 덮어버린다. 직장 때문에 우울증에 걸린 한 청년이 자신을 괴롭히던 부장 앞에 당당히 사표를 내던지는 장면에서 영재 씨가 느낀 건 대리만족보다는 무기력한 좌절이었다.

원하는 대기업에 떨어져 작은 제약회사의 영업사원으로 있으면서 인생을 즐길 여유 없이 이리저리 치이기만 하는 주인공의 삶에 묘한 동질감을 느끼다가도 자신이 소설 속 주인공보다 더 못한 삶을 살고 있다는 사실에 오히려 비참함을 느낀 것이다.

영재 씨라고 꿈이 없겠는가. 하지만 새로운 뭔가를 시작한다는 게 두렵다. 영재 씨는 오늘도 그렇게 안전지대 안으로 스스로를 밀어 넣었다.

문제는 그렇다고 인생에서 두려움이 사라진 건 아니라는 것이다. 그만둘 용기도 없지만 회사에서 더 버틸 힘도 없어지는 요즘 그는 다시 두렵다. 제대로 살고 있지 않은 것 같아서. 아니, 이대로 영영 외롭고 불행하게 살 것 같아서.

o———o

영재 씨처럼 정체를 알 수 없는 두려움이 자신의 삶을 갉아먹고 있다는 기분이 든다면 팀 페리스^{Tim Ferriss}의 강연을 들어보자.

성공한 기업가이자 베스트셀러 저자인 팀 페리스는 첫 저서인《나는 4시간만 일한다^{The 4-Hour Workweek}》로 큰 성공을 거둔 이후 최근에는 《타이탄의 도구들^{Tools of Titans}》이란 책으로 전 세계 독자들의 마음을 사로잡았다. 그가 진행하는 팟캐스트 '팀 페리스 쇼'는 총 다운로드 수가 무려 1억 5천만 회에 달한다. 엄청난 인기를 끌며 그의 이름을 딴 '팀 페리스와의 실험'이라는 tv프로그램도 생겨났다. 그는 이제 세계에서 가장 성공한 자기계발 전문가 중 하나다.

그런데 그런 그가 자살까지 시도한 양극성 우울증 환자였다는 사실을 아는가? 프린스턴 대학교 4학년이던 1999년, 그는 자살을 시도했다. 복합적인 이유가 있었지만 가장 큰 원인은 학업에 대한 극도의 스트레스 때문이었다. 친구들이 전부 졸업하고 학교를 떠나갈 때, 그는 교수와의 마찰로 논문이 통과되지 못했고, 엎친 데 덮친 격으로 고대했던 컨설팅 회사들의 면접도 망치고 만다. 그뿐만 아니라 그의 불안정한 심리상태를 견디다 못한 여자 친구도 이별을 고한 것이다.

다행히도 그는 자살에 실패한 후, 어둠 속을 홀로 싸우며 스스로의 감정을 다스리는 법을 찾아낸다. 그는 대체 어떻게 지독한 두려움을 극복하고 어두웠던 자신의 삶을 성공으로 이끌 수 있었던 걸까?

왜 목표 대신 두려움을 정의해야 하는가

by 팀 페리스

○ 우리는 어떤 것을 결정할 때, 실제로 일어난 일보다 상상에 의해 더 많은 두려움을 느낀다.

○ 따라서 스스로 두려움을 정의할 수 있어야 한다. 우선, 두려움을 느끼는 것 중 '통제 가능한 것'과 '통제 불가능한 것'을 구분하고 통제 가능한 것에 집중한다면 두려움이 주는 스트레스를 극복할 수 있다.

내가 통제할 수 있는 것	내가 통제할 수 없는 것
생활 습관, 일, 성적, 건강, 관계, 타인에게 반응하는 방법 등	가정환경, 천재지변, 타인의 성격 등

○ 두려움을 극복하는 또 다른 효과적인 방법의 하나는 '최악의 상황 예상하기'다. 두려움 때문에 실행에 옮기지 못하게 만드는 최악의 상황을 시각화해서 두려움을 극복하고 통제 가능한 일에 보다 집중해 실행에 옮기는 것이다.

QR코드를 스캔하시면
강연 동영상을
보실 수 있습니다.

목표 대신 두려움을 글로 적고 분석해보라는 팀 페리스의 이야기는 신선하게 다가온다. 우리는 주로 좋은 것만 생각하라는 말을 듣지 않았는가. 살면서 수없이 많은 계획을 세우고 목표를 적었지만, 두려움을 적었던 적은 단 한 번도 없었다. 어쩌면 우리는 두려움이란 감정을 외면하고, 피하려고만 했던 게 아닐까? 그의 이야기는 두려움이란 감정을 다시 생각해보게 한다.

우리는 모두 두려움을 느끼며 산다. 특히 어려운 선택의 순간에선 더욱 두려움을 느끼기 마련이다. 이때 우리는 세 가지 선택의 문 앞에 서게 되는데 많은 사람들이 선택하는 문은 대체로 열기 쉬운 첫 번째와 두 번째 문이다.

선택을 회피하고
지리멸렬한 삶을 산다.

남들이 정해준 선택을 따르며
남의 인생을 산다.

두려움을 극복하고
자신의 삶을 산다.

첫 번째 문은 선택이 두려운 나머지 이를 회피하는 사람들의 선택이다. 불만투성이인 삶을 그저 합리화하며 아무런 변화 없이 살아가는 것이다. 앞서 떠밀리듯 안전지대에 머무르기로 한 영재 씨 역시 이 문을 열었다.

두 번째는 남들이 정한 기준을 따르는 경우이다. 주로 부모나 사회가 좋다고 믿는 것을 택하며 남의 인생을 살게 된다. 자신의 관심사보다는 남들이 좋다고 하니까 공무원이 되고, 의사가 되고, 판검사가 되는 사람들. 인생의 선택에서 스스로 이유를 규정하지 않는 사람들은 성공해도 자기 삶의 주인공이 되지 못한다. 설령 목표를 이루고도 공허함을 느낀다면 그것이 진정으로 내가 원한 성공인지, 혹 두 번째 문을 연 것은 아닌지 잘 생각해보라.

세 번째 문은 가장 어려운 선택의 문이다. 두려움을 극복하고 자신만의 삶을 사는 사람들은 이 문을 열었다. 어려운 선택의 순간은 누구에게나 두렵다. 스스로 인생의 주인공이 되기 위해서는 이 두려움을 극복해야 한다.

럿거스 대학교 철학과 교수인 루스 창Ruth Chang은 어려운 선택의 순간을 두고 '신의 선물'이라고 표현했다. 어려운 선택을 고통과 불안, 두려움으로 생각하는 대신 자신이 만들어낸 이유를 따르다보면 인생의 주인공이 될 수 있다는 것이다.

물론, 인생에 정답이 없다. 각자의 선택에 대해 어떤 것은 옳고, 어떤 것은 그르다고 판단할 수는 없다. 아무것도 하지 않는 것 역시 선택이라면 선택일 테니까.

그렇지만 어려운 선택지 앞에서 자신이 택한 것을 좀더 좋게 여기며 스스로의 삶을 만들어 가는 것, 그리고 이를 위해 두려움을 극복하는 일이 필요하다는 것을 아는 사람은 많지 않다.

그렇다면 과연 두려움은 어떻게 극복할 수 있을까? 두려움을 극복하고 싶다면 아래의 내용을 알아두는 것이 도움이 될 것이다.

두려움에 대한 인식 바꾸기

퇴사하는 것이 두려운가? 좋아하는 사람에게 고백했다가 거절당할까봐 두려운가? 친구에게 속마음을 이야기했다가 외면당할까 두려운가?

다른 무엇보다 이런 일로 신경 쓰며 두려움을 느끼는 자신이 못나 보이는가? 그렇다면 먼저 두려움에 대한 인식을 바꿔보자. 당신이 결코 못나서 두려움을 느끼는 것이 아니다. 두려움은 누구에게나 있으며 생존을 위해서도 필요하다.

얼마 전 알랭 드 보통이 자신의 SNS에 남긴 글은 두려움에 대해 다시 생각하게 한다.

"내가 사람들 앞에서 멍청한 이야기를 할지도 모른다는 두려움(멍청한 사람은 절대 하지 않았을)은 나쁜 생각보다는 좋은 생각을 훨씬 많이 죽인다."

우리는 초등학교 시절부터 극기 훈련을 통해 두려움에 맞서는 강인한 인재가 되도록 교육받으며 자랐다. 그러면서 자연스레 두려움을 나쁜 것, 감춰야 할 부정적인 감정이라 여기게 되었다.

그러나 두려움은 부정적인 것이 아니다. 사실 두려움은 우리에게 꼭 필요한 감정이다. 부정해야 할 감정이 아니라 잘 다독이고 정돈할 감정인 것이다.

상담 전문가인 해더 플랫Heather Plett이 설명한 네 가지 두려움을 간단히 정리하면 아래와 같다.

1. 위험을 감지하는 두려움 : 위험한 상황을 피하고 생존하는 데 필요한 두려움이다. 교통사고, 화재와 같은 재난을 피하게 하며 나쁜 사람이나 불리한 계약 등으로부터 본능적으로 벗어나게 도와준다.

2. 자아를 지키는 두려움 : 상처받기 쉬운 자아를 지키기 위해 존재하는 두려움이다. 자존심이 상하는 상황, 망신당하는 상황, 거절당하는 상황을 피하게 하지만 때로는 타인과 분열을 일으키게 한다.

3. 새로운 일 앞에서의 두려움 : 무언가 새로운 일을 하려고 할 때 느끼는 두려움이다. 새로운 학교나 직장에 적응할 때, 새로운 장소를 여행할 때, 새로운 사람을 만날 때, 더 큰 세계로 나갈 때, 새로운 것을 도전할 때 두려움을 느끼기 마련이다. 이런 두려움은 가슴 떨리는 열정, 정의로운 목적과 만나면 우리를 올바른 길로 안내한다.

4. 트라우마 관련 두려움 : 우리 몸에 깊숙이 박혀 스스로도 이해하거나 조절하기 어려운 두려움이다. 때로는 비합리적이고 사소한 사건에 의해서도 촉발되며 분노를 유발한다. 타인에게 이해받기도 쉽지 않은 두려움으로 전문가의 도움이 필요하다.

여기서 우리가 주목해야 하는 것은 '자아를 지키는 두려움'과 '새로운 일 앞에서의 두려움'이다. 이 두 가지 두려움은 우리가 그 실체를 잘 이해한다면 충분히 조절할 수 있지만 때로는 우리의 상상력이 이를 방해하기도 한다.

"우리는 실제보다 상상 때문에 더 많은 고통을 받는다."

팀 페리스는 고대 스토아 철학의 대가 세네카^{L. A. Seneca}의 말을 인용해 우리가 얼마나 쓸데없는 잡념으로 인생을 허비하고 있는지를 꼬집는다. 자, 그렇다면 두려움을 객관적으로 살펴보며 조금이라도 그 고통을 덜어보자. 팀 페리스가 양극성 우울증을 극복하고 심리적으로 자유로워지는 데 가장 도움을 받았다고 추천하는 '최악의 상황 예상하기'가 이를 도와줄 것이다.

두려움을 마주하는 방법

'최악의 상황 예상하기'는 자신에게 벌어질 나쁜 일들을 생생하게 그리면서 두려움을 마주해 완화하는 방법이다.

두려움을 마주한다는 것이 어렵게 느껴진다면 다음의 가이드를 따라 천천히 시작해보자. 하고 싶은 일에 대한 체크리스트 대신 자신이 지금 무엇을 두려워하고 하는지, 앞으로 나아가는 것을 막는 게 무엇인지에 대한 체크리스트를 만드는 것이다.

이 작업은 추상적으로 접근하기보다는 구체적으로 생각해야 한다. 앞서 예시를 들었던 '제대로 살고 있지 않은 것 같다'는 영재 씨의 두려움은 추상적이다. 무엇 때문에 그렇게 생각하는지 스스로의 내면을 잘 들여다봐야 한다.

결혼을 못 할까봐 두려운 건지, 회사를 그만두고 새로운 일에 도전했다 망할까봐 두려운 건지, 가난하게 살까봐 두려운 건지, 두려움의 실체를 분해해서 정리하면 이를 극복할 방법을 찾을 수 있다.

STEP 1.
두려움 정의하기

첫 번째 페이지에는 두려운 것들, 미루고 있는 것들, 걱정하고 있는 것들을 잘 생각하고 적어보는 것이다.

정의하기 | 무엇이 두려운가? 상상할 수 있는 최악의 상황들을 모두 적어보자. 최악의 시나리오는 무엇인가? 무엇이 가장 걱정되는가? 영향력의 크기에 따라 10점을 만점으로 점수를 매기자.

예방하기 | 각각의 상황이 벌어지는 것을 막거나 가능성을 최소화할 방법을 적어보자. 최악의 상황을 대비해서 할 수 있는 행동에는 무엇이 있는가?

고치기 | 최악의 상황이 현실이 되었을 때, 그 손해를 최소화할 방법을 적어보자. 최악의 상황이 정말로 벌어진다면 할 수 있는 일은 무엇인가?

두려움 정의하기	예방하기	고치기
회사를 관두고 창업을 했는데 오히려 경제적으로 어려워지면 어쩌지(8점)	• 리스크를 최대한 줄이는 방법 찾기 • 과외, 간단한 번역 등 아르바이트를 병행하기 • 생활비 줄이기	• 이전 직장보다 연봉이 낮더라도 재취업하기 • 투자받는 방법 고민하기 • 적금 깨기
진로를 바꿨는데 막상 해보니 포기하고 싶어지면 어쩌지(6점)	• 직장을 다니면서 새로운 진로에 대해 탐색하는 시간을 더 가지기 • 관련 분야의 종사자들을 찾아가 조언 듣기	• 재취업하기 • 또 다른 길을 찾아보기

STEP 2.
두려움에도 불구하고 행동했을 때 얻을 수 있는 이익을 상상하기

두 번째 페이지에는 두려움에도 불구하고 행동했을 때, 작은 시도나 성공을 통해서 얻을 수 있는 이익을 적어보자.

이익 상상하기 | 두렵긴 하지만 일을 저질렀을 때 얻을 수 있는 이점은 무엇일까? 영향력의 크기에 따라 10점을 만점으로 점수를 매기자.

얻을 수 있는 이익 상상하기

더는 '그때 도전할걸' 하는 고민과 후회로 감정을 소모하지 않아도 됨 (10점)

열정을 발산할 기회를 가질 수 있음 (6점)

새로운 사람들을 만날 수 있음 (7점)

내가 정말 원하는 길인지, 적성에 맞는지 확인해 볼 수 있음 (8점)

새로운 일을 시도해봄으로써 그동안 몰랐던 지식이나 노하우를 배울 수 있음 (6점)

STEP 3.
아무것도 하지 않았을 때의 비용

세 번째 페이지에는 아무것도 하지 않았을 때 벌어질 일들을 생각해보는 것이다. 칸을 나누어 6개월 뒤, 1년 뒤, 3년 뒤 내 모습을 감정적, 신체적, 경제적 측면에서 예측해보자.

미래 상상하기 | 아무 일도 하지 않았을 때의 대가는 무엇일까?

	6개월	1년	3년
감정적	큰 변화는 없다. 매일 똑같은 하루가 반복될 뿐	1년 뒤에도 같은 상황이라면 더 견딜 수 없음	아무런 변화도 없이 이렇게 3년이 흐르면 그땐 정말 심각한 우울증에 걸릴지도 모름
신체적			스트레스성 질환들에 걸릴 가능성
경제적			지금보다 연봉은 올라가겠지만, 큰 차이 없음

물론 이렇게 두려움을 적고, 구분하는 일로 당신의 모든 문제를 해결할 수는 없다. 특히 트라우마로 생긴 두려움은 전문가의 도움이 필요하다. 그러나 그럼에도 불구하고 이렇게 두려움을 관리하는 연습이 필요한 이유는 우리가 살아 있는 한 두려움을 피할 수 없기 때문이다.

생각해보라. 살면서 하기 싫고 두려운 일을 해야만 하는 순간이 얼마나 많은가. 많은 사람 앞에서 발표를 하거나, 내 미래를 좌지우지할 만큼 중요한 시험, 나를 싫어하는 사람과 시간을 보내야 하는 순간 등. 이 많은 순간 앞에서 언제까지 도망치며 살 수는 없다.

어디 그뿐인가. 심지어 원하는 것을 얻게 된 기분 좋은 순간에도 한편으론 두려움을 느끼지 않는가. 두려움은 끝도 없이 펼쳐져 있다. 두려움을 정리하지 못하면 우리는 무슨 일을 하든 한 발자국 앞으로 나아가기가 어려울 것이다.

지극히 개인적인 경험으로 미루어보건대 오히려 나이가 들수록 두려움은 더 커졌다. 특히 '남의 인생이 아닌 내 인생을 살고 싶다'는 의지로 열정을 따라가면 도저히 뚫고 들어갈 수 없을 것 같단 생각이 들게 하는 두려움과 마주하게 된다.

그러나 나는 그 두려움을 마주한 순간을 좀더 소중히 여겨야 한다고 말해주고 싶다. 그 커다란 두려움을 마주하기까지 이미 당신은 수많은 어려움과 두려움을 넘어왔으니 말이다.

당신 혼자만 두려운 게 아니라는 사실을 기억하자. 모든 두려움을 극복할 수는 없겠지만 매일 한두 가지의 작은 두려움을 이기는 연습을 통해 자신이 가지고 있는 두려움을 어느 서랍에 정리해야 하는지 배우다보면 어느새 한 걸음 앞으로 나아가고 있는 자신을 발견할 것이다.

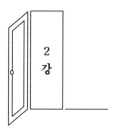

2
강

돈 걱정에서 해방되는 통찰

2016년 2월, 개학을 앞두고 한 기자가 서울의 초등학교 3학년 학생들을 취재했다.

"장래희망이 뭐예요?"

"빌딩이나 땅 주인이요. 돈도 잘 벌고, 나중에 살기도 편하잖아요."

"변호사, 검사요. 먹고살기 편하려고요."

"전 의사요. 돈을 잘 벌 수 있으니까요."

이제 겨우 10살이 된 아이들의 장래희망이 지나치게 현실적인 것은 둘째로 치더라도 각각 다른 장래희망의 이유가 모두 똑같이 '돈'이라는 사실은 놀랍다기보다는 서글프다.

돈 걱정 없이 편하게 살았으면 하는 마음. 로또만이 살길이라며 매일 같이 복권을 사는 회사원과 초등학교 3학년 아이들의 마음이 이다지도 똑같다니.

○————○

맞다. 돈 걱정 없이 살 수 있다면 얼마나 좋을까? 돈이 많으면 돈 걱정을 덜 것이라고? 글쎄, 1년 365일 돈 걱정만 하면서 평생을 보내는 안타까운 부자들도 많이 봤다. 그들은 이미 부자가 되었지만, 지금의 부를 유지하기 위해 혹은 더 많은 부를 쌓기 위해 고군분투한다. 그러니 많은 돈이 돈 걱정을 해결해주는 것만은 아니다. 대체 어떻게 해야 돈 걱정을 덜하면서 살 수 있을까?

《인생학교 돈How to Worry Less About Money》의 저자로도 잘 알려진 존 암스트롱John Armstrong은 호주 멜버른 비즈니스 스쿨의 교수이자 철학자이며 예술, 미학에 대한 여러 권의 책을 저술한 미술사가다. 그의 강연을 듣고 있으면 골치 아픈 돈에 대한 걱정이 조금은 줄어드는 느낌이다. 몇십 년 된 자신의 낡은 차 사진을 보여주며, 좋은 차를 볼 때마다 시기심이 든다고 솔직하게 고백하는 유쾌한 그를 만나 지금껏 우리가 가졌던 돈에 대한 관점과 태도를 바꾸어보자.

신디의 강연 3단 요약

돈에 관해 덜 걱정하는 법

by 존 암스트롱

- ○ 돈과 더 나은 관계를 맺는 가장 중요한 시작은 '돈 문제Money problems'와 '돈 걱정 Money worries'을 구별하는 것이다.

- ○ '돈 걱정'은 사실 돈 자체에 대한 걱정보다는 시기나 경쟁심에서 유발되는 경우 가 많다.

- ○ '돈 걱정'에서 해방되기 위해서는 '돈의 의미'를 찾고, '필요'와 '욕망'을 구분해 야 한다.

QR코드를 스캔하시면
강연 동영상을
보실 수 있습니다.

우리가 흔히 돈 걱정이라 생각했던 것들의 실체가 불안과 시기심, 경쟁심, 용기 없음, 자존감 부족 등에 있다는 존 암스트롱의 설명은 스스로를 돌아보게 한다. 어쩌면 나 역시 돈이 없는 것보다 스스로 살아갈 용기가 부족했던 게 아닐까.

돈이 많으면 더는 불안하지 않고 행복할 수 있다는 생각으로 많은 사람들이 열심히 하루를 살아간다. 그러나 어느 정도 돈 문제가 해결되어도 삶은 여전히 불안하다. 돈만 있으면 세상 걱정할 일이 없을 줄 알았는데 꼭 그런 것만도 아닌 것이다. 어떤 사람은 더 많은 돈을 소유하는 것으로 이를 해결하려고 하지만 사실 돈의 양으로 돈 걱정을 해결하는 것은 결코 이상적인 전략이 아니다.

존 암스트롱이 말하고자 하는 핵심도 여기에 있다. 정말 중요한 것은 돈과 내가 바람직한 관계를 맺는 것, 그리고 그 관계에 대한 나의 감정이다.

어린 시절 블루마블이라는 보드게임을 하면서 돈이나 땅을 빼앗길 때마다 분했던 경험이 있지 않은가? 존 암스트롱도 어린 시절 모노폴리를 하면서 사촌의 호텔을 지날 때마다 돈을 빼앗겨 스트레스를 받았던 경험을 털어놓는다. 그리고 그는 "삶은 유치한 모노폴리 게임이 아니라 성숙한 어른에 관한 것이어야 한다"라고 말한다.

하지만 우리의 현실은 여전히 모노폴리 게임처럼 유치찬란하다. 어디 사는지, 어떤 차를 타는지, 무슨 옷을 입고 어떤 가방을 맸는지, 해외여행은 얼마나 자주 가는지, 끝도 없는 비교와 소모적인 돈 걱정은 계속된다.

그가 조언하는 해결책은 더 성숙해지는 것, 심리적으로 더 자유로워지는 것, 더 독립적이 되는 것이라고 한다. 하지만 성숙한 어른의 삶이 추상적이라는 생각이 든다면 아래의 사항들을 차근차근 알아보자.

'돈 문제'와 '돈 걱정'을 구분하라

우리는 모두 어떻게든 돈과 아주 가까이 연결되어 있다. 돈 없이는 생존할 수 없기에 돈과 자신과의 연결이 건강하지 못할 경우 삶의 전반에 걸쳐 상당한 손해를 입는다.

돈과 건강한 관계를 맺는 첫걸음으로 존 암스트롱이 조언하는 것은 바로 '돈 문제'와 '돈 걱정'을 구별하는 것이다.

돈 문제 = 경제적 문제	돈 걱정 = 심리적 문제
"등록금이 부족해. 어쩌지…."	"난 뭘 해도 저렇게 잘살기는 힘들 거야. 세상은 너무 불공평해."

존 암스트롱의 말에 따르면, '돈 문제'는 단순히 돈 그 자체에 관한 것으로 경제적인 문제다. 만약 수도세도 내지 못할 정도의 생활고를 겪는다면 이것은 돈 문제다. 쉽게 말해 돈으로 해결될 수 있다면 돈 문제인 것이다. 돈 문제를 해결하는 방법은 돈을 더 벌거나, 적게 쓰거나 둘 중에 하나다. 돈에 관한 많은 책에서 이야기하는 것도 바로 이 부분

이다.

어떻게 돈을 많이 버는지, 어떻게 돈을 아껴 쓰는지. 아마 이 강의 제목을 듣고 당신이 기대한 것도 이런 식의 '돈 문제'의 해결법이었을지도 모르겠다.

안타깝지만 여기에서는 그 고민을 해결할 수 없다. 돈 문제가 중요하지 않다는 것도, 가난한 상태에서 만족하고 살라는 소리도 아니다. 가난을 낭만으로 여기는 것만큼 어리석은 짓도 없다. 여기에서 우리가 함께 고민해볼 것은 돈을 어떻게 더 많이 버느냐, 덜 쓰느냐의 방법론적인 문제가 아니라 보다 본질적인 문제이다. 그리고 존 암스트롱은 이것을 '돈 문제'와 구별해 '돈 걱정'이라고 설명한다.

'돈 문제'와 '돈 걱정'은 다르다. 그의 설명에 따르면 그동안 우리가 간과한 '돈 걱정'은 경제적 문제보다는 심리적인 문제에 가깝고, 통장 잔액의 문제라기보다는 정신에 대한 문제이다. 자신을 다른 사람과 어떻게 비교하는지, 우리가 우리의 욕구를 어떻게 이해하는지, 우리가 신경 쓰는 것이 무엇이고, 그 이유는 무엇인지 등에 관한 것이 '돈 걱정'의 진짜 얼굴인데 문제는 '돈 문제'와 '돈 걱정'이 교묘하게 혼재되어 깊게 생각하지 않으면 구별하기가 쉽지 않다는 데 있다.

돈 문제   vs   돈 걱정

'돈 문제'는 지금 닥친 시급한 일로, 당장 의식주의 해결에 문제가 생기거나 카드빚이 연체되는 경우 등을 말한다. 그러나 '돈 걱정'은 상상력에서 비롯된다.

로또가 되지 않는 한 이번 생에서는 도저히 내가 만족할 만큼의 돈은 벌 수 없고 근사하게 살긴 글렀다고 생각하는가? 돈이 충분히 없다는 사실이 견딜 수 없이 괴로운가? 평생 노예처럼 겨우 먹고살 돈만 벌다 인생이 끝날 것 같은가? 나쁜 짓을 하지 않는 한 만족할 만한 돈은 벌지 못할 것이라 생각하는가? 내가 돈을 벌지 않는다면 가족들이 나를 떠나버릴 것 같아 걱정인가?

그렇다면 이건 '돈 걱정'이다. 만약 이런 기분이 든다면 눈앞의 '돈 문제'와는 별개로 돈과 자신과의 관계에 대해서도 다시 한 번 생각해봐야 한다. '돈 걱정'은 어쩌면 '돈 문제'보다 더 현실적으로 느껴질 수 있다. 그러나 돈 걱정은 더 많은 돈이 있다고 해서 꼭 해결되는 것이 아니다.

돈은 교환이나 가치를 저장하는 수단 그 이상도 이하도 아니다. 그런데 우리는 돈에다가 그 이상의 의미를 부여한다. 마치 돈이 마법처럼 모든 걸 해결한다고 믿는 것이다.

우리가 자신도 모르게 돈에 비밀스러운 의미를 부여할 때, 바로 돈 걱정이 시작된다. 그러니 자신도 모르게 부여한 그 의미를 스스로 풀지 않는다면 돈 걱정은 계속 우리 곁에 남아 있을 것이다.

이제 돈과 돈에 얽힌 감정을 분리하고 돈을 돈으로만 보는 연습을 해보자.

'필요'와 '욕망'을 구분하라

존 암스트롱은 돈과 건강한 관계를 맺기 위해 '필요'와 '욕망'을 구분하라고 조언한다. 가령 프로 골프 선수에게 값비싼 골프채와 골프화는 당연히 '필요'이다. 그러나 이제 갓 골프를 시작한 이에게 값비싼 골프채와 골프화는 남을 의식하는 경쟁심이자 사치스러운 '욕망'일 뿐이다.

문제는 부에 대한 욕망이 너무나 쉽게 좌절로 이어진다는 데 있다. 세상엔 부자들이 많기 때문이다. 나보다 부자인 사람은 어디에나 있다!

'필요'와 '욕망'을 구분하면 돈 걱정으로부터 한결 더 자유로워진다. 그의 말에 따르면 절대적 필요는 이성으로 나타나므로 우리는 죄책감을 느끼지 않는다. 반면 욕망은 경박하고 사치스러운 단순한 욕구이기 때문에 이를 추구하면 죄책감을 느낀다.

흔히 돈만 많고 품위가 없는 사람을 일컬어 '졸부'라고 비하하지 않는가? 그의 논리에 따르면 졸부는 욕망에 따라 경박한 소비를 하는 사람들이다. 따라서 그들 스스로도 죄책감이 들기 마련이고 졸부라 불리는 것을 수치스러워할 수밖에 없다.

존 암스트롱은 이상적이고 적절한 수입이란 '진정한 필요'를 충족시킬 수 있을 만큼의 소득이라고 설명한다. 그리고 탐욕적 욕망을 버리고 '진정한 필요'가 무엇인지 우선순위를 매겨보라고 조언한다. 그가 제시한 아래의 질문들은 당신의 '필요'와 '욕망'을 구분하도록 도와줄 것이다.

만약 아래의 질문에 대한 답을 찾지 못한다면 돈 걱정으로부터 자유로워질 수 없다.

1. 돈이 나에게 왜 중요한가?

2. 내가 더 나은 내가 되는데 얼마만큼의 돈이 필요한가?

3. 돈을 벌기 위해 가장 좋은 방법은 무엇인가?

바람직한 돈의 가치는 무엇일까?

자본주의의 노예가 되지 않기 위해 이제는 바람직한 돈의 가치를 생각해보자. 우리가 이미 알다시피 돈은 기본적으로 아래의 세 가지 기능을 한다.

1. 교환의 매개 기능   2. 가치 척도 기능   3. 가치 저장 기능

첫째는 교환의 매개 기능이다. 돈은 일정한 가치를 가지고 사람들 사이의 교환을 매개하는 수단이다. 필요한 모든 걸 스스로 만들어 쓰는 사람은 없지 않은가. 그래서 시작된 물물 교환이 불편해지자 사람들은 필요한 물건을 교환하는 수단으로 돈을 만들었다.

둘째는 가치 척도의 기능이다. 돈은 상품의 가치를 통일시켜 표시

해준다. 가령 핸드폰 하나의 가치는 쌀 다섯 가마니고 쌀 한 가마니의 가치는 신발 두 켤레라면 어떨까? 가치를 쉽게 비교하기가 어려울 것이다. 돈은 이러한 문제를 깔끔히 해결한다.

마지막으로 가치 저장의 기능이다. 쌀 100가마니를 보관하려면 많은 공간이 필요하고 또 썩어 없어질 수도 있지 않은가. 그러나 이를 돈으로 교환해 보관하면 효율적이고 안정적이다.

돈은 이러한 기능을 위한 금속, 또는 종잇조각일 뿐이며 우리가 거기에 기능을 부여하지 않는 한 사실 아무 의미가 없다. 존 암스트롱은 그의 저서 《인생학교 돈》에서 바람직한 돈의 순환을 이렇게 정의한다.

'본질적으로 가치 있는 노력이나 활동을 진정한 가치를 가진 영속적인 소유물과 경험으로 전환하는 것.'

나 역시 여기에 공감한다. 즉 돈은 가치의 형태를 전환하는 수단일 뿐이지 목적이 되어서는 안 된다. 중요한 것은 전환되는 가치들인데 돈을 목적으로 보면 이러한 가치들은 사라지고 돈과의 관계가 건강하지 못하게 된다. 돈이 많으면서도 온종일 돈 생각만 하고 돈을 위해 돈을 버는 사람은 돈에 기능 이상의 의미를 부여하는 불쌍한 영혼일 뿐이다.

존 암스트롱은 또한 집을 추억이 담긴 가정이 아닌 투자의 대상으로 생각하거나 교육을 성장이 아닌 돈을 벌기 위한 수단으로 생각할 때 돈과의 관계가 비정상적으로 변질된다고 주장한다.

예를 들면 이런 것이다. 돈이 있다면 집의 평수, 위치, 인테리어에 대한 선택이 자유롭겠지만 훌륭한 안목, 뛰어난 스타일, 친밀한 관계,

유쾌한 성격 등과 같은 덕목 없이 돈만으로 얻을 수 있는 것은 결국 '천박한 인테리어', '가식적이고 우울한 사교적 공간', '우월감'뿐이다.

또한, 배우고자 하는 의지, 열망, 자기 발전에 대한 올바른 비전, 지혜와 자신감의 추구 등과 같은 덕목 없이 돈만으로 얻을 수 있는 것은 결국 '영감이나 통찰력 없는 정신', '동기와 성취감의 결여', '사려 깊지 못함', '특권 의식에 빠진 삶', '죄의식 또는 거부감'뿐이다.

돈이 지상 최고의 가치이고 돈으로 모든 걸 해결할 수 있다고 믿는 한 지인이 있었다. 그녀에게 집은 단지 투자의 대상이었다. 그녀의 가족은 늘 철새처럼 이사를 하곤 했는데, 그녀는 그렇게 돈을 번 것을 굉장히 자랑스럽게 여겼다. 대화의 90% 이상이 집값이나 돈에 관한 것이어서 그런지 이상하게도 그녀와 대화를 하면 불편한 마음을 숨길 수가 없었다.

돈에 대해 현실적인 것과 돈이 내면을 지배하도록 하는 것은 완전히 다른 차원의 문제다. 돈의 가치에 대해 무지하면 이 두 가지가 헷갈릴 수 있다. 돈에 대해 무심해지자는 말이 아니다. 돈 앞에 현실적으로 생각하자. 그러나 돈이 우리의 내면을 지배하도록 내버려두지는 말자.

유대인들은 아이들을 교육할 때 절대로 돈과 현실을 분리하지 않는다. 오히려 적극적으로 경제 교육을 한다. 그렇지만 절대 아이들을 돈의 노예로 만들지는 않는다.

돈의 노예가 되느냐, 아니면 돈의 주인이 되느냐는 결코 돈의 양으로 결정되는 것이 아니다. 돈이 많은 재벌이라고 해서 다 돈의 주인이라고 생각하는가? 결코 아니다. 돈이 많으면서도 온종일 돈 생각뿐인 돈의 노예들 얼마나 많은가.

  돈 문제를 과소평가하는 것이 결코 아니다. 지긋지긋한 일상이 되어버린 돈 걱정과 돈 문제는 고단하고, 그것으로부터 자유롭기도 쉽지 않다. 다만, 돈의 가치에 대한 그의 통찰은 돈 걱정으로 가득 찬 물질만능 주의의 시대에서 돈이 내면을 지배하는 것을 막는다. 그런 그의 통찰이 당신의 돈 걱정을 조금이나마 덜어내는 데 도움이 되기를 바란다.

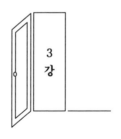

스트레스는 건강에 해롭기만 할까?

구마모토 지진 1년, 사망자 3분의 1 스트레스로 숨져…

2016년 4월, 주택 8,667채를 무너트리고 2백여 명의 목숨을 앗아간 일본의 구마모토 지진을 기억하는가?

많은 이가 지진으로 목숨을 잃었지만, 그보다 훨씬 더 많은 사람들이 지진 이후의 삶 속에서 죽어갔다. 지진으로 인해 직접적인 신체적 피해를 겪지 않았음에도 불구하고 2차 사망자의 3분의 1이 지진을 극복하는 과정에서 스트레스로 인해 숨졌다고 하니 정말이지 놀랄 일이다.

이런 무시무시한 스트레스는 우리의 일상에도 만연하다. 직장인들의 과로사 관련 기사들이 곳곳에서 등장하지 않던가.

"나 방금 수명이 한 달은 줄었을 거야. 이놈의 스트레스! 이 정도면 몇 년 안에 무슨 병이든 걸리지 않는 게 이상해."

건강 염려증이 살짝 지나치다 싶은 직장 동료가 입버릇처럼 하는 말이다. 그녀는 스트레스 없는 세상을 꿈꾸지만 그런 세상이 존재하지 않는다는 사실을 매일 아침 회의에서 깨닫곤 하는데 그럴 때마다 자신이 너무 많은 스트레스를 받고 있다며 불안해하곤 했다.

정도의 차이는 있겠지만 우리 모두 스트레스가 주는 위협에서 결코 자유롭지 못하다. 그것이 우리를 병들게 한다는 걸 너무도 잘 알기 때문이다.

안 받고 살기란 불가능한 스트레스!

관리하는 뭐 좋은 방법 없을까?

○———○

스트레스에 시달려 고민인 독자라면 켈리 맥고니걸Kelly McGonigal의 강연을 추천한다.

켈리 맥고니걸은 포브스 선정 영향력 있는 여성 20인에 뽑힐 정도로 유명한 건강심리학자이다. 국내에서 《스트레스의 힘The Upside of Stress》의 저자로도 잘 알려진 그녀는 수많은 강연과 저서 활동으로 스트레스를 조절하고 삶을 긍정적으로 변화시키는 방법을 대중에게 전파하고 있다. 설득력 있는 근거와 흡입력이 강한 말투 덕분인지 그녀의 심리학 강좌들은 스탠퍼드 대학교 평생교육원 역사상 가장 인기 있는 수업으로 손꼽힌다.

그런데 그런 그녀 역시 10년 동안 스트레스가 건강에 얼마나 나쁜지를 이렇게 전파하고 다녔다고 한다.

"여러분, 스트레스는 심혈관계 질환에 심각한 영향을 줍니다. 사망에 이를 수도 있으니 조심하세요!"

그러나 2012년 위스콘신 의과대학에서 성인 3만 명을 대상으로 8년 동안 연구한 스트레스와 사망률의 관계는 그녀의 믿음을 단번에 뒤집어놓았다. 그리고 이를 계기로 그녀는 스트레스와 친구가 되고 마는데….

스트레스와 친구가 되다니? 얼토당토않은 소리라고 여겨진다면 무려 1,400만 뷰를 기록한 그녀의 강연에서 스트레스와 친구가 될 수 있었던 비결을 들어보자.

그녀의 강연에는 과연 어떤 놀라운 비밀이 숨어 있을까?

스트레스와 친구가 되는 법

by 켈리 맥고니걸

○ 사실 '스트레스' 그 자체는 우리 몸을 망치지 않는다. 우리를 병들게 하는 것은 스트레스 그 자체보다 '스트레스가 본인에게 나쁘다는 믿음'이다.

○ 스트레스가 이롭다고 믿으면 발표나 면접 등의 상황에서 스트레스를 받아도 심장 박동이 빨라지거나 혈관이 수축하지 않았다. 또한, 스트레스의 반응으로 분비되는 옥시토신은 사람들을 보다 사회적으로 만들었다.

○ 따라서 스트레스에 대해 스스로 어떻게 반응하느냐가 중요하다. 스트레스를 받았다면 이렇게 생각해보라. '지금 내 몸이 이 어려운 상황을 잘 이겨내도록 나를 돕고 있는 거야.' 만약 우리가 스트레스를 이런 식으로 여긴다면 신체는 우리를 믿을 것이고 스트레스 반응은 더 건강하게 변할 것이다.

QR코드를 스캔하시면
강연 동영상을
보실 수 있습니다.

스트레스는 정말 우리 몸에 악영향만 줄까?

이 질문에 대한 켈리 맥고니걸의 대답은 '아니오'였다. 사람들을 죽음으로 몰아넣은 것이 '스트레스' 그 자체가 아니라 '스트레스가 몸에 나쁘다는 믿음'이었고, 심지어 스트레스가 우리 몸에 이로울 수 있다니 놀랍지 않은가? 뒤통수를 한 대 맞은 기분이 들 만큼 신선하다.

그녀가 보여주는 통계에 따르면, '스트레스가 건강에 해롭다는 믿음'은 미국 사망 원인 15위로 이 순위는 에이즈나 살인보다 높았다. 단지 스트레스가 건강에 해롭다는 믿음이 에이즈나 살인보다 많은 사람을 죽음에 이르게 하고 있었던 것이다. 그녀가 말하는 핵심은 '스트레스를 받지 않는 것'이 아니라 '스트레스에 어떻게 잘 대처하느냐'에 있다.

당신도 스트레스에 더욱 잘 대처하길 원하는가? 그렇다면 스트레스에 대해 그동안 알고 있던 잘못된 상식에서 벗어나 새로운 스트레스의 과학을 만나보자. 아래의 두 가지 사항들을 기억하는 것이 스트레스와 친구가 되는 데 도움이 될 것이다.

스트레스와 친구가 될 수 있을까?

살면서 스스로 성장했거나 발전했다고 느꼈던 순간들을 떠올리자. 승진했을 때, 시험에 합격했을 때, 논문 심사를 통과했을 때, 새로운 무언가를 배웠을 때, 새로운 모임에 적응할 때, 하물며 학년이 바뀔 때 등. 아마도 그 순간들을 겪기 전 까지 상당한 스트레스가 당신 곁을 함께 했을 것이다. 인간의 성장에 스트레스는 필연적으로 동반된다. 스트레스와 어려움이 없는 곳에 성장은 없기 때문이다.

하지만 현실에서 우리가 받은 메시지는 어떠한가. 공익광고, 신문, 기사, 책, 강연 등 우리에게 들려오는 메시지는 한결같다.

"스트레스는 만병의 근원이다."

이 얼마나 아이러니한 상황인가? 스트레스에 대해 우리 사회가 던지는 메시지는 전부 부정적이다. 스트레스는 만병의 근원일 정도로 해롭기 때문에 피해야 한다고 말한다. 그러나 정작 그것을 피할 길이 없다는 것이 문제 아니겠는가? 그렇다고 집에 누워서 숨만 쉬고 살 수도 없는 노릇 아닌가.

우리의 삶은 성장에 의미가 있는데 앞으로 나아가려면 스트레스가 졸졸 따라오기 마련이니 이러지도 못하고 저러지도 못하는 꼴이다. 따라서 우리가 스트레스와 친구가 되기 위해서 가장 먼저 해야 할 일은 바로 '스트레스의 역설'을 이해하는 것이다. 스트레스와 관련한 연구 결과들을 모아보니 그것이 얼마나 아이러니한지 알 수 있었다. 간단히 정리하면 이렇다.

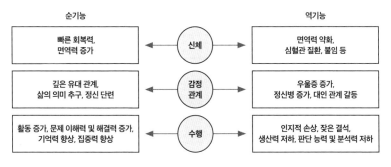

| 스트레스의 기능 |

237

스트레스를 두고 이렇게나 다른, 아니 정반대의 연구 결과들이 도출된 것이다.

무엇을 믿어야 할지 고민되는가? 둘 다 맞다. 스트레스의 역기능에 대해서는 아마 따로 설명이 필요가 없을 정도로 다들 알고 있으리라 생각한다. 그러나 순기능에 대해서는 낯설다. 특히 스트레스가 사람들을 보다 사회적으로 만드는 메커니즘이라는 부분을 찬찬히 이해해보자.

'스트레스가 사람들을 사회적으로 만든다니? 대체 무슨 말이지?'

그것은 우리의 호르몬과 관련이 있다. 스트레스 호르몬이라고 하면 보통 코르티솔cortisol이나 아드레날린adrenaline을 떠올린다. 그러나 켈리 맥고니걸은 스트레스 호르몬으로 옥시토신oxytocin을 소개하며, 이것 덕분에 스트레스가 우리를 사회적으로 만드는 역할을 한다고 설명한다. 누군가를 껴안을 때 방출된다고 해서 '포옹 호르몬'이라는 깜찍한 별명으로 더 잘 알려진 옥시토신을 스트레스 호르몬으로 알고 있는 사람은 많지 않을 것이다. 포옹할 때 방출되는 것은 옥시토신이 하는 많은 일 중 극히 일부다.

옥시토신은 신경 호르몬으로 우리 뇌의 '사회적 기능'을 담당하는 부분을 미세하게 조정해 타인과 신체 접촉을 하고 싶게 만들고, 공감 능력을 강화하고, 좋아하는 사람들을 기꺼이 돕고 지지하게 만든다. 그런데 바로 이 옥시토신이 스트레스를 받아도 나온다니!

스트레스를 받으면 우리는 어떻게 하는가? 혼자 끙끙 앓는 대신 누군가에게 힘든 상황을 털어놓으려 하고, 내 말을 들어주고 위로해줄 누군가를 찾게 되지 않는가. 하다못해 익명 게시판에 하소연이라도 해야 마음이 좀 풀린다.

왜 그럴까? 바로 옥시토신 덕분이다. 아드레날린이 사람의 심장을 뛰게 하는 것처럼 우리의 뇌하수체는 스트레스 반응의 일부로 옥시토신을 분비하는데 스트레스로 인해 옥시토신이 분비되면 우리는 자연스럽게 타인을 찾는다. 결국 옥시토신이 인간을 사회적인 동물로 만드는 메커니즘인 것이다.

여기서 이런 의문이 들 수도 있다. '그래도 극심한 스트레스는 당연히 건강에 안 좋기만 할걸?' 그러나 연구에 따르면 심각한 트라우마 수준의 스트레스라고 해서 반드시 부정적인 것은 아니다. 오히려 얼마든지 긍정적인 역할을 할 수 있다. 심각한 외상 후 스트레스를 경험한 사람들이 스트레스 경험 이후 훨씬 더 의미 있는 삶을 살고, 더 깊은 유대 관계를 맺는 경우가 많은데 우리가 기억해야 할 것은 이러한 결과가 '스트레스에도 불구하고'가 아니라 '스트레스가 있었기 때문'이라는 사실이다.

그렇다면 이제 우리가 할 일은 무엇일까? 스트레스의 역설을 이해했으니 스트레스에 대한 새로운 패러다임을 장착해보자.

스트레스는 당신의 생각대로 반응한다

스트레스에 대한 새로운 패러다임을 장착하는 일은 현재 스탠퍼드 대학교에서 스트레스의 과학을 연구 중인 심리학자인 엘리아 크럼[Alia]

Crum의 연구를 보면 그 힌트를 얻을 수 있다.

'스트레스 마인드셋'이란 개인이 스트레스에 대해 생각하는 방식을 의미한다. 쉽게 말해 스트레스 경험을 분석하는 필터와도 같은 역할을 하는 것이다. 스트레스를 '좋다' 혹은 '나쁘다'라는 흑백 논리로 생각하는 것이 아니라 스트레스를 받았을 때 그것이 스스로에게 어떤 의미인지를 생각하는 것이 '스트레스 마인드셋'을 제대로 장착하는 길이다.

| 기존의 패러다임 | | 새로운 패러다임 |

예를 들어 누군가는 '행복하게 살려면 이렇게 스트레스를 받으면 안 돼'라는 사고방식을 가지고 있을 수도 있고, 또 누군가는 '스트레스를 받으면 일찍 죽을 거야'라는 믿음을 가지고 있을 수도 있다. 이러한 스트레스에 대한 믿음을 '스트레스 마인드셋'이라고 한다.

'스트레스가 나를 악화시킨다'라는 마인드셋이 있는가 하면 '스트레스가 나를 강화시킨다'라는 마인드셋도 있는데, 후자가 건강과 행복에 훨씬 더 긍정적인 영향을 주는 것으로 나타났다. 켈리 맥고니걸는 이제 우리가 스트레스에 대한 기존의 패러다임에서 벗어나야 한다고 주장한다. 우리가 스트레스를 어떻게 받아들이느냐에 따라 그 결과는 완전히 달라지기 때문이다.

물론 이러한 스트레스 연구들은 최신의 이론이므로 스트레스가 스스로를 강하게 만든다고 생각하는 사람들이 아직은 많지 않을 것이다. 그렇다면 마인드셋은 바꿀 수 있는 것일까? 그렇다. 켈리 맥고니걸과 엘리아 크럼 등의 심리학자들의 연구 결과에 따르면 마인드셋을 바꾸는 것은 충분히 가능하다.

"심장이 쿵쿵 뛰는 것은 우리 몸이 어려움에 맞서기 위한 준비를 하는 것이고 호흡이 빨라지는 것은 뇌에 산소를 더욱 공급하기 위함입니다."

우리는 보통 심장이 뛰거나 호흡이 빨라지고 땀이 나는 등의 스트레스 반응을 불안이나 압박과 같은 부정적인 것으로 여긴다. 그러나 하버드 대학교의 한 연구에 따르면 스트레스 반응을 위와 같이 자신의 몸에 이로운 것이라 배운 참가자들은 실제로 똑같은 스트레스 상황에서 그렇지 않은 참가자들에 비해 자신감이 높았고 스트레스를 덜 받았으며 스트레스로 인한 혈관 수축 증상도 없는 것으로 나타났다. 마치 사랑에 빠져 두근거리거나 기쁨의 순간처럼 몸이 반응한 것이다.

이제 스트레스를 좋은 것으로 볼지, 나쁜 것으로 볼지는 온전히 우리 자신에게 달려 있다. 불필요하게 스트레스를 찾아다니라는 말이 아니라 스트레스가 우리의 동반자와도 같다는 사실을 받아들이자는 것이다. 스트레스의 역설을 이해하고, 스트레스 마인드셋이 얼마든지 변할 수 있는 것임을 아는 것이 스트레스와 더 나은 관계를 만드는 길이다.

그렇다면 이런 질문은 어떨까?

"스트레스가 많지만 성장 가능성이 많은 직업과 스트레스가 없고 성장 가능성이 적은 직업 중 하나를 선택해야 할 때 스트레스를 감당할 수 있다고 믿는다면 스트레스가 많은 직업을 선택하는 것이 현명한 선택일까요?"

아마 많은 사람들이 이 문제로 고민한 적이 있을 것이다. 이것에 대한 켈리 맥고니걸의 대답은 인상적이다.

"확실한 건 불편을 피하려고 하는 것보다 의미를 좇는 것이 더 건강에 좋다는 사실이에요. 우리의 인생에서 최선을 다해 의미를 창조하라는 뜻이죠. 그리고 그것에 따르는 스트레스를 스스로 조절할 수 있다고 믿으세요."

멋지지 않은가. 우리는 여태껏 어떻게 하면 스트레스를 덜 받을 수 있을까만 생각해왔다. 그러나 그녀의 강연은 우리가 스트레스에 대한 새로운 패러다임을 장착해 스트레스가 주는 위협에서 벗어나도록 도와준다.

당신은 어떤가? 오늘도 역시 스트레스에 치인 하루였다며 불평하고 있지 않은가?

만약 그렇다면 이제 새로운 패러다임을 적용해보자. 스트레스를 무찔러야 할 적이 아닌 평생 함께할 친구라고 여기는 것이다. 행복한 삶은 스트레스가 없는 상태가 아니다. 스트레스는 우리를 더욱 인간답게 만들어준다는 것을 믿자. 물론 쉽지는 않을 것이다. 그렇지만 잘 생각해보면 우리가 스트레스를 받는 순간은 우리가 무언가를 신경 쓰는 순간이다. 신경 쓰는 것이 없다면 스트레스를 받을 일도 없다.

성장하고 싶고 무언가를 이루고 싶은 열망이 있기에 스트레스도 받는 것이다.

오늘도 스트레스가 많았는가? 그렇다면 그만큼 오늘 하루도 열심히 잘 살았다는 뜻이 아닐까? 그만큼 삶에서 이루고 싶은 것들이 많다는 것이 아닐까?

기억하자. 스트레스가 없는 삶이란 행복한 유토피아가 아닌 아무런 목표도, 의미도, 성장도 없는 삶이란 사실을 말이다.

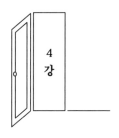

마음의 상처에 바로 쓰는 응급처치

자살 공화국 대한민국, 13년 연속 자살률 1위…살 만한 세상 아냐

너무 자극적인 기사 제목이라 생각하는가?

안타깝지만 통계를 살펴보면 부인할 수 없는 우리 사회의 어두운 현실이다.

OECD 국가 중 자살률 1위라는 불명예스러운 자리를 무려 13년째 꿋꿋하게 지켜오고 있다는 사실은 둘째 치더라도 평균 자살률 25.6명이란 수치는 OECD 평균 12명을 두 배 이상 웃도는 수치라는 것을 알고 있는가?

그뿐만 아니다. 지난해 한국인 28만여 명의 사망 원인을 분석한 통계 결과는 더욱 처참하다. 통계청 조사에 따르면 2016년 10대, 20대, 30대의 사망원인 1위는 모두 '자살'이었다. 4, 50대도 심각하기는 마찬가지. 사망원인 1위는 암이었지만 바로 뒤를 이은 2위 역시 자살이다.

우리나라에서 자살로 생을 마감한 사람은 지난해만 13,092명이라고 한다. 즉, 하루 평균 35.8명이 스스로 목숨을 버리는 꼴이다. 남자가 36.2명으로 여성 15명보다 2.4배 높다는 점도 눈에 띈다.

또한, 자살에 이르게 하는 주요 원인인 우울증 역시 심각한 수준으로, 우울증에 걸린 수많은 사람들이 자살을 계획하거나 생각해본 잠재적 자살 위험군에 속했다.

'저는 자살을 생각해 본 적도 없고, 우울증도 아닌데요?'

이런 사람이라 할지라도 마음의 상처로부터 자유로울 수는 없다. 누구나 크고 작은 마음의 상처를 받으며 살아가기 마련이고 이는 마치 재난과 사고처럼 예고 없이 불쑥 찾아오기 때문이다.

누군가는 마음의 상처도 처음 몇 번만 괴로울 뿐이지 자꾸 받으면 적응되기 마련이라고 말한다.

정말 그럴까? 마음의 상처에는 정말 시간이 약일까?

◇——◇

뉴욕 맨해튼에서 20년 넘게 심리 상담 전문가로 활동하는 가이 윈치$^{Guy Winch}$는 이러한 생각이 얼마나 무지하고, 위험한지에 대해 열변을 토하는 심리학자다. 뉴욕 대학교에서 임상심리학 박사 학위를 받고, 박사 후 과정 연구원으로 활동한 그는 우리가 마음의 상처로 극단적인 상황에까지 이르지 않기 위한 심리적 응급처치 방법을 알려준다.

이에 대한 그의 최근 저서인 《아프지 않다는 거짓말$^{Emotional First Aid}$》은 전 세계 23개국의 언어로 번역되어 큰 인기를 누리고 있다.

이제는 신체의 건강만큼 정신적 건강을 돌봐야 한다는 그의 조언을 통해 일상에서 크고 작은 마음의 상처를 스스로 치유하는 법을 배워보자.

신디의 강연 3단 요약

왜 우리는 감정적 응급처치를 연습해야 하는가?

by 가이 윈치

- 우리는 신체 건강을 돌보는 일은 중요하게 생각하지만, 정신 건강을 돌보는 일에 대해서는 무지한 편이다.

- 하지만 실패나 거절, 죄책감, 외로움 등의 상처를 그대로 방치한다면, 그것이 우리의 인식을 왜곡하고, 신체 건강에도 악영향을 미친다.

- 따라서 정신 건강을 돌보기 위해 마음의 상처 앞에서 부정적인 생각들과 싸우고, 이겨내면서 정신 건강을 챙기려고 노력해야 한다.

QR코드를 스캔하시면
강연 동영상을
보실 수 있습니다.

"어쩌겠어. 그냥 견뎌야지. 시간 지나면 다 괜찮아져. 다 생각하기 나름이라니까." 실패, 좌절, 실연의 아픔 등을 겪고 괴로워하는 친구에게 이렇게 말해준 적이 한 번쯤 있을 것이다. 가이 윈치는 신체적 건강과 심리적 건강을 비교하며 이러한 우리의 생각이 얼마나 무지한 것인지를 일깨우는데 그 비교가 제법 신선하다.

팔이 부러져 피가 철철 흐르는 친구 앞에서 "괜찮아, 너무 걱정하지 마. 시간이 지나면 다 괜찮아지게 되어 있어." 이렇게 말하는 사람은 없지 않으냐는 것이다.

우리는 일상에서 겪는 심리적 아픔들이 신체적 아픔보다 결코 가벼운 것들이 아님에도 불구하고 그것들을 그저 견디며 살고 있다. 가이 윈치는 우리가 심리적 아픔을 무시하는 것은 부러진 팔을 그냥 내버려두는 것만큼이나 상황을 좋지 않게 만들뿐더러 때로는 삶에 극단적으로 영향을 미칠 수도 있다고 경고한다.

문제는 우리가 이러한 마음의 상처를 받았다는 사실을 인식조차 하지 못하는 경우가 많다는 것이고 설령 인식하더라도 어떻게 해야 심리적 고통을 완화할 수 있는지 그 방법을 모른다는 데 있다.

그렇다면 어떻게 해야 신체 건강과 심리 건강의 균형을 맞출 수 있을까? 물론 트라우마 같은 심각한 마음의 상처나 고통은 스스로 치유하는 것이 힘들고 전문가의 도움이 필요하다. 미국의 경우 9.11 사태 이후 '9.11 건강 및 보상에 관한 특별법'이 제정되어 사건이 발생한 지 10여 년이 지난 지금까지도 생존자 및 유가족에 대한 건강 및 트라우마 치료를 지속하고 있다.

우리나라의 경우도 2014년 세월호 참사 이후 재난 심리 치료의 중요성이 커지면서 정부에서 최초로 경기도 안산 지역에 '정신건강 트라우마센터'를 건립했고 뒤이어 대구 지하철 화재 참사 이후 13년 만에 대구에서도 트라우마센터가 건립되는 등 국가적 차원에서도 재난 심리치료에 대한 중요성을 인식하고 심리적 건강을 챙기기 시작했다.

그러나 그렇게 큰 재난이 아니라면 어떨까. 손이 살짝 베이거나, 무릎이 긁힌 정도의 상처는 병원에 가지 않고 집에서 약을 바르고 찜질을 하는 것처럼 생활하며 수없이 겪게 되는 일상적인 마음의 상처도 스스로 응급처치를 하면 얼마든지 회복할 수 있다. 이러한 응급처치가 더 큰 심리적 상처로 번지는 것을 막아줄 것이다.

가이 윈치의 조언 중에 몇 가지 중요한 사항들을 알아두면 마음의 상처를 응급처치하는 데 도움이 될 것이다.

상처받은 순간을 인지하자

응급처치의 첫 단계는 그것이 마음의 상처라는 것을 알아채는 것이다. 가이 윈치는 우리의 마음에 상처를 주는 대표적인 심리적 기제로 실패와 죄책감, 거절, 외로움 등을 꼽았는데 하나씩 간단히 살펴보자.

1. 실패

실패는 우리가 흔히 겪는 마음의 상처다. 아마 이렇게 말하는 독자들도 있을 것이다.

"이건 당연해서 굳이 설명이 필요 없을 것 같은데요. 기분이 나빠지고, 의기소침해지고, 자신감은 물론 자존감도 떨어지죠. 동기부여도 안되고요. 이런 게 실패로 인한 마음의 상처 아닌가요?"

맞다. 이것들은 우리가 의식할 수 있는 실패로 인한 상처다. 그러나 우리가 의식하지 못하는 실패의 결과도 있다.

가이 윈치는 실패로 인한 무의식의 결과를 두 가지로 설명하는데 첫째, 실패는 우리의 목표에 대한 인식을 왜곡한다는 것과 둘째, 스스로의 능력에 대한 인식을 바꾼다는 것이다.

실패하고 나면 우리의 목표와 자신의 능력을 바라보는 인식이 달라진다. 목표가 이루기 어려운 것처럼 느껴지게 만들어서 충분히 할 수 있는 일도 포기하게 만든다. 실패가 실제 수행 능력을 떨어뜨리는 것이다.

우리가 실패와 맞닥트릴 때 우리 안에서 이러한 심리적 변화가 일어난다는 것을 아는 것은 중요하다. 실패 앞에서 '난 할 수 없어'라고 생각하고 점차 그것을 믿는다면 쉽게 무기력해지고 포기하거나 노력조차 하지 않기 때문이다. 실제로 대다수의 사람이 이러한 이유로 인해 자신의 잠재력을 발휘하지 못한다.

아주 작은 실패도 우리의 인생 전반에 걸쳐 큰 영향을 미칠 수 있다. 삶의 어느 순간에 한 번의 실패로도 '난 할 수 없어'라는 왜곡을 믿게 될 수 있는데 이렇게 굳어진 믿음은 변하기가 매우 어렵다.

그러니 이제라도 살면서 절대 할 수 없다고 여기던 일들, 실패의 순간들을 다시 한 번 생각해보라. '나는 왜 그것을 할 수 없는 일이라 생각했을까?' 실패 후에 좌절과 패배가 찾아오더라도 자신이 성공할 수 없다고 스스로에게 설득당하면 안 된다. 상황을 제어할 능력을 기르고 자신이 무능하고 무력하다는 부정적인 생각이 시작되기 전에 멈추는 연습을 해야 한다.

2. 죄책감

또 다른 마음의 상처는 바로 죄책감이다.

우리는 일상에서 얼마나 많은 죄책감을 느끼며 살고 있을까? 가이 윈치에 따르면 평균적으로 가벼운 죄책감은 하루에 2시간 반, 중간 강도의 죄책감은 일주일에 5시간, 심각한 죄책감은 한 달에 3시간 반 정도를 느낀다고 한다. 꽤 긴 시간 동안 죄책감을 느끼며 사는 것이다.

물론 죄책감이 꼭 나쁜 것만은 아니다. 약속을 지키게 하고, 예의를 갖추게 하고, 잘못한 것을 사과하게 하는 등. 우리 스스로를 돌아보게 하고 인간관계를 유지하는 순기능을 하기도 한다.

그러나 과도한 죄책감은 문제가 된다. 가장 큰 문제는 '도비Dobby 효과'라고 불리는 현상인데 죄책감을 느끼는 사람들은 스스로에게 즐거움을 느끼지 못하도록 제어하거나 해를 가하면서 자기 처벌을 내린다. 즉, 즐거운 삶을 스스로 차단하고 사는 것이다. 또한 죄책감을 느끼게 하는 사람이나 사건으로부터 회피하게 해 대인 관계에도 부정적인 영향을 미친다.

죄책감은 내면의 감옥을 만들어 스스로가 그 안으로 걸어들어가는 것이다. 이 순간을 별다른 대처 없이 그냥 지나친다면 계속해서 내면의 감옥에 머물게 된다는 사실을 기억하자.

3. 거절

거절 역시 일상에서 매우 빈번하게 일어나는 마음의 상처다. 연인이 이별을 고할 때, 원하는 기업의 면접에서 떨어졌을 때, 친구들이 나만 빼고 모일 때, 부모님이 인정해주지 않을 때, SNS 댓글이 없을 때 등.

거절당할 수 있는 많은 경우가 있고, 거절의 정도도 저마다 다르지만 한 가지 분명한 공통점은 그게 뭐든 간에 무척이나 괴롭다는 것이다. MRI 영상을 찍어보면 신체적 통증을 느낄 때 뇌에서 반응하는 부위와 거절당했을 때 반응하는 부위가 정확히 일치한다고 하니 거절로 인한 우리의 심리적 상처가 얼마나 심각한 문제인지를 알 수 있다.

대체 거절은 왜 이렇게 고통스러운 걸까? 가이 윈치는 그것이 우리의 진화와 관련이 있다고 설명한다. 살아남기 위해 무리를 지어 살아야 했던 초기 인류에게 무리에서 쫓겨나는 것은 곧 죽음을 의미했다. 따라서 거절은 인류의 오랜 역사 동안 생존과 직결된 문제였고 그 진화의 흔적 탓에 거절로 인한 고통이 그토록 아프다는 것이다.

무엇보다 문제가 되는 사실은 거절의 고통을 더욱 심화시키는 것이 바로 우리 자신이라는 데 있다. 거절 앞에서 우리는 자신이 가진 단점과 잘못을 모두 끄집어내서 스스로를 비난하기 시작한다. 내가 거절당할 만한 못난 사람이기 때문에 그렇다고 생각하는 것이다. 따라서 이미 받은 마음의 상처에 스스로 더욱 생채기를 내지 않으려면 거절의 순간, 주의 깊게 자신의 마음을 살펴야 한다.

4. 외로움

외로움을 느끼지 않는 사람은 없다. 그러나 이것이 만성이 되면 우리의 지각을 왜곡하고 마음에 깊은 상처를 남긴다.

외로움에 지배당할 때 우리가 저지르는 가장 큰 문제는 주위의 사람들이 나에게 실제보다 덜 신경 쓴다고 믿게 만드는 것이다. 그리고 이것은 사람들에게 다가가는 것을 두려워하게 만들어 사회적 관계를 맺는 능력을 저하시킨다.

가이 윈치는 외로움에 대한 수많은 연구가 있고 그 결과는 아주 소름이 끼칠 정도로 끔찍하다며 외로움이 스스로를 비참하게 만들 뿐만 아니라 실제로 죽일 수도 있다고 경고한다.

'이것이 당신을 죽일 수도 있습니다.'

담뱃갑은 경고를 싣고 있지만 외로움은 그렇지 않다. 실제 연구 결과 만성적 외로움은 흡연과 똑같이 건강에 해로운 것으로 나타났지만 외로움에 대한 우리의 인식은 변한 게 없다. 이제 어느 건물이든 금연 표시가 되어 있고 국가적 차원에서도 금연을 무상으로 지원하지만 외로움에 대해서는 아무런 대책이 없다.

만성적인 고독감은 조기 사망에 이르게 할 가능성을 14%나 증가시키며 고혈압과 콜레스테롤 수치를 실제로 높게 만든다. 심지어 면역 체계의 기능을 손상시켜 우울증과 알츠하이머병 등 모든 종류의 질병에 취약하게 만들기도 한다.

외로움이 우리의 정신뿐 아니라 신체적 건강에도 영향을 미친다는 사실을 기억하고, 적절한 대처를 하는 것은 매우 중요하다.

독이 되는 심리적 습관에서 벗어나기

이제 두 번째 해야 할 일은 해로운 심리적 습관에서 벗어나는 일이다. 가이 윈치가 이야기하는 가장 해로운 습관은 바로 '반추Rumination'다. 반추는 곱씹고, 곱씹어 반복적으로 생각하는 것을 말한다. 고통스러운 일이 일어나면 보통 그때의 일을 돌이켜 생각한다. 이를 '자기 반영'이라고 하는데, 자기 반영은 두 종류로 나뉜다.

긍정적 자기 반영 Adaptive Self-Reflect

- 감정적 스트레스를 완화함
- 사건이 미치는 힘을 약화시킴
- 생각을 통해 새로운 통찰을 얻음
- 새로운 시각으로 사건을 바라봄
- 미래에 하지 말아야 할 것을 학습함
- 문제를 해결하고 앞으로 나아감

부정적 자기 반영 = 반추 Maladaptive Self-Reflect

- 감정적 스트레스를 증가시킴
- 사건이 미치는 힘을 더 키움
- 계속해서 같은 생각에 고착됨
- 사건을 더욱 부정적으로 바라보게 함
- 미래를 생각하기보다 과거에 계속 머물러 있음
- 문제가 해결되지 않고 반복됨

주변을 보면 반추의 달인들이 많이 있다. 이들은 한 가지 걱정스러운 일이나 괴로운 일이 생기면 며칠, 몇 주, 길게는 몇 달 동안 똑같은 생각을 반복한다. 그리고 스스로가 생각을 정리하고 있다고 착각한다.

'괜찮아. 나는 지금 내 감정을 표현하고 있는 거니까. 감정을 표현하는 건 건강하단 거야. 잘하고 있어.'

그러나 이는 전혀 사실이 아니다. 화가 났을 때 접시를 깨거나 베개를 치거나 소리를 지르면 속이 풀린다고 생각하는가?

흔히 부정적인 감정은 무조건 표현할수록 좋은 것이라 생각할 수 있지만, 연구 결과 부정적인 감정 표현은 오히려 화를 더 증가시키고 공격적으로 만들며 분노를 조절하기 어렵게 만들었다. 마찬가지로 반추도 몸에 해롭다. 긍정적 자기 반영과 다르게 반추는 감정적 스트레스를 증가시키고, 사건을 더욱 부정적으로 바라보게 하며 미래를 생각하기보다 과거에 계속 머무르게 해 문제 해결을 방해한다.

문제는 이런 반추가 아주 쉽게 습관이 될 수 있다는 데 있다. 부정적인 사건을 곱씹어 생각하는 습관은 실제로 심장 박동을 증가시키고 스트레스 호르몬 수치를 높이며, 우울증, 알코올 중독, 섭식장애, 심지어 심혈관 질환까지 유발한다.

혹시 친구와 싸우거나 직장, 가정에서 생긴 갈등을 계속해서 되풀이해 생각하는 버릇이 있는가? 그렇다면 기억에서 벗어나려는 노력을 해야 한다. 반추하는 습관은 마음의 상처를 치유하는 데 도움은커녕 독이 될 뿐이다.

자기 위로와 연민의 마음 갖기

10년 동안 다니던 회사를 그만두고 새로운 사업에 도전했다가 실패한 30대 중반의 한 남성은 실패의 충격을 도저히 받아들일 수가 없었다. 주변의 반응도 좋았지만 스스로도 모든 준비가 완벽했다고 생각했기에 더욱 충격적이었다.

죽마고우인 친구에게 신세를 한탄하며 사정을 말하자 친구가 대답했다.

"이럴 줄 몰랐다는 게 더 한심하다. 너는 원래 머리도 나쁘고 수완도 없잖아. 그렇다고 화술이 뛰어난 것도 아니고. 사업이 성공할 거라고 생각했다니 대체 어디서 그런 말도 안 되는 생각을 한 거냐? 멍청하긴."

친구가 이렇게까지 잔인하다니 충격적이지 않은가? 그런데 이 말을 친구가 아닌 본인이 스스로에게 한 말이었다고 생각하면 어떤가?

우리는 마음의 상처를 받으면 자신을 위로하기는커녕 오히려 더 깊은 상처를 만든다. 육체적 상처에는 결코 이렇게 하지 않으면서 심리적인 상처에는 그렇게 하는 것이다.

가이 윈치는 이러한 자기 비하가 팔에 상처가 났을 때 '그래, 얼마나 더 깊숙한 상처를 만들 수 있는지 어디 한번 봐야지!' 하는 것과 다름없다고 주장한다. 감정적인 고통을 겪고 있을 때 우리가 할 수 있는 가장 좋은 응급처치는 친한 친구에게 기대하는 위로와 연민을 스스로에게 하는 것이다.

바로 '자기 연민'이다. 자기 연민은 자신이 피해자이며 가장 불행한 사람, 혹은 가엾은 사람이라 여기는 '자기 동정'과 구별되는 개념으로 '자기 위로', '자기 자비'와 더 가깝다고 보면 되겠다.

자신에게 하는 비난을 멈추고 타인의 아픔에 공감하며 위로의 말을 해주듯이 필요한 위로와 공감, 지지를 스스로에게 베푸는 것이다. 자기 연민을 실천하는 구체적인 방법은 아래와 같다.

1. 어린아이에게 하듯 자신에게 친절하게 대하기
2. 혼자만 힘든 것이 아니라는 사실을 기억하기
3. 불완전한 스스로를 인정하기
4. 필요한 경우 도움이 되는 전문가 찾기

자기 확언 제대로 사용하기

"나는 해낼 수 있다!"

마음에 상처를 받았을 때, 우리가 자주 사용하는 방법 중 하나는 '긍정적 확언'이다. 자신이 바라는 상태나 원하는 바를 짧은 문장으로 적어 눈에 잘 띄는 곳에 붙이고 큰소리로 읽거나 마음속으로 반복하는 것이다.

한 번쯤 시도한 적이 있거나 들어본 적이 있을 것이다. 나 역시 많이 사용하는 방법인데, 가이 윈치는 긍정적 확언이 자존감이 낮은 사람들에게 사실상 효과가 없으며 오히려 더 역효과가 날 수 있다고 지적한다.

그 이유는 우리의 두뇌는 긍정적 확언이 자신이 믿는 신념체계 안에 속해 있는 경우라면 그것을 받아들이지만 자신의 신념체계 밖에 있는 경우라면 거부하기 때문이다.

쉽게 말해 자존감이 높고 정말로 성공할 수 있다고 믿는 사람이 긍정적 확언을 하면 효과가 있지만, 자존감이 낮고 스스로 절대 성공할 수 없다고 믿는 사람은 "나는 성공할 수 있다"라고 아무리 외쳐봤자 기분만 더 나빠질 뿐이라는 소리다.

가이 윈치는 그보다는 비슷한 개념이지만 약간 다른 '자기 확언'을 하라고 조언한다.

긍정적 확언 Positive affirmations	자기 확언 Self affirmations
나는 성공할 수 있다	나는 부지런하다 나는 습득력이 빠르다 나는 친절하다 나는 눈치가 빠르다

자기 확언은 자신에게 의미 있는 맥락에서의 확언을 하는 것이다. 예를 들어, 이성에게 차였을 때, '나는 멋진 사람이다', '나는 사랑받을 자격이 충분하다'라는 확언보다 '나는 관계를 소중하게 여기는 사람이다', '나는 쉽게 배신하지 않는 스타일이다', '나는 상대에게 최선을 다

한다', '나는 상대에게 친절하게 대한다' 등 이성 관계에서 갖고 있는 자신의 실제 장점에 대해 확언하는 것이 심리적 상처를 치유하는 데 더 효과적이다.

여기서 중요한 것은 그냥 생각만 해서는 효과가 없고 반드시 글로 적어야 한다는 것이다. 글로 적어야 마음의 상처에 흡수되어 치유의 효과를 발휘한다는 것을 기억하자.

실패, 거절, 죄책감, 외로움은 현대인이 생활하면서 불가피하게 마주할 수밖에 없는 마음의 상처이다. 그러나 여전히 심리적 건강에 대한 우리의 인식은 빈약하다. 한 통계에 따르면 우울증 증상이 있는 사람이 실제로 치료를 받기까지 아무런 조치 없이 6~8년간 홀로 우울증을 견디는 것으로 나타났다고 한다. 신체의 건강과 육체적 아름다움에는 그토록 열을 올리면서 마음을 관리하는 일에는 왜 이토록 소홀한 것일까?

일상에서 경험하는 크고 작은 마음의 상처들을 면역력이 약해서 걸리는 감기처럼 생각해야 한다. 감기가 약을 먹거나 쉬면 아무 일 없이 지나가기 마련이지만 방치하면 폐렴으로 발전해 죽음에 이를 수도 있듯이, 마음의 상처도 적절한 조기 치료가 필요하다.

그러니 이제부터라도 외로움과 실패, 거절과 죄책감 등의 부정적인 생각과 싸우고, 자신을 보호하는 행동을 통해 정서적 회복력을 키우는 노력을 해보자.

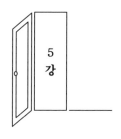

감사 노트의 놀라운 효과

"감사하는 마음을 갖는 것이 행복의 지름길입니다."

감사가 좋다는 것을 누가 모르겠는가. 하지만 대체 왜 감사해야 하는 걸까? 감사하라는 말이 한낱 지루한 설교 정도로 느껴지지는 않는가?

그러나 행복에 대해, 삶의 의미에 대해 고민할수록 당신은 감사의 힘을 떠올리게 될 것이다. 수많은 심리학자가 하나 같이 꼽는 행복의 비결 중 하나가 바로 '감사'이기 때문이다.

여기도 감사하라, 저기도 감사하라. 감사를 빼놓고 행복을 이야기 하는 책을 보지 못했으니 바야흐로 감사의 르네상스 시대라 해도 과언이 아니다.

대체 얼마나 큰 효과가 있기에 이토록 많은 학자가 이구동성으로 '감사의 힘'을 강조하는 것일까?

대체 우리는 왜 감사해야 하며 감사로 인해 우리가 얻을 수 있는 것은 무엇일까?

○──○

아직 감사의 힘을 믿지 않거나 별일이 아닌 것에도 감사하는 사람들을 보면서 어색하다는 생각을 한 적 있다면 감사의 힘을 과학적으로 설명하는 로버트 에몬스 Robert Emmons 의 강연을 들어보길 바란다.

캘리포니아에 위치한 UC데이비스 대학교의 심리학 교수인 그는 십여 년이 넘는 연구를 통해 감사가 사람들을 더 건강하고 행복하게 만든다는 것을 밝혀내며 감사의 과학을 대중에게 전파하는 심리학자다.

아내로부터 감사를 연구하는 사람이 그렇게 감사할 줄 몰라서 되겠느냐며 핀잔을 듣는다는 그는 정작 자기 자신도 감사를 실천하기가 어렵다고 털어놓는다. 본인도 매일 감사 노트를 쓰는 것을 실패하지만, 그럼에도 불구하고 그가 계속 감사의 힘을 연구하고 대중에게 감사를 실천하기를 독려하는 까닭은 감사에 그만한 이득이 있기 때문이다. 그런 그의 솔직함에 대중들은 공감하고 그의 이야기는 오히려 설득력을 얻는다.

감사가 사람들의 삶을 변화시킬 몇 안 되는 것 중 하나이며 우리가 생각하는 것 이상으로 더 깊고 복잡하게 인간의 행복에 관여하고 있다고 강조하는 그의 이야기를 통해 왜 감사를 해야 하는지, 감사가 주는 이점이 무엇인지, 어떻게 감사를 실천할 수 있는지 고민하는 시간이 되기를 바란다.

감사의 과학

by 로버트 에몬스

- 우리는 '감사'가 단순한 긍정적인 사고이며, 현재에 안주하게 한다고 생각한다.

- 그러나 최신의 과학은 '감사'가 우리의 삶에 긍정적인 영향을 미친다는 것을 밝혀냈다. 감사가 더 나은 성취와 선행을 하게 하며, 일상의 상처로부터 더 많은 회복력을 갖게 한다는 것이다.

- 하루 5분 '감사'를 실천하면, 정신적 상처를 치유하고 더 많은 에너지를 얻을 수 있다. 일상에서 활용하기 좋은 방법으로는 '감사 일기 쓰기', '직접 표현하기', '안 좋았던 일을 기억하기', '언어 사용에 주의하기' 등이다.

QR코드를 스캔하시면
강연 동영상을
보실 수 있습니다.

감사는 종교와 철학에서 오랫동안 중요시되어왔지만, 과학의 분야에서는 철저하게 외면당했다. 약 20년 전부터 감사와 관련한 과학적 연구가 폭발적으로 증가했음에도 여전히 우리에게 감사는 과학이 아닌 종교나 철학에 더 어울리는 단어가 아니던가.

게다가 매일 감사 일기를 쓰고, 감사의 편지를 보내는 등 일상에서 감사를 실천하는 것은 종종 너무 단순하고 기본적인 것처럼 느껴져 그 중요성이 간과되기 쉽다. 그러나 과학이 증명한 감사의 힘에 따르면 감사는 우리가 생각하는 것 이상으로 우리 삶을 더 좋게 만든다. 감사가 주는 효과에 대해 간단히 정리하면 다음과 같다.

신체적	심리적	사회적
• 보다 강력한 면역 체계 • 아픔과 고통 완화 • 낮은 혈압 • 더 많은 운동을 하고 건강을 더 잘 돌봄 • 숙면, 깨어날 때 더 기분 전환이 됨	• 높은 수준의 긍정적인 감정(행복감) • 더 생동적이고 깨어 있는 느낌을 가짐 • 더 많은 기쁨과 즐거움을 느낌 • 더 낙관적인 태도를 유지함 • 삶을 희망적으로 여김	• 타인을 돕게 되고 관대해짐 • 더 많은 용서 • 보다 적극적인 활동의 참여 • 외로움, 고립감, 우울함 감소

이것들이 전부 감사가 주는 긍정적인 효과라는 것이 믿기는가? 감사는 삶의 전반적인 부분에 영향을 미치는데 어느 하나 좋지 않은 것이 없다. 게다가 이게 모두 과학적으로 입증되었다니 놀라울 따름

이다.

연구 결과에 따르면 감사를 실천하는 사람들은 정신적, 육체적으로 더 건강하며 더 원만한 대인 관계를 유지하는 것으로 나타났다. 특히 정기적으로 감사 노트를 쓰는 성인의 경우 더 규칙적으로 운동하며, 병에 적게 걸렸고 질병으로부터의 회복력은 물론 일상의 스트레스나 심각한 트라우마를 극복하는 힘도 더 컸다. 또한 심리적 측면에서도 감사함을 느끼는 사람들이 더 많이 사랑하고, 용서하고, 기뻐하고, 열정적인 삶을 사는 것으로 나타났으며 자신들의 삶을 더 긍정적으로 여기고 미래에 대해 더 희망적이었다.

로버트 에몬스는 8~80세 사이의 천여 명의 사람들을 대상으로, 감사 일기를 쓰는 그룹과 그렇지 않은 그룹을 나눠 3주간 비교했다. 그 결과, 감사 일기를 쓴 사람들은 행복지수가 25% 향상되었고, 수면이나 일, 운동 등에서도 더 나은 성과를 보였다.

그러나 무엇보다 더 놀라운 결과는 감사가 우리 뇌의 신경전달물질과 호르몬을 변하게 했다는 것이다. 감사함을 느끼는 순간 공감, 사랑, 유대감 같은 긍정적 감정을 느끼는 뇌 좌측의 전전두피질이 활성화되었다. 이러한 변화는 감사가 강력한 스트레스 완화제가 될 수 있음을 뒷받침한다. 감사가 생리학적으로 우울, 화, 분노, 질투, 충동적 감정 등을 덜 느끼게 하는 것이다.

그 밖에 많은 이점이 있지만 누군가 내게 감사를 실천해야 하는 단 한 가지 이유를 말하라고 한다면 감사가 삶의 공허함을 달래고 긍정적인 감정을 오랫동안 유지하도록 돕는 비밀병기라는 점을 들고 싶다. 인간의 감정에 대한 연구들은 긍정적인 감정이 그리 오래 지속되지 못한다는 것을 보여준다. 복권에 당첨되어도, 시험에 합격해도, 취직의 기쁨을 맛보더라도 긍정적인 감정들은 생각보다 빨리 사그라든다. 새로운 집, 새로운 차, 심지어 새로운 연인조차도 어느덧 새롭지 않고 지루함을 느끼지 않는가. 이때 필요한 것은 더 새로운 무언가가 아니라 바로 가진 것에 감사하는 마음이다. 공허함을 채우고 현재를 보다 충만하고 기쁘게 살 수 있는 가장 쉬운 방법이 바로 감사인 것이다.

로버트 에몬스를 비롯해 감사를 연구하는 심리학자들은 연구 결과 감사가 주는 이익이 너무도 크다는 것을 깨달았기에 다른 사람에게 감사를 전파하고 다닌다.

"여러분, 감사가 이렇게나 좋습니다. 당신의 행복을 25%나 증가시키죠. 방법도 얼마나 간단합니까. 하루 5분 시간을 내어 감사한 일 다섯 가지만 적어보세요. 간단하지요. 당신의 삶이 바뀔 거예요."

그러나 몇 년 뒤 로버트 에몬스는 이 접근이 실패했다는 것을 인정한다. 감사가 좋다는 걸 아무리 설명하고 과학적 근거를 제시해도 사람들은 여전히 감사를 실천하지 않았던 것이다. 심지어 그조차 매일 감사 일기를 쓰는 데 실패하며 죄책감을 느꼈다니 더 무슨 할 말이 있겠는가. 그래서 그는 감사의 긍정적인 효과에도 불구하고 사람들이 왜 감사를 실천하지 않는지 다시 연구하기 시작했다. 그 결과 우리가 감사를 실천하는 데 여전히 많은 장벽이 있다는 것을 알아낸다.

감사에 대한 동기부여를 얻고 싶다면 그의 이야기와 함께 다음의 사항들을 알아두는 것이 도움이 될 것이다.

무엇을 감사해야 할까?

▼ - ▼
선물이나 좋은 일이 생겼을 때   삶 자체를 선물로 여기므로
짧은 순간 감사를 느낌   늘 감사의 기쁨을 느낌

감사라고 다 똑같은 감사가 아니다. 누군가는 감사하다는 생각을 거의 하지 않고 있을 수 있고, 선물을 받거나 큰 이익이 생겼을 때만 반짝하고 감사를 느낄 수도 있다. 반면 누군가는 감사의 힘을 알고 매일 감사 일기를 쓰면서 감사를 실천할 수도 있다.

감사의 스펙트럼 위에서 당신은 어디쯤 서 있는가? 감사란 기쁜 마음, 고마운 마음 그 이상이며 주고받는 상호성이 핵심이다. 따라서 감사는 겸손함을 수반한다. 아무리 내가 잘해서 이룬 결과라 할지라도 가족, 친구, 심지어 낯선 타인 등 누군가의 직·간접적인 도움이 있었기에 가능하다. 인간의 삶이 주고받는 상호성에 기반을 둔다는 것을 인지하는 것이 감사의 핵심적인 기본 개념이다. 그렇기에 진정으로 감사를 느꼈다면 자신이 받은 좋은 것을 남에게 주고 싶은 마음이 드는 것이다.

파란색 렌즈를 끼고 세상을 보면 세상은 온통 푸르고, 분홍색 렌즈를 끼고 세상을 보면 세상은 온통 분홍빛이 되는 것처럼 궁극적인 감사의 경지에 이른 사람들은 자신, 타인, 그리고 세상을 바라보는 특별한 렌즈가 있다.

바로 '감사의 렌즈'다. 진정으로 감사를 실천하는 사람들은 감사의

렌즈를 끼고 세상을 바라본다. 그래서 자신에게 벌어지는 모든 일을 선물 혹은 잠재적 선물로 받아들인다. 심지어 나쁜 일까지도 말이다.

똑같은 이별의 아픔을 겪은 사람이라 할지라도 어떤 렌즈를 끼고 현상을 바라보느냐에 따라 많은 것이 달라진다. 감사의 렌즈를 낀 사람들은 자신의 부족함을 깨달을 기회를 가졌다는 것, 또 어떤 사람이 자신과 맞지 않는지 알 기회가 주어진 것에 대해 감사해 한다. 반면, 그렇지 않은 많은 사람들은 상대를 원망하고 비난하며 괴로움에 빠져 나오지 못한다.

물론 어려운 순간에 감사함을 느끼는 것이 쉬운 일은 아니다. 인생이 잘 흘러갈 때 감사하는 것이야 뭐가 어렵겠는가. 그러나 상황이 어렵고 고통받는 상황에서 감사하기란 쉽지 않다. 그러나 중요한 사실은 어려운 순간을 극복하게 하는 힘 역시 감사에서 나온다는 것이다.

어떻게 감사를 실천할까?

그렇다면 어떻게 감사를 실천할 수 있을까? 감사를 실천하기는 어렵지만 그 방법은 매우 간단하다. 단, 실천에 앞서 중요한 포인트 세 가지를 기억하면 좋겠다.

감사로 인해 삶을 바꿀 만큼의 효과를 보고자 한다면 감사한 일을 생각하는 것만으로는 부족하다. 감사 일기를 쓰던, 감사 편지를 쓰던 스스로 감사한 감정을 충분히 느끼고 이를 표현하는 것이 중요하다. 또한 감사함을 생각할 때에는 자기 자신에 대한 감사에서 벗어나 타인을 포함해야 한다. 물론 가장 중요한 것은 일상에서 실천하는 것이지만 말이다.

감사를 실천하는 다양한 전략들이 있다. 꾸준히 실천하는 것은 어렵지만 방법 자체는 그리 어려운 것이 아니다. 아니 어쩌면 너무 쉬워서 시시하게 느껴질 정도다. 중요한 것은 자신에게 가장 맞는 방법을 찾아 꾸준히 실천하는 것이다. 만약 하나의 방법을 사용하다 질리거나 효과가 없다고 느껴지면 과감히 방법을 바꾸어 다른 전략을 시도해보자. 여기서는 내가 도움을 받은 방법들을 간단히 소개하고자 한다.

1. 감사 일기 쓰기

로버트 에몬스뿐 아니라 많은 심리학자가 가장 빈도 높게 권하는 방법은 바로 감사 일기를 쓰는 것이다. 자신이 잘하는 일, 좋아하는 것, 달성한 목표, 장점이나 기회 등을 생각하고, 주변의 타인들에게 초점을 맞추면서 평범한 일상에서 감사한 일 3~5개 정도를 적어보자.

그러나 매일 강박적으로 의무감에 시달리며 감사한 일들을 적어내려갈 필요는 없다. 그럴 경우 오히려 역효과가 나기도 한다. 연구 결과에 따르면 일주일에 한 번 정도 감사 일기를 쓰는 것이 가장 효과적이다.

무엇을 감사해야 할지 막막하다면 당신에게 친절하게 대한 사람, 즐거웠던 일, 도움을 받은 일, 기뻤던 일 등을 떠올려보자. 도무지 좋은 일이 없는 하루였다면 무엇을 배웠는지, 나쁜 경험으로부터 배운 사실은 없는지, 좋아하는 노래, 시, 자연, 맛보고 느낀 것, 삶을 편안하게 해준 도구 등에 대해 적어볼 수도 있다.

2. 직접 감사를 표현하기

사실 개인적인 경험으로 감사 일기보다 더 큰 효과를 본 것은 직접 감사를 표현하는 것이다. 만나서 표현해도 좋지만 편지나 문자를 사용해서 감사의 마음을 구체적으로 표현해보자. 그리고 그들이 한 일이 자신의 삶에 어떤 영향을 주었는지, 또 그에 대해 얼마나 자주 생각하며 깊이 고마워하는지 정확하게 설명하는 것이다. 주로 가족, 친구, 동료 들에게 감사의 마음을 표현하게 되지만 감사의 대상이 개인적으로 친분이 있는 사람일 필요는 없다.

최근 자장면을 배달부에게 그릇과 함께 감사와 응원의 메시지를 보낸 사람이 인터넷에서 화제가 되기도 했다. 생각보다 많은 사람들이 개인적으로는 알지 못하지만 자신의 삶에 영향을 주거나 자신의 삶을 편안하게 해주는 사람들에게 간단한 메모로 감사를 표현한다. 처음에는 어색할 수 있다. 그러나 하고 나면 훨씬 더 기분이 좋아질 것이다.

3. 안 좋았던 일을 기억하기

의외의 방법 중 하나는 '안 좋았던 상황을 기억하라'라는 것이다.

흔히 긍정적인 생각만 하라는 말을 많이 듣지 않는가. 그러나 과거에 힘들었던 순간을 기억하는 것은 현재 상황을 더욱 감사하게 여기는 데 도움이 된다. 많은 사람들이 어려움에 부닥치면 자신보다 못한 상황에 있는 사람을 보며 위안하는 경향이 있다. 그러나 그보다는 자신이 겪었던 과거와 현재를 대조하는 것. 그것이 감사를 실천하는 더 나은 방법이다.

4. 언어 사용에 주의하기

자신이 사용하는 언어가 곧 자신임을 말해준다. 자신이 어떤 언어를 사용하고 있는지 주의 깊게 살펴보자. 감사의 표현을 더 많이 하는지, 불평을 더 많이 늘어놓는 편인지, 아니면 욕설을 자주 사용하는지. 감사를 실천하는 사람들은 일상에서 사용하는 언어에서도 감사의 성향이 드러난다. 선물, 축복, 감사, 행운과 같은 긍정적인 언어를 더욱 자연스럽게 사용하기 때문이다.

그 외에도 많은 방법이 있지만 위의 네 가지 중 한 가지를 정해 일상에서 꾸준히 실천해도 훌륭하다. 감사의 힘은 우리의 삶을 바꿀 만큼 강력하다. 좋은 일을 하게 만들며 과거의 상처를 치유하고, 우리를 더욱 강하게 만들며, 미래에 대한 희망을 품게 한다.

누군가는 철장 밖으로 진흙을 보지만, 또 다른 누군가는 철창 밖의 영롱한 별을 바라본다. 역경에 직면했을 때 좌절에 압도당하지 않고 더 큰 그림을 보게 해 희망을 찾는 것, 그것이 바로 감사의 힘이다.

좋은 삶을 살길 원하는가, 마음의 평화를 찾길 원하는가. 건강이든 사랑이든 당신이 찾는 것이 무엇이든지 간에 부족한 것보다 이미 가진 것에 초점을 맞추고 당연한 것을 당연하지 않게 받아들이며 감사를 실천할 때 일상은 비로소 축복이 될 것이다.

감사는 단순한 자기계발 도구가 아니다. 감사는 인간을 인간답게 만드는 선이며 삶의 한 방식이다.

나는 감사할 줄 모르면서
행복한 사람을
한 번도 만나보지
못했다.

지그 지글러 Zig Ziglar

Part 5

나 자신 Myself

마지막 주제는 '나 자신'이다.
───────────────

이 책의 모토이기도 한 '성장'을 위해 가장 중요한 것이 바로 나 자신을 알고 스스로를 조절하는 것이다.

자기 자신에 대해 얼마나 알고 있는가?

스스로가 어디까지 성장할 수 있는 존재라 믿는가?

성장은 지금의 나 자신을 알고 더 나은 나로 만드는 끊임없는 과정이다. 그리고 그 과정에서 우리는 삶의 의미를 찾는다.

그러나 안타깝게도 많은 사람들이 더 나은 자신을 만드는 성장의 힘을 간과한다. 타고난 지능이나 성격, 학벌, 직업 등의 틀에 갇혀 자신의 인생이 어디까지 변할 수 있는지를 상상조차 하지 못하고 살아가는 것이다.

혹시 그제와 같은 어제, 어제와 같은 오늘, 오늘과 같은 내일을 반복하며 지루한 삶을 살고 있다면 이제부터라도 나 자신을 돌아보고 더 나은 내가 되는 데 도움이 되는 반짝이는 지식을 만나보자.

이 챕터에서 가장 중요한 것은 성장의 사고방식을 가지는 것이다. 또한 자신의 성격을 이해하고, 어떻게 동기부여하는지, 자기 자신을 조절하고 자신감을 쌓는 방법 등 나를 돌아보고 성장을 도와주는 과학적인 팁들을 얻어보자.

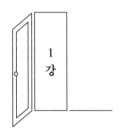

나답게 사는 법

"성격에 맞는 직업을 택해야 즐겁게 일할 수 있지. 자신이 어떤 사람인지 아는 게 결국 제일 중요하다니까."

취업을 준비 중인 준희 씨는 스터디 멘토로부터 이 같은 말을 듣고 고등학교 때 했었던 MBTI 성격 유형 검사를 떠올렸다. 책장을 뒤져보니 구석에서 뽀얗게 먼지가 쌓인 결과지가 나왔다.

INTP형 : 내향형/직관형/사고형/인식형 | 조용하고 과묵하나 관심이 있는 분야에 대해서는 말을 잘하고 개인적인 인간관계나 파티 혹은 잡

담에 별 흥미가 없는 유형.

'INTP형? 내가 내향적이라고?' 검사 결과가 맞는 것 같으면서도 고개가 갸웃거려진다. 인간관계가 피곤하긴 하지만 내성적인 성격치곤 많은 활동을 하고 있었다. 동아리 활동도 두 개나 하고 있고, 독서 모임, 영어 스터디, 취업 스터디까지. 거기다 초·중·고 동창 모임에도 빠지지 않고 나가는 편이 아닌가. 이번주만 해도 친구들과 잡힌 약속이 세 건이다. 이만하면 인맥도 넓은 편이고 집에 붙어 있는 날이 손에 꼽히는데 내성적인 성격이라 말할 수 있는 걸까?

곰곰이 생각해도 스스로가 어떤 성격인지 헷갈린다. 사람들은 그를 보고 '긍정적이다', '털털하다'라고 말하지만 친한 친구나 가족들에게는 걱정을 모두 끌어안고 사는 까탈스러운 성격의 소유자일 뿐이다. 밖에선 말도 많이 하는 편이고 친절하게 굴지만, 집에 오면 말수도 없어지고 신경질도 자주 부리는 그다.

'이것도 나고 저것도 난데. 대체 내 성격은 뭐지?' 이중인격자라도 된 기분에 머리만 더 복잡해졌다.

◦——◦

준희 씨처럼 집과 밖에서의 성격이 판이하기 다르기 때문에 본인의 진짜 성격이 무엇인지 궁금하거나, 자신의 성격을 제대로 이해하고 싶은 독자라면 브라이언 리틀Brian Little의 이야기를 들어보자.

그는 현재 케임브리지 대학교에서 심리학을 가르치고 있으며, 성격과 동기심리학 분야에서 세계적 석학으로 꼽히는 학자다.

'당신은 누구입니까.' 이 질문에 답을 찾기 위해 성격과 삶의 질의 관계를 연구해온 그는 성격이 어떻게 삶의 질을 높일 수 있는지에 대한 놀라운 통찰을 보여준다. 그의 이야기를 따라가면 성격이 우리의 삶에 어떤 식으로 영향을 미치는지, 그동안 우리가 성격에 대해 어떤 고정관념을 지녔었는지, 자신의 성격을 보다 능동적으로 활용해 삶의 질을 높이는 방법 등을 찾을 수 있을 것이다.

신디의 강연 3단 요약

진짜 당신은 누구인가? 성격의 퍼즐

by 브라이언 리틀

○ 성격을 제대로 이해하기 위해서는 인간의 3가지 본성을 이해할 필요가 있다.

　　제1의 본성 (생물학적 본성) | 타고난 기질

　　제2의 본성 (사회적 본성) | 사회·문화적 환경

　　제3의 본성 (개인의 특수한 본성) | 목표에 따라 발현되는 특성

○ 이 가운데 제3의 본성인 '개인의 특수한 본성'은 우리의 목표에 따라 본래의 성
　 격과는 전혀 다른 성격을 만들어내기도 한다.

○ 따라서, 나를 타인과 구분 짓고 특별하게 만드는 것은 타고난 성격이 아니라
　 '내가 어떠한 목표를 향해 나아가고 있느냐'이다.

QR코드를 스캔하시면
강연 동영상을
보실 수 있습니다.

"성격은 타고 나는 거야."

"사람 성격 안 변해. 그 성격이 어디 가겠니."

인간의 능동성과 자유의지를 과소평가하는 이러한 말들 앞에서 나는 종종 불편함을 느끼곤 했다. 하지만 그렇다고 반박할 만한 마땅한 근거가 있는 것도 아니었다. 그래서인지 성격에 대한 사회적 통념을 완전히 뒤집는 브라이언 리틀의 설명은 신선함을 넘어서 통쾌하기까지 했다.

'사람의 성격은 능동적으로 변한다', '제3의 본성인 개인 프로젝트가 우리의 성격과 행동에 영향을 미친다' 이 두 가지가 브라이언 리틀이 말하고자 하는 핵심인데, 그는 15분이라는 짧은 시간 동안 아주 간략한 내용만을 짚어주기 때문에 좀더 자세히 살펴볼 필요가 있다. 아래 내용을 따라가면 나와 타인의 성격, 나아가 성격과 삶의 질의 관계를 이해하는 데 도움이 될 것이다.

성격의 기본 요소 5가지를 알아보자

일란성 쌍둥이조차 성격이 다르다. 복잡하고 다양한 성격을 대체 어떻게 분류할 수 있을까?

사실 성격에 대한 연구는 오래전부터 이루어졌음에도 불구하고 한동안은 제대로 된 체계가 잡히지 못했다. 그 이유는 학자마다 성격을 정의하는 방식과 성격을 바라보는 관점이 달랐기 때문이다.

따라서 이러한 문제점을 해결하고자 심리학자들이 모여 성격을 구성하는 다양한 요인들을 정리하였으니 이것이 바로 '빅5 성격 모델^{Big Five Personality Traits}'이다.

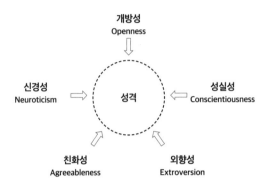

| 빅5 성격 모델 |

TIP。 자신이 각각의 요소를 얼마만큼 가졌는지 알고 싶다면 아래의 웹사이트에서 무료로 검사해볼 수 있다. https://www.truity.com/view/tests/big-five-personality

이 성격 모델에 따르면 모든 사람은 개방성, 성실성, 외향성, 친화성, 신경성의 다섯 가지 요소를 각기 다른 정도로 가지고 있으며 그 조합에 따라 성격이 달라진다.

이 다섯 가지 요소들은 우리의 삶이 어떻게 흘러갈지에 대해 시사하는 바가 크다. 예를 들어 개방성이 높은 사람은 호기심이 많고, 다양한 관심사를 가지며, 독립적으로 행동하는 성향이 있고 개방성이 낮은 사람은 실용적이며, 보수적이고, 늘 하던 방식을 고수하는 성향이 있다. 또한 개방성이 동일하다고 하더라도 다른 요소들과의 조합에 의해 성격은 판이할 수 있다.

개방성은 높지만 신경성은 낮은 사람과 개방성과 신경성 모두 높은 사람은 전혀 다른 성격이 나타나는 것이다.

외향성과 내향성 어떻게 구분할까?

여기에서는 이 다섯 가지 요소 중 '외향성'에 대해 좀더 이야기하고자 한다. 외향성은 성격을 논할 때 우리가 가장 많이 고려하는 요소인 동시에 가장 많이 오해를 받는 요소이기 때문이다.

나는 외향적일까, 내향적일까?

앞 사례의 준희 씨처럼 자신이 외향적인지 내향적인지에 대해 한 번쯤 생각해본 적이 있을 것이다. 스스로를 내향적이라고 생각하는 사람 중에는 외향적인 성격으로 바꾸려고 노력하는 사람들이 의외로 많다. 이는 외향적인 것을 긍정적으로, 내향적인 것을 부정적으로 생각하는 사회 분위기 탓이다.

흔히 외향적인 사람은 매사에 당당하고, 자신감이 넘치며 리더십이 있고, 사교성이 좋은 이미지로 그려진다. 반면, 내향적인 사람은 부끄러움이 많고, 다소 우울하며 의기소침하고, 사회성이 떨어지는 것으로 그려진다.

그러나 이것은 완전히 틀렸다. 외향적이라는 것과 내향적이라는 것은 그렇게 분류하는 것이 아니다. 외향적인 것과 내향적인 것을 구분하는 기준은 '긍정적인 자극에 대한 반응성'이다. 쉽게 말해 에너지를 얻기 위해 어떤 자극을 필요로 하는가의 문제이지 사회성이나 리더십, 또는 자신감의 문제가 아니다. 외향성은 높지만 친화성이 낮을 경우 오히려 피상적인 인간관계에 그치거나 관계를 유지하는 데 어려움을 겪을 수도 있다.

우리가 기억해야 할 사실은 두 성향이 에너지를 충전하고 정서적 안정감을 얻는 방식으로 구분된다는 점이다. 외향성이 높은 사람은 많은 사람과 어울리고 거기서 다양한 자극을 얻는 것을 통해 에너지를 충전하고 정서적 안정감을 얻는다. 그래서 파티나 여럿이 모이는 모임에 가면 활력을 얻고 즐기는데 이들에겐 실제로 그러한 활동들이 필요하다.

반면 외향성이 낮은 사람은 에너지와 안정감을 얻기 위해 자극이 덜한 공간에서 시간을 보내야 한다. 따라서 이런 사람들은 혼자 있는 시간이나 소수와의 만남에서 더 편하고 좋은 기분을 느낀다. 즉 자신이 외향성이 높은 편인지 낮은 편인지를 아는 것은 자신의 정서적 안정을 찾는 법을 파악하는 것이기에 매우 중요하다.

준희 씨는 이런 외향성의 특성을 몰랐기에 외향성이 낮음에도 외향성이 높은 사람들이 에너지를 충전하는 방식으로 살고 있었다. 동아리며 스터디며, 친구들과의 모임까지 날마다 바쁘게 활동하면서 열심히 살고 있었지만 실은 그렇게 사는 것이 무척 피곤했을 것이다.

이는 준희 씨가 외향성을 오해해서 벌어진 일이다. 내향적인 사람은 소심하고 사회성이 떨어지는 사람이 결코 아니다. 외향성이 낮은 사람도 얼마든지 외향적으로 행동할 수 있다. 그러나 외향성이 낮은 사람들이 외향적으로 행동했다면 자극이 덜한 곳에서 혼자 조용히 에너지를 충전하는 시간을 갖는 것이 필요하다는 사실을 기억해야 한다.

이 부분에 대해서는 뒤에 좀더 자세히 다뤄볼 것이다.

최근 《콰이어트^{Quiet}》라는 책을 통해 내향성이 가진 힘을 이야기한 변호사 출신 작가 수잔 케인$^{Susan\ Cain}$ 역시 많은 자극을 필요로 하는 외향적인 사람과는 달리 내향적인 사람은 조용하고 느긋한 환경에서 가장 생산적이고 깨어 있기에 이런 환경에서 에너지를 얻는 것이 중요하다고 주장한다.

외향적인 것이 반드시 좋은 것도 아니고 모두가 외향적인 사람이 될 필요도 없다. 전체의 인구 중 30~50% 정도가 외향성이 낮은 사람들이라고 한다. 우리 사회가 이들에게 계속해서 외향성이 높은 사람처럼 행동하길 기대한다면, 그리고 그들 역시 자신의 성격과 맞지 않는 삶의 방식으로 살아간다면 비극적인 일이 아닐까.

그러니 자신의 성격을 바꾸려고 하기보다 자신이 각각의 요소를 얼마만큼 가졌는지 파악해 자신의 성격에 맞는 삶의 방식을 만들어가는 편이 현명할 것이다.

우리에겐 제3의 본성이 있다?

지금까지는 성격을 구성하는 요소들에 대해 살펴봤다. 이런 요소들을 파악하고 내 성격이 어떤지 아는 것은 물론 매우 중요하다. 그러나 그게 다일까? 물론 아니다.

성격과 우리의 삶이 어떤 관계가 있는지 이해하려면 우리의 행동에 영향을 미치는 인간의 세 가지 본성에 대해 알아둘 필요가 있다.

제1의 본성	제2의 본성	제3의 본성
생물학적 본성	사회적 본성	개인의 특수한 본성
타고난 기질	사회·문화적 환경	목표에 따라 발현되는 특성

생물학적 본성과 사회적 본성에 대해서는 이미 잘 알고 있을 것이다. 태어날 때부터 외부의 자극에 예민한 아이가 있는가 하면, 순한 아이가 있듯이 우리에겐 타고난 기질이 분명 존재한다. 그리고 이렇게 생물학적으로 타고난 기질과 사회·문화적 환경, 개인적 경험이 섞여 성격을 형성한다는 것도 잘 알고 있는 사실이다.

그런데 가만히 생각해보면 이 환경이란 것이 우리가 어찌할 수 없는 부분이 많지 않은가. 결국, 우리의 자유의지대로 성격이 만들어지는 게 아니란 소리다. 그렇다면 우리는 이렇게 형성된 성격을 그냥 운명으로 받아들이며 살아갈 수밖에 없는 걸까?

좌절하긴 이르다. 우리에겐 제3의 본성이 있다는 걸 기억하자. 브라이언 리틀은 유전자와 환경이 우리의 성격에 영향을 미치는 것은 분명하지만, 우리는 그런 것들의 노예가 아니라며 제3의 본성의 중요성을 강조했다.

그의 설명에 따르면 제3의 본성이란 우리가 일상에서 계획하고, 열망하고, 몰입하고, 목표로 삼는 것들 즉, '개인 프로젝트Personal project'를 실행할 때 나오는 것이다. 예를 들어 원래 내향성이 높은 사람도 '회사

생활 적응'이라는 개인 프로젝트가 생기면 이를 위해 얼마든지 외향성이 높은 사람처럼 행동할 수 있다. 이때 개인 프로젝트를 실행하기 위해 자신의 원래 성격과 반대되는 행동을 보이는 것을 '자유 특성free traits'이라고 하는데 이런 자유 특성을 발휘하는 것은 자연스러운 일이라고 한다.

결국 우리의 타고난 기질과 사회·문화적 환경으로 만들어진 성격이 삶의 질에 직접적인 영향을 미친다기보다 우리의 '개인 프로젝트'와 맞물려 삶에 영향을 준다고 이해하면 되겠다. 그리고 우리가 목표를 세워 개인 프로젝트를 수행할 때 고정된 성격이 아닌 '자유 특성'을 얼마든지 발휘할 수 있다는 것을 기억하자.

수천 명 앞에서 거침없는 언변으로 대중을 들었다 놨다 하는 브라이언 리틀 교수 역시 겉보기엔 사람들과 어울리길 좋아하는 외향적인 성격 같지만 실은 무척이나 내향적인 사람이며 자신의 개인 프로젝트인 '가르치기'를 위해 외향성이라는 자유 특성을 발휘하고 있을 뿐이라고 고백한다. 그는 외향적인 자유 특성을 발휘해 연설을 하고 나면 화장실 칸막이 속으로 달려가 몇 분이나마 조용히 쉴 수 있는 피난처를 찾는다고 고백했다. 외향적인 척하는 것이 진이 빠지는 일이기 때문에 화장실에서나마 에너지를 회복하고 정서적인 안정감을 느끼는 것이 필요하다는 것이다.

자, 이제 우리는 어떤지 생각해보자.

우리도 사회생활을 위해 어쩔 수 없이 자신의 본래 성격과는 다르게 행동할 때가 있다. 이때 나오는 자유 특성은 상황과 맥락에 맞게 얼마든지 연습할 수 있지만 기억해야 할 것은 자유 특성을 발휘하는 시간이 길거나 너무 많은 에너지를 쏟으면 반드시 재충전을 해주는 시간이 필요하다는 점이다.

앞서 이야기한 준희 씨처럼 외향성이 높지 않지만 사회적 필요로 모임을 하고, 사람을 만나고, 적극적으로 행동하며 피로를 느끼고 있지는 않은가? 그렇다면 내향적인 사람이 에너지를 회복하는 방법을 떠올리며 혼자 조용히 회복하는 시간을 가져보자. 당신의 생산성과 창의성, 에너지가 더 높아질 테니까 말이다.

자신의 성격을 도무지 모르겠거나, 성격을 바꾸고 싶어 노력하고 있다면 기억하자. 타고난 기질과 굳어진 성격이 있다 해도 꼭 이뤄야 할 인생의 목표가 있다면 자유의지를 발휘해 새로운 자신을 창조할 수 있다는 것을. 그렇기 때문에 성격을 바꾸는 것보다 자신의 성격을 이해하고 거기에 맞는 환경을 찾는 것이 중요하다는 것을.

물론 자신의 고유한 성격 특성과 개인 프로젝트가 딱 들어맞을 때 일이 더 쉽고 즐거워진다. 자신의 성격을 아는 것이 중요한 이유다. 그러나 그보다 더 중요한 것은 삶을 사는 데 있어 꾸준히 지속할 수 있는 개인 프로젝트가 있느냐는 것이다. 그리고 그 개인 프로젝트가 자신에게 의미 있고, 성취 가능하며, 사람들과 유의미한 연결을 맺게 해주는 프로젝트인가 하는 것이다.

자신의 개인 프로젝트는 무엇인지 생각해보자. 개인 프로젝트는 꼭 거창한 것만을 의미하지는 않는다. '성공적인 직장 생활'이 될 수도 있고 '매일 꾸준히 글쓰기'가 될 수도 있고 '취미 생활 갖기'가 될 수도 있다. 일상의 목표가 무엇인가? 무엇을 위해 살고 있는가?

그 프로젝트가 당신의 성격과 얼마나 맞는지, 그 일을 위해 자유특성을 발휘해야 한다면 얼마나 감당할 수 있을지, 당신에게 기쁨을 주는지, 아니면 스트레스를 주는지, 혹 다른 사람의 기대에 부응하기 위해 세운 목표는 아닌지, 각각에 대해 생각하는 시간을 가지고 그것이 당신의 삶에 갖는 의미를 다시 한 번 생각해보자.

그것이 곧 당신의 인생이 될 테니 말이다.

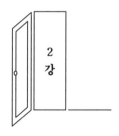

내적 동기부여가 삶의 질을 결정한다

"요즘 들어 부쩍 계속 이렇게 살 수는 없겠다는 생각이 들어요. 하지만 막상 무엇을 해야 할지 모르겠어요. 강연이나 워크숍도 들어보고 스터디도 해봤지만…. 글쎄요. 아, 얼마 전부터는 퇴사를 준비하는 학원도 다녀요. 그렇다고 제가 퇴사를 하겠다는 건 아니고요. 회사원이 되어서도 학원에 다닐 줄이야. 그런데 저는 또 뭘 해야 할까요? 누가 정해줬으면 좋겠어요."

(대기업 6년 차, 대리 H 씨)

"성공한 사람들의 기사를 읽다보면 부럽죠. 근데 뭐가 부러운지 아세요? 그 사람들의 열정이요. 기사를 읽는 것만으로도 열정이 느껴지더라고요. 대체 그런 열정은 어디서 나오는 건가요? 저는 글쎄요. 정말 솔직하게 말하면 이 일을 열심히 하고 싶은 생각이 없어요. 그게 아니라면 이렇게까지 아무 열정이 없다는 게 설명이 안 되죠."

(로스쿨 재학생, D 씨)

"직장도 다녀봤어요. 매일 책상 앞에 앉아서 시키는 일만 하니까 재미없더라고요. 결국, 그만뒀어요. 진짜 의미 있는 일을 찾고 싶어서요. 요즘 시대에 어떤 직업도 안정적이지 않잖아요. 전 지금 제가 좋아하는 일을 하고 있고 충분히 만족해요. 하고 싶은 일을 하면서 살 수 있는 것만큼 더 행복한 일이 어디 있겠어요. 호기심이 가는 분야도 많고, 배우고 싶은 게 정말 많아요. 세상이 얼마나 넓은데요. 저녁에 잠들기 전에 다음날이 기대된다니까요."

(유튜브 크리에이터, A 씨)

○──○

위의 인터뷰는 '자신이 하는 일에 얼마나 만족하는가'에 대한 답변들이다. 이들의 이야기에서 공통점을 발견했는가? 공통점은 바로 그들의 이야기 이면에 '동기'라는 존재가 숨어 있다는 것이다.

우리가 하는 모든 일은 동기와 이어진다. 특히 열정과 배움에 관해서는 더욱 그렇다. 우리를 움직이게 하고 또 멈추게 하는 동기에 대해 당신은 얼마나 알고 있는가?

누군가의 넘치는 열정과 에너지가 부러웠던 적 있는 독자라면 인간의 동기에 대해 이야기 하는 댄 핑크^{Dan Pink}의 강연을 들어보자.

인생의 최대 실수가 로스쿨에 들어갔던 것이라고 고백하는 그는 변호사 출신의 작가이자 편집자, 비즈니스 칼럼니스트다. 그는 노동부 장관의 보좌관, 앨 고어 부통령 연설 저자 등 정치와 경제 분야에서 근무하다가 〈뉴욕타임스〉와 〈패스트 컴퍼니〉 등에 칼럼을 쓰기 시작하면서 본격적인 작가의 길을 걷는다.

2015년 〈싱커스50〉이 선정한 세계에서 가장 영향력 있는 10명의 경영사상가 중 하나로 선정되기도 했던 그를 통해 우리의 열정과 동기의 이면에는 어떤 과학이 숨어 있는지 알아보자.

동기부여의 퍼즐

by 댄 핑크

- 동기는 그 근원이 어디에 있느냐에 따라 '외적 동기'와 '내적 동기'로 나뉜다.

- 연봉, 성과급 보너스, 상 등의 보상을 통한 '외적 동기'는 굉장히 좁은 범위에서만 적용 가능하며, 대부분의 경우 효과가 없고 심지어 창의성을 저해한다.

- 반면, 스스로 삶의 방향과 의미를 결정하고, 더 잘 해내고자 하는 '내적 동기'는 보다 창의적인 문제해결이 필요한 21세기에 알맞은 동기부여 방식이다.

QR코드를 스캔하시면
강연 동영상을
보실 수 있습니다.

댄 핑크의 논점은 한마디로 보상과 같은 외적 동기가 우리의 시야를 좁혀서 가능성과 수행을 제한한다는 것이다. 연봉, 성과급 보너스, 상과 같은 외적 동기가 효과가 없을 뿐만 아니라 오히려 부정적인 영향을 미친다는 사실을 알고 있었는가? 심지어 칭찬과 같은 외적 동기도 부정적으로 작용할 수 있다.

사실 외적 동기와 내적 동기는 우리의 본능이다. 그리고 이 두 동기가 우리 삶에 미치는 영향은 실로 지대하다. 특히 내적 동기는 당신이 원하는 삶을 살게 만들 슈퍼 파워다.

따라서 두 동기의 차이를 구분하고, 언제 어떻게 사용할지 이해해 삶에 긍정적인 방향으로 적용하는 것은 오늘보다 나은 내일을 사는 또 하나의 비밀이다.

외적 동기와 내적 동기를 구분하자

외적 동기와 내적 동기의 구분은 간단하다. 동기의 근원이 어디에서부터 왔는가를 생각하면 된다. 동기의 이유가 외부의 무언가를 얻기 위한 수단이라면 '외적 동기'고, 그것 안에 어떤 의미가 있다면 '내적 동기'이다.

예를 들어 돈을 벌기 위해 일을 한다면 외적 동기고, 일 자체가 재미있어 일을 한다면 그건 내적 동기인 것이다.

그렇다면 외적 동기가 좋은 것일까, 내적 동기가 좋은 것일까?

내적 동기	외적 동기
• 이야기 자체가 재미있어서 책을 읽는 경우 • 스트레스를 풀기 위해 운동을 하는 경우 • 정돈된 기분을 느끼기 위해 방 청소를 하는 경우	• 시험 준비를 하기 위해 책을 읽는 경우 • 살을 빼기 위해 운동을 하는 경우 • 손님을 초대했기 때문에 방 청소를 하는 경우

많은 연구가 이 두 가지 유형의 동기부여 중에서 내적 동기가 모든 면에서 훨씬 우월하다고 주장한다. 이유는 내적 동기가 유능감, 자율성, 관련성의 욕구를 충족시키기 때문이다.

최신의 동기 이론 중 하나인 '자기결정이론Self-Determination Theory'을 잠시 살펴보면서 내적 동기의 힘을 알아보자.

'자기결정이론'은 로체스터 대학교 심리학과 교수인 에드워드 데시Edward Deci와 리차드 라이언Richard Ryan이 제안한 새로운 동기 이론으로, 전통적 동기 이론의 업그레이드 버전이라고 생각하면 되겠다.

이론에 따르면 인간은 능동적이며 성장을 지향하는 유기체로, 모든 인간은 유능감과 자율성, 관계성이라는 세 가지 욕구를 가지고 있다. 여기서 유능감이란 '일을 성공적으로 수행하려는 욕구'를 말하고, 자율성은 '외부의 간섭이나 통제 없이 스스로 행동을 선택하고 결정하려는 욕구'를 말하며, 관계성은 '의미 있는 타자와 관계를 맺고자 하는 욕구'를 말한다.

자기결정이론은 내적 동기가 일어나기 위해서는 적어도 자율성과 유능감의 두 가지 전제 조건이 필요하다고 주장한다. 다시 말해, 잘하는 것을 내 의지대로 할 때 내적 동기가 올라가 내 안의 잠재력이 폭발하는 것이다.

따라서 내적 동기가 차지하는 비중이 클수록 당연히 그 일을 더 꾸준히 오래 할 확률이 높아지고 그 일을 잘할 확률 역시 높아진다. 수많은 연구 결과, 내적 동기를 가진 사람이 더 즐겁고, 만족하며 나은 수행을 보였고, 심리적으로도 안정되었으며, 높은 문제해결력과 창의력을 보이는 것으로 나타났다.

동 기 에 관 한 세 가 지 오 해

이제는 우리가 동기에 관해 가진 오해들을 살펴보자. 그 오해를 푸는 것만으로도 동기에 대한 이해가 한층 높아질 것이다.

오해 1. 외적 동기가 높은 사람은 내적 동기가 낮다?

사람들은 종종 외적 동기가 높으면 내적 동기는 낮을 것이라 생각한다. 그러나 외적 동기가 높다고 해서 내적 동기가 낮은 것은 아니다. 둘다 낮을 수도 있고 둘 다 높을 수도 있다. 일 자체를 즐기는 마음으로 직장을 다니는 사람에게도 연봉이 중요한 요소가 될 수 있듯이 말이다.

물론 이것이 최상의 상태는 아닌데, 그것과 관련해서는 뒤에서 좀더 이야기할 것이다.

오해 2. 한 번 외적 동기가 부여된 일은 계속 외적 동기로 이어진다?

역시 사실이 아니다. 동일한 사건도 어떤 날은 내적 동기가 생기고 또 어떤 날은 외적 동기가 생긴다. 그런가 하면 처음에 외적 동기 때문에 시작한 일이 점차 내적 동기로 바뀌기도 한다.

칭찬은 외적 동기이지만 올바르게 사용해 자율성이 촉진된다면 내적 동기로 이어질 수 있다. 그러나 구체적이지 않거나, 상황에 맞지 않는 과도한 칭찬은 도리어 내적 동기를 감소시킨다.

오해 3. 내적 동기는 좋은 것이고 외적 동기는 나쁜 것이다?

내적 동기는 물론 좋다. 그러나 내적 동기만으로 움직이는 사람이 어디 있겠는가. 100% 순수한 내적 동기만 가지는 것은 유토피아일 뿐이다. 그렇다고 외적 동기가 무조건 나쁜 것은 아니다. 외적 동기를 추구하는 것 역시 우리의 본능이다. 다만 주의해서 활용할 필요가 있다는 것이다. 외적 동기를 사용하면 좋을 때는 다음과 같다.

- 자존감이 낮을 때
- 원래 자발적으로 할 생각이 없거나 관심 없는 일을 하려고 할 때
- 내적 동기가 낮은 상황일 때

내적 동기가 잘 일어나면 당연히 좋겠지만, 어떤 경우에는 절대 내적 동기가 생기지 않을 수도 있지 않은가. 이럴 때는 외적 동기를 사용하는 편이 전략적이다. 자존감이 낮은 경우도 마찬가지다. 스스

로 할 수 없다고 믿는 사람에게는 칭찬과 같은 외적 동기가 효과가 있을 수 있다.

하지만 여전히 외적 동기는 조심해서 잘 사용해야 한다. 외적 동기를 사용하면 도움이 되는 때도 있고 외적 동기, 내적 동기가 모두 존재할 수 있지만, 우리가 분명히 알아야 하는 점은 내적 동기와 외적 동기 모두 높다고 좋은 것은 아니란 것이다. 바로 '과잉정당화 효과' 때문이다.

'과잉정당화'를 경계하라!

댄 핑크를 비롯해 많은 학자가 그토록 내적 동기의 중요성을 주장하는 이유는 무엇일까?

그것은 외적 동기가 내적 동기를 줄이는 현상 때문이다. 원래 높은 수준의 내적 동기가 있었다 할지라도 외적 동기가 부여되면 원래 갖고 있던 내적 동기마저 줄어들게 된다.

군인들을 대상으로 한 연구 결과, 군인이 되는 것 자체에 흥미를 느끼는 내적 동기가 높은 생도일지라도 높은 연봉이나 동료들의 부러움과 같은 외적 보상에 관심을 두는 경우 졸업이나 초고속 승진의 가능성이 적었다.

이를 심리학 용어로 '과잉정당화 효과Overjustification Effect'라고 한다. 자발적으로 잘하던 일에 외적인 보상이 주어지면 내부에서 찾던 행동의 동기를 외부의 탓으로 돌리면서 내적 동기가 줄어드는 현상이다. 즉,

일에 대한 지나친 보상이 오히려 의욕을 저해하는 것이다. 수많은 심리학자가 100여 건의 실험에서 연구해보니 동일한 결과가 나타났다.

상, 벌, 감시, 마감일, 평가, 부과된 목표, 돈, 경쟁과 같은 외적 보상은 내적 동기를 감소시킨다. 그저 글을 쓰는 게 좋아서 아무런 대가 없이 블로그를 시작했던 사람이 돈을 받고 글을 쓰기 시작하면 글쓰기에 흥미 잃는 경우도 마찬가지다. 원래는 보상 없이 하던 일이지만 보상이 주어지면 보상 때문에 하는 일이 되어버리고 그 보상이 사라지면 더 이상 일을 하지 않게 되는 것이다. 마찬가지로 마감일에 익숙해진 사람은 마감일이 주어지지 않으면 일을 잘하지 못하는데, 이것은 마감이라는 외적 동기에 익숙해져 내적 동기가 감소하였기 때문이다.

그러나 앞서 이야기했듯이 외적 동기가 무조건 내적 동기를 감소시키는 것은 아니다. 기대하지 않은 외적 보상은 내적 동기를 떨어뜨리지 않았다. 예를 들어 순수한 열정으로 시작해 좋은 성과를 받았다면 그 이후에 보너스나 상과 같은 외적 보상이 주어지더라도 내적 동기가 떨어지지 않았던 것이다.

물론 한 번 주어진 외적 보상이 다음 기회에도 주어질 것이라고 기대하면 내적 동기가 떨어질 수 있기 때문에 주의해야 한다. 잠들어 있는 내적 동기를 깨우는 것을 목표로 하되 그 과정에서 필요하다면 외적 동기를 사용할 수는 있지만 그것에 길들지 않게 조심해야 한다는 것이다.

그렇다면 왜 꼭 내적 동기를 유발해야 할까? 일단 내적 동기를 잃어버린 삶에는 활력이 없다. 관심 분야도, 하고 싶은 일도 흥미도 느끼기가 어렵다. 얼마나 재미없는 삶인가.

또한 많은 내용을 암기했다 할지라도 그것을 자신의 것으로 만들지는 못한다. 시험이 끝나면 언제 그랬느냐는 듯 암기한 내용들이 휘발되는 것처럼 말이다. 게다가 문제해결력과 창의력도 현저하게 떨어진다. 쉬운 문제에는 외적 동기 보상이 효과적이다. 그러나 창의력과 문제해결력이 필요한 답이 없는 수행에는 내적 동기를 갖는 것이 훨씬 효과적이다.

문제는 대부분의 사람이 일에 관해서 내적 동기부여가 잘 안 된다는 데 있다. 내적 동기는 결코 쉬운 게 아니다. 아무리 동기를 유발하려고 애를 써도 실패하는 경우가 부지기수다. 그래서 아직도 많은 학교와 회사가 인센티브나 보너스, 상, 벌과 같은 외적 동기부여 방식을 버리지 못한다.

그렇지만 기억해야 한다. 자신의 삶을 성공적으로 사는 것은 전적으로 내적 동기에 달려 있다는 것을 말이다. 열정적으로 삶을 사는 사람들은 내적 동기로 가득 차 있다. 그들이라고 태어날 때부터 열정이 넘쳤던 것은 아니지 않은가.

열정이 있는 사람들은 그저 내적 동기의 중요성을 알고 끊임없이 자신 안에 잠들어 있는 잠재력을 발견하려고 노력했을 뿐이다. 그들은 일상에서 이를 발견하거나 외적 동기를 내적 동기로 전환하려는 노력을 게을리하지 않는다.

나의 동기는 지금 어디에 있을까?

우리가 알아두면 도움이 될 만한 또 다른 사항은 외적 동기라고 해서 다 같은 동기가 아니라는 사실이다. 외적 동기는 자율성의 수준에 따라 다시 네 가지로 나뉘며, 무동기와 내적 동기까지 포함해 총 여섯 가지의 동기로 나뉜다. 자신은 지금 어떤 상태인지 한번 살펴보자.

자기 결정적이지 않음					자기 결정적임
무동기	**외적 동기**				**내적 동기**
1	2	3	4	5	6
의지 결여, 목적 없음, 무기력	외부의 압력, 강요, 보상, 체벌에 의해 행동함	타인의 인정이나 비판 회피를 위해 행동함	개인적인 목표 달성을 위해 스스로 선택하고 행동함	자신의 가치, 목표, 욕구, 정체성 등을 통합함 개인적인 의미를 추구하며 행동함	흥미, 즐거움, 내적 만족감

1. 무동기

무엇을 하고자 하는 의지나 목표가 없이 무기력한 상태. 공부하고자 하는 의지가 없는 학생 또는 구직 의사가 없는 백수의 상태라고 보면 된다. 삶을 살아가기 위한 힘이 가장 약한 상태로, 주로 반복되는 실패를 경험하면 동기를 잃고 학습된 무기력의 상태에 빠진다.

2. 외적 동기 - 외적 조절

외적 동기 중에서도 가장 자기 결정성이 낮은 동기로, 외부에서 주어지는 보상 또는 압력, 강요, 처벌 때문에 행동하는 경우다. 엄마한테 혼나는 것이 두려워 공부하는 아이나 회사에서 잘리는 것이 두려워 일하는 회사원은 이 상태에 있다.

3. 외적 동기 - 부과된 조절

타인의 인정을 받거나 비난을 회피하기 위해 행동하는 경우다. 혼나지는 않지만 공부를 못한다고 놀림받기 싫어서 공부하는 학생이나 무직이라는 소리를 듣는 게 두려워서 일하는 회사원의 상태를 말한다. 행동을 조절하는 힘이 개인 내부에 있긴 하지만 죄책감, 불안, 수치심, 죄의식과 같은 외부적인 압력에 기초해 행동한다.

4. 외적 동기 - 확인된 조절

개인적으로 중요하다고 생각하거나 목표와 부합한다고 판단되면 스스로 선택하고 행동하는 상태다. 외적 동기이지만 자율성이 높은 편이다. 살아가면서 꼭 필요할 것 같아 공부하거나 일하는 경우를 들 수 있다.

5. 외적 동기- 통합된 조절

내적 동기와 비슷하지만 여전히 과제 자체의 기쁨이나 만족 때문에 행동하는 것은 아니기에 외적 동기로 분류된다. 이 상태에서는 개인적으로 의미 있고 중요한 결과를 얻고자 행동한다. 목표뿐 아니라 자신의 가치나 정체성 등이 모두 통합되어 행동을 유발한다. 사회에 도움을 주는 사람이 되기 위해 공부하는 학생이나 자신의 정체성을 찾기 위해 일하는 회사원이 갖는 동기이다.

6. 내적 동기

내적 동기는 순수하게 활동 자체에서의 즐거움과 재미, 내적 만족 감을 얻으려고 행동하는 것이다. 문제 풀이 과정이 재미있어서 공부하는 학생이나 일 자체가 너무 재미있는 회사원의 상태다.

생각보다 다양한 외적 동기가 있다는 사실이 새롭지 않은가? 나는 일을 할 때 어떤 동기를 가졌는지 생각해보자. 좋은 것, 특별한 것을 하려고 할 때, 무언가를 잘하려고 할 때, 진실을 알아내고 정의로운 일을 하려고 할 때, 어떤 기술이나 일을 마스터하고 그것을 성공하기 위해 노력할 때, 가치 있다고 믿는 무언가를 하려고 할 때, 잠재 능력을 믿고 이를 실현하려 할 때 등이 모두 우리 안에 있는 슈퍼 파워를 깨울 수 있는 순간들이다.

"전 아무리 생각해도 열정이 생기거나 순수하게 좋아서 하는 활동이 없어요."

괜찮다. 사실 많은 사람들이 그러하다. 내적 동기를 발견하기가 쉽지 않은 이유는 우리가 그동안 외적 동기에 너무 길들여졌기 때문이다. 대부분의 우리는 배움 그 자체의 본질적 즐거움을 누리는 기회를 갖지 못한 채 자랐다.

"시험 잘 보면 네가 사고 싶은 거 사줄게", "우등생에게는 상을 주겠다", "공부를 잘해야 대학을 가고, 대학을 가야 좋은 직장에 취직하지" 등.

우리는 스스로 동기를 부여하는 방법을 찾는 대신 이렇게 끊임없이 외적 동기를 부여받으면서 살지 않았던가. 이렇게 외적인 요소에 의해 통제된 삶은 진정한 자신의 삶이라고 보기 어렵다. 자신의 삶을 사는 데 성공한 사람들은 대부분 자기 안에 잠재된 가능성을 찾고 스스로에게 동기부여한 사람이다.

그러나 많은 이들이 내적 동기를 높일 수 있는 열쇠가 자신에게 있다는 것을 모른다. 배움과 삶에 대한 열정을 지속적으로 꽃피우며 살기 위해서는 그동안 익숙해졌던 외적 동기에서 벗어나 자신 안에 있는 내적 동기를 건드리는 수밖에 없다. 우리는 조련사가 주는 바나나 때문에 점프하는 원숭이가 아니다. 바나나의 유혹에서 벗어나 내면의 동기를 찾을 때 자유로운 세상에서 배움과 성장의 기쁨을 지속할 수 있다는 것을 기억하자.

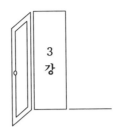

자기 조절을 잘하는 사람들의 비밀

'올해는 기필코 살을 빼겠어.'

배꼽이 살짝 보이는 짧은 티셔츠를 입고 복근을 자랑하는 친구의 SNS를 보며 나리 씨는 의욕에 불타올랐다. 나리 씨보다 훨씬 더 뚱뚱했던 친구가 여섯 달 만에 몸짱이 되더니 새로운 인생을 사는 게 아닌가. 심지어 헬스장에서 운동하다가 연하의 남자 친구도 사귀었다니 배가 이만저만 아픈 게 아니다. 내일 당장 헬스장을 등록하리라 다짐하는 나리 씨.

하지만 이런 다짐만 벌써 몇 번째인지 모르겠다. 사실 10년째 다

이어트를 거른 적이 없다. 머리로만 하는 다이어트. 작년에는 6개월 요가를 등록하고 겨우 3번 나가지 않았던가. 요가의 실패를 인정하고 홈트레이닝을 다짐하며 홈쇼핑에서 사들인 운동 기구만 벌써 4개째.

그럼 뭘 하나. 먼지만 쌓여 있다. 당뇨 수치도 높아 건강을 생각해서라도 정말 살을 빼긴 해야 하는데 운동하러 가는 건 대체 왜 이리도 어려운지 모를 일이다. 나리 씨는 과연 언제쯤 살을 뺄 수 있을까.

○─────○

당신은 어떤가? 계획한 일들, 자신과의 약속을 잘 지키며 살고 있는가? 분명히 해야 할 일이 있는데도 일을 미루고 SNS나 유튜브에 한동안 머물러 있거나, 하지 말아야지 하면서도 온종일 게임을 하고 있거나, 아침형 인간이 되겠다면서 매일 늦잠을 자고 있지는 않은가? 왜 우리는 스스로를 조절하지 못하고 정성을 들여 세운 계획을 지키지 못하는 걸까? 자기 조절을 잘하는 능력도 타고나는 것일까?

자기 조절이 안 되는 스스로가 못 견디게 답답한 독자라면 자기 통제에 관해 설명하는 댄 애리얼리Dan Ariely의 강연을 들어보자.

저명한 행동경제학자이자 심리학자인 댄 애리얼리는 '경제학계의 코페르니쿠스'라는 별명을 가지고 있는 행동경제학 분야의 세계적인 권위자다. 그는 18살에 사고로 전신 화상을 입고 오랜 기간 투병 생활을 하면서 사람들의 행동에 관심을 두게 됐다. 이후 비합리적인 행동을 하는 인간의 본성을 연구하기 시작하면서 인간은 합리적 존재라는 기존 경제학계의 가정을 뒤엎고 비합리적인 의사결정이 우리 삶에 미치는 영향에 관해 이야기한다.

현재 듀크 대학교 심리학 및 행동경제학 교수로 푸쿠아 비즈니스 스쿨, 인지신경센터, 경제학부 및 의학부 등에서 활발한 연구와 강연 활동을 하고 있는 그의 이야기를 통해 자기 조절력을 높이는 방법을 알아보자.

자기 통제

by 댄 애리얼리

- ○ 자신을 통제하는 것이 어려운 이유는 장기적으로 훌륭한 목표를 세웠다 할지라도 그것을 이루기 위해 지금 희생해야 할 현실의 대가가 더 커 보이기 때문이다.

- ○ 이 문제를 해결하기 위한 두 가지 방법 중, 하나는 장기적인 목표를 이루기 위한 과정 중간마다 '나를 위한 선물'을 하는 것이다.

- ○ 두 번째 방법은 우리가 어떤 유혹에 흔들리는지 미리 파악해서 그것에 넘어가지 않도록 대비하는 것이다.

QR코드를 스캔하시면
강연 동영상을
보실 수 있습니다.

우리는 흔히 자기 조절이 의지력의 문제라고 생각해서 실패할 때마다 스스로를 탓하는 경향이 있다. 그러나 댄 애리얼리는 자기 조절은 의지력의 문제가 아니라 그냥 원래 어려운 것이라며 우리를 위로한다. 그의 이야기를 종합하면 순간의 달콤한 유혹을 이겨내고 합리적인 의사결정을 내리기 위해서는 자신을 통제하는 능력이 필요하며 어떤 전략을 세우느냐에 따라 성공 여부가 판가름난다는 것이다. 꽤 희망적이지 않은가?

일상에서 유혹을 견디지 못하고 얼마나 많은 일을 미루고 있는지 생각해보자. 마감이 있는 숙제나 리포트는 그나마 나은 편이다. 그러나 프리랜서, 예술가, 사업가처럼 스스로 일정을 짜서 일해야 하는 경우나 인간관계 챙기기, 운동하기, 건강한 식습관 갖기, 규칙적인 생활하기처럼 강제성은 없지만 매우 중요한 일들은 방치하면 문제가 심각해진다. 스스로 시작을 하기 전까지는 아무런 일도 일어나지 않기 때문이다.

아래의 사항들을 생각해보는 것이 자기 조절을 습관화하는 데 도움이 될 것이다.

미래와 현재에는 '온도 차'가 존재한다!

우리는 스스로의 자기 조절 능력을 과대평가하는 경향이 있다. 석 달 동안 적어도 30일 이상은 헬스장에 갈 것이라고 생각하며 석 달치 회원권을 끊지만 실제로 가는 건 손에 꼽을 정도이고, 매일 아침 영어 회화 학원에 다닐 수 있을 것이라 다짐하며 새벽반을 등록하지만 아침이 되면 결국 한 시간 더 자는 편을 택하지 않던가.

이러한 행동의 원인이 무엇이든 중요한 것은 우리의 의도와 실제 행동 간에는 분명한 차이가 있다는 사실이다. 그리고 그 차이에 '자기 통제'의 문제가 숨어 있다. 그러나 우리는 이 사실을 인지하지 못하고 스스로를 게으르다고 질책하거나 자신의 나약한 의지력을 탓하며 무기력에 빠지곤 한다.

그러나 이제는 자책에서 벗어나자. 무언가를 미룰 때, 계획처럼 행동하지 못할 때, 자신의 무능함과 게으름을 탓하는 대신 자기 통제의 문제가 누구에게나 일어나는 자연스러운 일이라는 사실을 기억하자.

댄 애리얼리는 우리가 인생에 대한 건설적이고 장기적인 목표를 갖는 것이 훌륭하다고 할지라도 단기적으로는 아주 다르게 행동한다며, 아담과 하와를 예로 든다. 제정신이라면 에덴동산에서의 영원한 삶 대신에 선악과를 선택했겠느냐는 것이다.

현대판에 비유하자면 '운전 중에 문자 보내기', '지난 달 카드 대금이 많이 나왔음에도 충동 구매하기', '저녁마다 과식하기', '온종일 게임을 하기', '약 먹는 것 미루기', '음주 운전하기', '담배 피우기' 등이 되지 않을까 싶다.

즉각적으로 나쁜 것 VS 먼 미래에 좋은 것

당신은 위의 두 가지 중 무엇을 선택하겠는가. 말이 안 된다고 생각되지만 우리는 여러 상황에서 대부분 전자를 택했다. 건강이 훨씬 더 중요하다는 것을 잘 알면서도 점심으로 패스트푸드를 주문하고, 성공이 더 중요하지만 지금 당장은 게임을 하고 있는 것처럼 말이다. 성공과 건강이 당연히 중요하지만 지금 당장 얻을 수 있는 게 아니라면 이야기는 달라진다. 아무리 중요해도 그것이 미래의 일이 되면 그 중요성은 상당히 줄어드는 것이다.

누구나 이것으로부터 자유롭지 못하다. 당신만 그런 것이 아니다. 그러니 스스로를 너무 다그치지 말자.

의도와 실제 행동 간에 차이가 생기는 것이 당연하다는 것을 이해하고 이것이 의지력이나 게으름의 문제가 아니라 자기 통제 전략을 어떻게 활용하느냐의 문제라는 것을 알면 된다. 현상에 대한 이해가 곧 변화의 시작이기 때문이다.

자기 통제는 학습할 수 있다?

'자기 통제self-control'란 무엇이며 어떻게 향상할 수 있을까?

자기 통제는 즉각적이고 단기적 유혹에 저항하는 힘으로 우리가 순간적인 만족, 편리함, 쾌락을 추구하는 것을 막고 할 일을 미루지 않게 해준다. 자기 통제를 이해하기 위해서는 우리가 할 일을 미루거나 충동을 참지 못할 때 우리 뇌 속에서 벌어지는 현상을 알아야 한다.

'마시멜로 테스트'의 창안자인 심리학자 월터 미셸Walter Mischel의 연구에 따르면 우리 뇌 속에는 두 가지 시스템이 존재한다고 한다.

핫 시스템 Hot system	쿨 시스템 Cool system
감정적임 단순함 반사적임 빠름 편도체가 관여함 초기에 발달함 스트레스에 의해 강화됨	인지적임 복잡함 숙고적임 느림 전두엽/해마가 관여함 발달이 늦음 스트레스에 의해 약화됨

핫 시스템은 편도체에서 담당하는 것으로 감정적이고, 단순하며, 빠르다. 어린 시기부터 발달하고 스트레스를 받으면 오히려 더 강화하는 특징이 있다. 반면, 쿨 시스템은 전두엽과 해마에서 담당하는 것으로 감정적이기보다는 인지적이며, 복잡하고, 느리다. 쿨시스템은 아동 후기부터 성인기까지 발달하는데, 스트레스 상황에서는 오히려 약해진다.

우리가 스트레스를 많이 받는 상황에서 충동을 조절하기가 더 어려운 이유는 쿨 시스템이 약화되고 핫 시스템이 강하게 작동하기 때문이다. 매일 크고 작은 선택과 결정에는 이 두 가지 시스템이 깊숙하게 관여하고 있다. 우리는 자기 통제력이 높고 잘 참는 사람을 의지력이 강하다고 생각한다. 그러나 그들의 비밀은 의지력에 있는 것이 아니라 이 두 시스템을 어떻게 활용하느냐에 있었다.

그렇다면 자기 통제력은 훈련 가능할까? 전문가들은 우리의 뇌가 어떻게 작동하는지 이해한다면 충분히 가능한 일이라고 설명한다. 그러니 의지박약이라며 자책하기보다 자기 통제를 좀더 알아보고 이 두 시스템을 우리 일상에서 어떻게 활용할지 전략을 세워보자.

자기 통제력을 향상하는 방법

1. 마시멜로 테스트

자기 통제와 관련해 가장 유명한 실험인 마시멜로 테스트를 잠깐 살펴보고 넘어가자.

월터 미셸은 4살짜리 아이들에게 마시멜로 하나를 주고, 15분을 기다리면 하나를 더 주는 실험을 한다.

"15분을 안 먹고 기다리면 마시멜로 하나를 더 줄게. 하지만 만약 네가 이걸 먹는다면 두 번째 마시멜로는 없을 거란다."

결과는 어땠을까? 조교가 방을 떠나고 몰래카메라로 아이들을 관찰했더니 전체 아이 중 2/3는 참지 못하고 마시멜로를 먹었고, 나머지 1/3의 아이들은 유혹을 극복해 두 개의 마시멜로를 얻는 데 성공했다.

이 두 집단의 차이는 무엇일까? 참을성과 의지력의 문제일까?

놀랍게도 두 집단에서 나타난 뚜렷한 차이점은 의지력이 아닌 '지각'에 있었다. 참지 못하고 마시멜로를 먹은 아이들은 마시멜로를 똑바로 바라보면서 유혹을 이겨내려고 했지만, 유혹을 이겨낸 아이들은 마시멜로를 먹는 것이 아닌 것처럼, 심지어 탁자 위에 없는 것처럼 행동했다. 유혹의 대상에 대한 관심을 분산시키는 전략을 사용한 것이다.

이는 충동을 참는 것이 의지 또는 이성적 판단에서 오는 것이 아니라 결국 '상황을 어떻게 바라볼 것인가?' 하는 지각의 문제라는 것을 보여준다. 이후 아이들에게 관심을 분산하는 행동을 하라고 교육하고 지각을 바꾸는 방법을 알려주자 충동을 견디는 능력이 향상했다. 이 같은 전략은 앞서 이야기한 쿨 시스템이 하는 일이다.

야식의 충동을 참기란 쉽지 않다. 한 번 먹는다고 당장 건강에 문제가 생기는 게 아니기 때문이다. 이럴 때는 쿨 시스템을 가동해야 한다. 치킨과 맥주를 계속 생각하며 식욕을 참기란 쉽지 않다. 아예 다른 생각을 하거나 형편없는 맛이라고 단정하는 것이 쿨 시스템을 가동하는 방법이다.

마찬가지로 핸드폰을 손에 쥐고 있으면서 게임을 하거나 SNS를 보지 않기란 쉽지 않다. '눈에서 멀어지면 마음에서 멀어진다'는 말은 쿨 시스템의 작동 원리를 제대로 표현한 말이다. 그럴 때는 핸드폰을 눈에 보이지 않는 곳에 치우거나 전원을 꺼버리거나 강제로 몇 시간 동안 사용할 수 없게 하는 스마트폰 앱을 사용하는 전략을 쓰는 것이 효과적이다.

별거 아니라는 생각이 들 정도로 쉬운 방법들이지만 일상에서 얼마나 실천하고 있는지 되돌아본다면 이야기는 달라진다. 중요한 건 아는 게 아니라 행동하는 것이다.

2. 보상 대체

앞서 강연 요약에서 언급했듯이 댄 애리얼리는 자기 통제 방법 중 하나로 장기적인 목표를 이루기 위한 과정 중간마다 '나를 위한 선물'을 하라고 말했는데, 이를 '보상 대체reward-substitution'라고 한다. 지금 당장은 힘들지만 미래를 위해 꼭 필요한 일을 할 때, 작지만 즉각적인 보상을 하는 것이다.

바로 옆에 있는 큰 물체가 움직여 점점 멀어지는 것을 상상해보자. 내게서 멀어질수록 커다랗던 물체는 점처럼 작아진다. 미래에 멀리 떨어져 있는 보상도 마찬가지다. 그것이 가져올 결과가 아무리 크고 좋더라도 먼일에서 지속적인 동기가 작동하기란 어렵다. 따라서 보상 대체가 필요하다. 미래에 받을 수 있는 궁극적인 보상과는 비교도 안 될 정도로 적지만 지금 당장 누릴 수 있는 즉각적인 보상을 제공하는 것이다.

체중 감량을 예로 들면 살을 빼는 것은 당장 보상받을 수 있는 일이 아니다. 몇 달이 걸릴 수도 있고, 몇 년이 걸릴 수도 있다. 보상을 받기 위해 긴 시간이 필요하다. 이럴 경우 쉽게 낙담하고 포기하게 된다. 그러나 좋아하는 드라마를 보거나 혹은 음악을 들으면서 운동을 하다 보면 하기 싫지만 필요한 행동을 하게 된다. 좋아하는 드라마와 음악이 보상 대체가 된 것이다.

보상 대체의 놀라운 점은 실제로 하기 싫거나 두려운 행동도 즐기게 한다는 것이다. 실제로 내가 가장 자주 쓰는 보상 대체 방법은 집안일을 하면서 라디오를 듣는 것인데, 확실히 그냥 집안일을 할 때와는 그 에너지가 다르다. 웃고 즐기는 사이 나도 모르게 집안일을 끝낸다. 심지어 즐겁게 말이다.

하기 싫지만 지금 꼭 해야 하는 일은 무엇인지, 그리고 보상 대체가 될 행동은 무엇인지 생각해보자. 처음에는 실패할 수도 있지만 하다보면 자기 통제력이 향상한 스스로를 발견할 것이다.

3. 자기 통제 계약

이제는 '자기 통제 계약self-control contract'에 대해 알아보자. 댄 애리얼리는 두 번째 자기 통제 방법으로 유혹에 빠질 상황을 예측해서 아예 그런 일이 발생할 것을 차단하거나 꼭 해야 하는 환경을 만드는 방법을 소개한다.

이것은 예를 들어 시험이 코앞인데 공부가 통 안 될 때, 친구나 부모님에게 자신의 목표 점수를 이야기하고 실패할 경우 벌금을 내겠다고 계약을 거는 것이다. 또는 과소비를 하지 않기 위해 스스로 자신의 통장을 묶어둬 돈을 찾을 수 없게 만드는 것이다.

자신의 실행력을 과대평가하지 말자. 그러기엔 우리 곁에 너무 많은 유혹이 있다. 자기 조절은 일종의 전략이다. 자기 통제에서 중요한 것은 의지력보다는 자신에게 맞는 전략을 수립하는 일이라는 사실을 기억하고, 유혹을 견뎌낼 자신만의 전략을 만들길 바란다.

굳이 왜 이렇게까지 자기 자신을 조절하며 살아야 하느냐고 묻는다면 마시멜로 테스트에서 유혹을 이겨냈던 아이들과 그렇지 않은 아이들의 성장 과정에 그 답이 있다. 유혹을 이겨낸 1/3의 아이들은 청소년이 되었을 때 더 높은 SAT 성적을 받았고, 교우 관계가 더 좋았으며 비만일 확률이 낮았다. 또한 극단적인 공격 반응을 덜 보였고 짜증과 스트레스를 관리하는 능력 또한 높았다. 많은 부분에서 그렇지 못한 아이들보다 더 나은 삶을 영위하는 것으로 나타난 것이다.

인생의 꿈, 비전, 목표를 이루기 위해서 자기 통제는 필수적이다. 세상에 공짜는 없다. 원하는 것을 얻기 위해서는 움직여야만 한다. 어떤 전략을 사용하던 자신에게 맞는 방법을 찾아 일상에 적용해보자. 자극에게 통제받는 것이 아니라 자극을 통제하는 삶을 살 때, 그것이 진정한 자신의 삶이 될 것이다.

잊지 말자. 컨트롤키를 잡고 있는 것은 당신이지 마시멜로가 아니라는 것을.

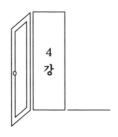

4강

실패가 아니라 '아직'일 뿐이다

"난 제대로 할 줄 아는 게 없어."

동훈 씨의 자학에 가까운 자기비판은 오늘도 계속되었다. 일이 잘 되는 것 같으면 세상에서 제일 잘난 사람이라도 된 양 우쭐거리다가도 뭐 하나가 잘 풀리지 않으면 바로 자학 모드로 돌변하는 동훈 씨.

대체 무엇이, 어떤 경험이 동훈 씨가 상처를 키우도록 만든 것일까?

사실 그것은 동훈 씨의 아버지와 깊이 얽혀 있었다. 누구보다 자식을 사랑했던 아버지였지만 자수성가해서 모든 일에 기준이 높았던 아버지는 동훈 씨의 성취를 인정하기보다 오히려 어린 동훈 씨에게 자신이 인정받길 원했다.

그 때문에 동훈 씨는 스스로가 부족하고 하찮은 존재이지만, 훌륭한 아버지 덕분에 잘 살고 있다는 어긋난 믿음을 가지게 되었다. 스스로의 잠재력을 깨달을 틈 없이 성인이 되어버린 것이다. 동훈 씨는 작은 실패에도 쉽게 좌절했고, 실패가 두려워 일부러 도전하는 것을 피했다. 시도하지 않으면 실패할 일도 없으니까.

○———○

이런 생각이 드는 것은 비단 동훈 씨만이 아닐 것이다. 그러나 언제까지 실패를 피해 다니며 살 수도, 맘에 들지 않는 자신을 견디며 살 수도 없는 노릇이 아닌가. 언젠가 마주할 실패를 성장의 발판으로 삼고 스스로 변화하길 원하는 독자라면 캐롤 드웩Carol Dweck의 강연을 들어보자.

캐롤 드웩은 사회심리학과 발달심리학 분야에서 인정받는 세계적인 석학이다. 예일대에서 사회심리학 박사 학위를 취득하고, 지금은 스탠퍼드 대학교에서 학생들을 가르치고 있는 그녀는 특히 '마인드셋'에 관한 이론으로 유명하다.

자신이 어떤 사고방식을 갖고 있느냐에 따라 인생이 좌우된다는 그녀의 이야기를 통해 더 나은 내일을 위한 힌트를 얻어보자.

신디의 강연 3단 요약

마인드셋: 성공의 새로운 심리학

by 캐롤 드웩

- 마인드셋(사고 방식)은 인간의 능력과 지능, 성격 등이 고정되어 있다고 믿는 '고정형 사고방식'과 얼마든지 향상될 수 있다고 믿는 '성장형 사고방식'으로 나눌 수 있다.

- 실제로 MRI 장치로 두뇌를 활성화를 비교하면 '성장형 사고방식'을 가진 사람들의 뇌가 더 활성화되어 있었다. 이들은 더 깊이 사고하고 실수를 분석하며, 그것을 통해 배우려고 했다.

- '성장형 사고방식'은 비즈니스, 인간관계, 양육 및 교육 등 삶의 전반적인 영역에서도 긍정적인 영향을 미친다. 그들은 성장과 배움의 본질적인 기쁨을 누렸고, 계속 배우고자 하는 열망을 가졌으며, 더 나은 인간관계를 위해 노력했다.

QR코드를 스캔하시면 강연 동영상을 보실 수 있습니다.

어떤 믿음을 갖느냐에 따라 두뇌가 실제로 다른 반응을 보인다는 사실이 신기하지 않은가? 자신이 계속해서 발전할 수 있다는 믿음이 바로 '성장형 사고방식'이며, 그 사고방식을 갖는 것이 중요하다는 게 캐롤 드웩이 말하고자 하는 핵심이다.

성장형 사고방식에 대해 흔히 생각하는 가장 큰 오해는 그것이 어려움을 극복하고 꾸준히, 열심히 하는 것을 의미한다고 여기는 것이다. 그러나 단지 열심히 하는 것만으로는 성장형 사고방식을 가졌다고 볼 수 없다. 성장형 사고방식의 핵심은 지능과 능력, 성격이 고정된 것이 아니며 얼마든지 변할 수 있다는 믿음을 갖는 데 있다. 자신뿐 아니라 모두가 스스로의 지능과 능력, 성격을 변화시킬 수 있다고 여길 때 성장형 사고방식을 가졌다고 할 수 있다. 앞서 이야기한 동훈 씨는 성장형 사고방식을 갖지 못한 채 성인이 되었지만 좌절하긴 이르다. 이제부터라도 성장형 사고방식으로 스스로를 변화시킬 수 있기 때문이다. 무엇보다 중요한 건 스스로 변할 수 있다는 사실을 믿는 것이다.

다음 문장들을 보고 자신이 성장형 사고방식을 가지고 있는지 체크해보자.

□ 새로운 것을 배우는 일은 지능 자체를 높이는 것과는 관련이 없다.
□ 뭔가에 몰입한다고 해서 내 능력을 넘어설 것이라고는 생각하지 않는다.
□ 큰 노력 없이도 성과를 내야 능력 있는 사람이다.
□ 어차피 바뀌지 않을 텐데 지나치게 노력하는 게 어리석어 보일 때가 있다.
□ 척 보면 일이 잘 될지, 안 될지 판단이 서는 편이다.

이 질문에 '그렇다'고 답한 문항이 많을수록 성장형 사고방식이 낮을 가능성이 있다. '그들이라면 성장형 사고방식을 가지고 있겠지?'라고 예상했던 주변의 공부 잘하는 친구, 교육을 전공한 선생님, 심지어 전문가 들조차 뿌리 깊은 고정형 사고방식을 가지고 있는 경우가 많다. 그들이 부족해서가 아니라 이것에 대해 진지하게 생각해볼 기회가 없었기 때문일 것이다.

물론 성장형 사고방식만을 가지고 살 수는 없다. 우리의 사고는 고정형과 성장형에 이르는 연속선상에 존재하기 때문이다.

따라서 우리가 어떤 사고방식을 더 많이 가졌는지, 그것들이 차지하는 비율이 어느 정도인지를 알고 성장형 사고방식을 더 늘려나가는 전략을 배워야 한다. 아래의 사항들이 스스로 그 전략을 찾는데 길잡이가 되어줄 것이다.

성장형 사고방식 vs 고정형 사고방식

성장의 마인드를 갖기 위한 출발은 성장형 사고방식과 고정형 사고방식의 차이점에 대해 제대로 이해하는 것에서부터 시작된다. 캐롤 드웩의 설명을 종합하면 차이점은 다음의 표와 같다.

	고정형 사고방식 fixed mind set	성장형 사고방식 growth mind set
능력, 지능, 성격	고정되어 변하지 않는다 여김	변화할 수 있다고 여김
원하는 것	자신이 똑똑하다는 것을 끊임없이 증명하려 함	자신을 발전시키고 싶어 함
도전	회피함	학습 또는 성장의 기회임
어려움, 실패	어려운 상황이 오면 쉽게 포기하고 실패로 자신의 정체성을 결정함	어려움을 잘 견디며 실패를 기회로 삼음
노력	비효율적이거나, 소용이 없는 것으로 봄	무언가를 숙달하고, 배움을 위한 길이라고 생각함
중요한 사항	똑똑하고 잘난 사람으로 보이는 것, 타인의 칭찬, 기대	배우고 성장하는 것
비판	무시하거나 화를 내고 받아들이지 않음	비판을 통해 배움
타인의 성공	질투하거나 위협을 느낌	타인의 성공으로부터 영감을 받거나 교훈을 찾으려고 함
능력에 대한 인지	해보기도 전에 척 보면 안다고 생각함	다양한 시도를 통해 자신의 능력에 대해 객관적으로 알게 됨

TIP。　캐롤 드웩의 마인드셋 워크 웹페이지에서 어느 쪽 요소를 더 많이 가졌는지 간단한 테스트를
해볼 수 있다. http://blog.mindsetworks.com/what-s-my-mindset?view=quiz

고정형 사고방식을 지닌 사람은 어린 시절 어려움에 부딪혔을 때
자신의 능력, 지능, 성격 등에 한계를 느끼고, 권태에 빠지거나 자신의
잠재력을 충분히 발휘하지 못한 채 살아간다. 반면, 성장형 사고방식

을 가진 사람은 시작은 미약할지라도 결국 높은 수준의 성취에 도달하며 자신의 자유의지에 따라 충만하게 살아간다.

뇌가 변화하는 과정

성장의 마인드를 갖기 위한 두 번째 단계는 우리의 두뇌와 성격, 그리고 동기가 얼마든지 변할 수 있다는 사실을 받아들이는 것이다. 성격에 대해서는 브라이언 리틀의 〈진짜 당신은 누구인가, 성격의 퍼즐〉을 통해, 동기에 관해서는 댄 핑크의 〈동기부여의 퍼즐〉을 통해 이미 살펴봤으므로 여기에서는 뇌에 대해 간단히 짚고 넘어가자.

지속적인 정보 자극이 주어지면 우리 두뇌의 신경세포 구조가 변하고 뇌의 특정 영역의 역할과 기능까지도 변화하는데 이를 '뇌 가소성'이라고 한다. 쉽게 말해 우리의 뇌가 마치 근육과 같이 계속 변화한다는 것이다. 계속 쓸수록 더 단단해지는 근육처럼 우리의 뇌 역시 더 많이 사용할수록 성능이 향상된다.

우리가 어떤 상태일 때 두뇌가 성장하는지 살펴보는 것은 성장의 사고방식을 더 강화하는 데 도움이 될 것이다.

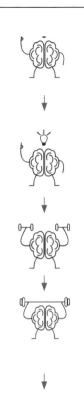

1 목표를 세우고 동기부여가 되어 새로운 개념이나 기술을 탐색할 때
신경 생성이라 불리는 현상이 일어나 새로운 뉴런(신경)이 형성된다.

2 새로운 개념에 대해 보고 듣고 생각하고 말하고, 기존에 알던 것과 연결할 때
뉴런의 세포체에서 뻗어나온 긴 돌기인 축삭돌기가 수상돌기에 화학적 신호를 보낸다.

3 새로운 개념에 대해 더 깊게 생각하고 어려운 부분과 실수에 집중하며 꾸준히 연습할 때
수상돌기가 가지처럼 자라나 다른 뉴런에 가닿는다.

4 새로 배운 개념을 스스로 테스트하고 특정 상황에 이를 적용할 때, 얼마나 배웠는지 스스로를 점검해볼 때, 배운 내용을 다른 사람에게 설명할 때
수상돌기는 계속에서 더 많은 가지를 치며 자라고 수상돌기로부터의 화학적 신호는 더욱 빨라져 다른 수상돌기로 퍼져나간다.

5 전에는 어려웠던 내용이 쉽게 느껴질 때, 그런데도 계속해서 다음 도전을 향해 목표를 세우고 학습할 때
수상돌기는 계속 자라나며 뉴런 간의 연결을 더욱 강화해 뇌를 더 똑똑하게 만든다.

우리의 두뇌는 새롭고 약간은 어려운 일을 할 때 그 기능이 향상된다. 이를 쉽게 설명하는 심리학적 상태가 있는데 다음의 그림을 보면 이해가 쉽게 될 것이다.

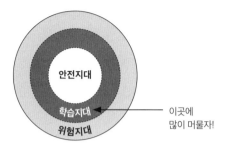

이곳에
많이 머물자!

1. 안전지대Comfort zone

개인이 편안함을 느끼는 물리적인 심리 상태다. 소설을 읽는 것이 휴식인 사람에게는 독서 역시 안전지대 안에서의 활동이다. 이 공간은 우리에게 휴식을 주지만, 너무 오래 이 영역에 머무르면 성장하지 않는다는 사실을 기억하자.

2. 학습지대Learning zone

불편하고 어색하고 때로는 싫은 감정이 들지만, 이곳이 바로 우리의 두뇌가 향상되는 공간이다. 안전지대에 있다가 학습지대로 옮겨오면 처음에는 스트레스와 긴장을 느끼지만 지속해서 이런 경험의 시간을 늘릴 때 성장이 일어난다.

3. 위험지대Danger zone

학습지대를 넘어서면 위험지대가 있기에 이 역시 조심해야 한다. 갑자기 너무 어려운 책이나 원서를 읽는다면 학습이 될 리가 만무하다. 여기서는 오히려 과도한 스트레스와 불안으로 인해 학습이 어렵다. 준비되지 않은 채로 이 지역에 들어가면 트라우마와 같은 경험을 하게 될 수도 있으니 조심하자.

성장을 위해 우리가 머물러야 하는 곳, 우리의 두뇌가 향상되는 곳은 바로 이 학습지대다. 캐롤 드웩의 실험에 따르면 풀기에 아주 약간 어려운 문제, 즉 학습지대로 가게 하는 문제를 받았을 때 성장형 사고방식을 가진 아이들은 매우 긍정적으로 반응했고 그렇지 못한 아이들은 좌절하거나 회피했다.

"전 어려운 문제가 좋아요", "어렵지만 도움이 되리라 생각해요"라고 말하는 아이들은 자신의 능력이 향상할 수 있음을 알고 있었다.

한편 성장형 사고방식을 갖지 못한 아이들은 비참하고 비극적인 기분에 빠졌다. 그 아이들에게 이 상황은 자신의 지능이 시험받은 것이고 자신은 거기에서 실패한 것이기 때문이다. 그들은 낙제할 경우 공부를 더 하기보다는 커닝을 하겠다고 말하거나 실패한 후 자신을 위로하기 위해서 자신보다 더 못한 아이들을 찾았다. 연구마다 이런 아이들은 어려움으로부터 도피하는 쪽을 택했다.

이것은 아이들에게만 해당하는 이야기가 아니다. 자신이 어느 지대에서 가장 많은 시간을 보내는지 살펴보자. 안전지대에서 벗어나 조금 불편한 상황이 되었을 때, 풀기 어려운 과제가 눈앞에 주어졌을 때가 우리가 성장하는 순간이라는 것을 기억하자.

'아직'의 위대한 힘

성장형 사고방식을 갖는 데 도움이 되는 좀더 구체적인 한 가지 방법은 '과정 칭찬'이라는 것이다.

넌 참 똑똑하구나! VS 넌 참 노력을 많이 했구나!

어떤 칭찬이 성장형 사고방식을 갖게 할까? 연구 결과 똑똑하다는 칭찬을 들을 학생들은 더 쉬운 문제를 골랐다. 답이 틀려서 멍청해 보일지 모를 위험을 피하려는 것이다.

"넌 참 똑똑하구나!"

이러한 재능 칭찬은 고정형 사고방식을 갖게 만드는 위험한 칭찬이다. 이런 식으로 지능이나 재능 자체를 칭찬하는 방식은 이미 실패했다. 그러니 누군가의 성장을 막고 싶은 독자가 아니라면 이제 이런 칭찬은 하지 말자. 스스로에게도 말이다.

대신 무언가를 하는 과정에서 들인 노력, 계획, 집중, 인내를 칭찬해보자. 비록 틀렸더라도 과정에 대해서는 칭찬할 수 있지 않은가.

"넌 참 노력을 많이 했구나!"

이러한 과정 칭찬이 성장형 사고방식을 만드는 하나의 방법이다. 남에게 해도 효과가 있지만 (특히 아이들) 스스로에게도 얼마든지 칭찬의 효과가 발휘한다는 사실을 기억하자.

캐롤 드웩은 또 다른 강연에서 시카고의 한 고등학교를 예로 들며

'아직'의 힘에 관해 이야기한다. 이 학교는 졸업하려면 일정 수의 과목을 통과해야 하는데 통과하지 못한 학생은 '실패, 낙제^{fail}' 대신 '아직$^{not\ yet}$'이란 학점을 받는다는 것이다.

'아직'이라니 정말 멋지지 않은가. 낙제를 받은 학생은 스스로 부족하다고 느끼며 고정형 사고방식을 키웠고 실제로 성적이 점점 떨어졌다. 그러나 '아직'이란 학점을 받은 학생은 성적이 떨어져도 금방 회복했다. 자신이 배우는 과정에 있음을 알기에 더 많이 노력했고, 더 많은 전략을 세웠고, 더 오랜 시간 집중했다. 성장형 사고방식을 갖게 된 것이다. 수천, 수만 명의 학생에게서 똑같은 결과가 나타났다.

'아직'의 힘은 우리가 생각하는 것 이상이다. 그 말 자체만으로도 포기하지 않고 나아갈 힘을 얻을 수 있다. 이런 과정 칭찬을 받지 못하고 자랐다면 스스로에게도 과정 칭찬을 해주자. 노력하고 있는 자체로도 충분히 멋진 것이라고. 회사, 사업, 인간관계, 연애, 결혼 등에서 어려움을 겪는 순간이 내가 발전할 수 있는 순간이라고 말이다.

우리 사회는 끊임없이, 빠르게 변화하고 있고 앞으로도 그럴 것이다. 그리고 당신의 미래에는 더 많은 실패가 있을 것이다. 그러나 당신이 누구인지 말해주는 것은 당신의 수많은 실패가 아니라 실패에도 불구하고 다시 일어서는 것에 있다는 사실을 기억했으면 좋겠다. 힘들어하는 스스로에게 이렇게 말해보자.

문제가 어려울 때가 성장하고 있는 순간이라고.

실패가 아니라 '아직'일 뿐이라고 말이다.

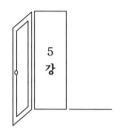

자신감을 높이는 내 몸 사용 설명서

"자신감을 가져, 어깨 쫙 펴고."

아마 자라면서 가장 많이 들어본 조언 중의 하나가 아닐까.

당신은 어떠한가? 자신감을 충분히 가지고 살고 있는가? 아니면 자신감이 넘치는 사람들을 보면서 부럽다는 생각을 하고 있는가?

혹시 성공하는 사람들의 자세를 관찰해본 적이 있는가? 자신감이 있기 때문에 성공한 것인지, 성공했기 때문에 자신감이 있는 것인지는 알 수 없지만 내가 만난 성공한 사람들은 대부분 자신감이 넘쳤다. 흔한 말로 풍기는 포스 또는 아우라가 있는 것이다. 딱히 특별한 말이나 행동을 하는 것이 아닌데도 걸음걸이, 몸짓 하나에 어딘지 모를 당당함과 기품이 있었고, 그것이 그들을 더욱 신뢰와 호감을 느끼게 했다.

반대로 자신감이 없는 사람들의 자세는 어딘지 모르게 위축된 느낌을 준다. 빠른 걸음걸이, 좁은 보폭, 웅크려 좁아진 어깨, 작은 일에도 깜짝깜짝 놀라는 몸짓은 신뢰와 호감을 떨어뜨린다. 아무리 멋진 이성이라 할지라도 소개팅에서 소심한 자세로 이리저리 눈치를 살핀다면 매력이 급격히 떨어지지 않겠는가.

○━━━○

이번에는 자신감은 무엇인지와 자신감을 높이는 방법에 관해 이야기하려고 한다. 앞의 예시처럼 자세나 몸짓과 같은 신체 언어도 자신감을 형성하는 데 생각 이상으로 큰 영향을 미친다.

하버드 경영대학원 교수이자 세계적인 사회심리학자 에이미 커디Amy Cuddy는 자세를 바꾸는 간단한 행동이 마음을 바꿀 수 있다고 주장해서 한순간에 유명해졌다. 특히 그녀의 테드 강연은 4,000만 뷰라는 높은 조회 수를 기록했고 그녀의 첫 저서인 《프레즌스Presence》는 출간 즉시 〈뉴욕타임스〉 베스트셀러로 선정되며 전 세계적인 인기를 누렸다.

당신의 자세는 어떠한가? 교실이나 사무실에 들어갈 때 당당하게 어깨를 펴고 들어가는가? 아니면 최대한 사람들의 눈에 띄지 않게 구석 자리를 찾는가. 손을 들어야 하는 상황에서 번쩍 하늘 높이 손을 드는가, 아니면 얼굴 높이까지만 겨우 손을 드는가. 만약 후자라면, 자세와 자신감에 관해 이야기하는 에이미 커디의 강연이 여러모로 도움이 될 것이다. 또한 내일 당장 중요한 면접, 발표, 계약, 소개팅 등을 앞둔 독자 역시 지금 당장 적용할 만한 유용한 팁을 얻을 수 있을 것이다.

당신의 신체 언어가 당신을 만든다

by 에이미 커디

- ○ 자세나 몸짓과 같은 '신체 언어'는 강력한 의사소통의 한 방식이지만, 자신의 심리 상태와 신체를 변화시키는 데도 큰 영향을 미친다.

- ○ 실제로 어깨를 펴고 몸을 크게 확장하는 힘이 센 자세를 취하면 실제로 자신감이 높아지는 경험을 할 수 있다. 반면, 몸을 움츠리면 힘이 약해진 느낌이 든다.

- ○ 이러한 자세의 변화는 과학적으로도 증명되었다. 힘이 센 자세를 취한 사람들은 남성 호르몬인 테스토스테론이 20% 증가하고 스트레스 호르몬인 코르티솔이 25% 감소했지만, 힘이 약한 자세를 취한 사람들은 테스토스테론이 10% 감소하고 코르티솔이 15% 증가했다.

QR코드를 스캔하시면 강연 동영상을 보실 수 있습니다.

단지 자세를 바꿨을 뿐인데 자신감이 생기고 심지어 호르몬 수치가 변화한다고? 믿을 수 없을 정도로 놀라운 이야기가 아닌가.

어떻게 이런 일이 가능할까 싶지만 의사소통에서 손짓, 발짓, 얼굴 표정, 자세 등 비언어적 의사소통이 차지하는 비율이 무려 93%나 된다는 사실을 떠올리면 수긍이 갈 것도 같다. 한 연구 결과에 따르면 조사 대상자 중 대다수가 아무런 정보 없이 사진만으로 성공한 사업가와 그렇지 않은 사업가를 구분했다. 뭐라 말로 설명할 수 없지만 첫인상을 보고 아주 짧은 시간에 그것을 알아챈 것이다.

사람들이 공통적으로 성공한 사업가를 골라낼 수 있었던 이유는 나름의 분명한 기준이 있었기 때문인데 그 기준은 바로 카리스마, 지배력, 호감 등을 아우르는 '매력'이었다. 세계적인 자기계발 전문가이자 컨설턴트인 브라이언 트레이시Brian Tracy 역시 성공하는 데 있어 실력만큼 중요한 것이 바로 '매력'이라고 말했다.

그런데 그 매력은 대체 어디에서 나오는 것일까? 신체 언어를 활용해 자신감과 매력을 높이고 싶다면 아래의 사항들을 살펴보자.

비언어적 의사소통은 때론 언어보다 힘이 세다

"괜찮아. 아무렇지도 않아. 정말이야."

상대의 입에서 아무리 괜찮다는 말이 나와도 괜찮지 않아 보이는 이유는 인간에게 비언어를 파악하는 능력이 있기 때문이다. 쉽게 말해 몸짓, 표정, 자세와 같은 비언어적 의사소통이 언어보다 훨씬 더 많은 메시지를 전하는 것이다.

미국의 심리학자 앨버트 메라비언^{Albert Mehrabian}은 인간이 상대의 말에서 모순을 느낄 때 무엇을 기준으로 판단하는지를 연구했는데 그 결과가 흥미롭다. 말로는 괜찮다고 하는 상대방을 보면서도 실제로 괜찮지 않은 것 같다는 모순을 느낄 때, 태도나 몸짓과 같은 시각 정보가 차지하는 비율이 무려 55%나 되었다.

그 외에 말투나 억양과 같은 청각 정보가 차치하는 비율은 38%로, 시청각 정보를 합치면 비언어적 의사소통이 차지하는 비율이 93%였고, 말의 내용이 차지하는 비율은 7%에 그쳤다. 우리는 흔히 자신이 누구인지, 의도가 무엇인지를 표현하기 위해 어떤 말을 할지 상당히 고민하면서도 신체 언어에 대해서는 별 신경을 쓰지 않는다.

그러나 기억하자. 말보다 훨씬 더 많은 것을 당신의 몸이 말하고 있다는 사실을. 입술은 거짓을 말해도 몸은 진실을 말한다고 하지 않던가.

단번에 첫인상을 결정짓는 두 가지 조건

매력적인 사람으로 보이기 위해서는 어떤 조건이 필요할까? 프린스턴 대학교 심리학 교수인 수잔 피스케^{Susan Fiske}와 함께 에이미 커디가 개발한 모델에 따르면 사람들이 타인을 판단하는 데 중요한 두 가지 요인은 '따뜻함'과 '유능함'이다.

이 두 가지가 한 사람의 인상이 부정적인지, 혹은 긍정적인지를 90% 이상 결정한다. 첫 만남에서 짧은 순간에 따뜻함과 유능함을 기반으로 누군가를 신뢰할지, 친해지고 싶은지, 혹은 따르고 지지할 것인지가 결정되는 것이다.

또 다른 연구 결과, 첫인상이 결정되기까지는 걸리는 시간은 불과 단 2초로 나타났다. 눈 깜짝하는 짧은 순간에 이미 그 사람의 외모, 자세, 표정, 인상, 몸짓 등 종합적인 정보가 합쳐져 첫인상이 결정되는 것이다. 재미있는 사실은 주의 깊게 첫인상을 판단하려고 노력한 경우, 대부분 첫인상이 그대로 유지되었다. 심지어 1년이 지나도 그 첫인상은 그대로였다.

매 력 을 높 이 는 자 세 를 배 워 보 자

그렇다면 어떤 것이 매력적인 신체 언어일까?

그 답은 바로 자신감에서 찾을 수 있다. 매력 있고 호감이 가는 인상의 근저에는 바로 자신감이라는 것이 자리했다.

미국뿐 아니라 전 세계를 매료시킨 버락 오바마Barack Obama 전 미국 대통령은 자신감 넘치는 매력적인 태도와 환한 웃음으로 대중의 마음을 사로잡은 대표적인 예다. 자신감이 넘치고 호감을 느끼게끔 하는 사람들은 몸을 밖으로 확장하는 외향적인 자세, 일명 '힘이 센 자세'를 취한다. 축구경기에서 골을 넣은 선수, 금메달을 목에 건 수많은 선수가 어떤 자세를 취했는지 떠올리면 이해가 갈 것이다. 그들은 마치 약속이나 한 듯 두 팔을 위로 크게 벌리거나 공간을 차지해서 자신을 오픈한다.

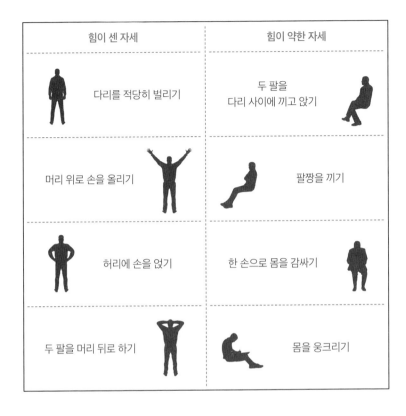

힘이 센 자세	힘이 약한 자세
다리를 적당히 벌리기	두 팔을 다리 사이에 끼고 앉기
머리 위로 손을 올리기	팔짱을 끼기
허리에 손을 얹기	한 손으로 몸을 감싸기
두 팔을 머리 뒤로 하기	몸을 웅크리기

이것은 의지로 하는 것이 아니다. 자신이 힘이 있다고 느껴지는 순간 몸이 무의식적으로 반응하는 것이다.

자존감을 연구하는 제시카 트레이시^{Jessica Tracy}의 연구에 따르면 선천적 시각장애인도 체육경기에서 이겼을 때, 비장애인과 똑같은 행동을 보인다고 한다. 타인이 그렇게 하는 걸 모방해서가 아니라, 자신감이 있는 순간 본능적으로 그런 자세를 취하는 것이다.

반면 자신이 열세에 있다고 느끼거나 자신감이 부족한 사람들은 몸을 안쪽으로 감싸안아 자기 자신을 작게 만들고 자신의 몸을 만지는 등 '힘이 약한 자세'를 취했다. 재미있는 사실은 상대적으로 자신보다 힘이 있는 사람 앞에서 몸을 움츠리게 된다는 것이다. 대기업 회장님의 호출로 회장실에 들어간 신입 사원이 어떤 자세를 취하고 있을지 상상해보면 쉽게 이해가 갈 것이다. 카리스마와 지배력이 생기고 타인에게 더 매력적으로 느껴지게 하는 신체 언어는 자신감에서부터 나온다.

만약 자신감이 없다면 어떻게 해야 할까? 억지로 '힘이 센 자세'를 취한다고 해서 없던 자신감이 생길까?

에이미 커디의 대답은 '그렇다'였다. 힘이 센 자세를 단 2분 동안 취하는 것으로도 우리의 신체 반응이 달라졌다. 신체와 정신에 미치는 자세의 영향력이 그동안 우리가 생각했던 것보다 훨씬 크다는 것이 밝혀진 것이다.

캘리포니아 대학교 하스 경영대학의 다나 카니Dana Carney의 연구에 따르면, 자신이 힘이 있다고 느끼면 더 강하고 확장된 힘 센 자세를 취하는 경향이 있지만 놀랍게도 그 반대의 경우도 성립했다. 다시 말해 힘이 있는 척 자세를 취하면 실제로 더 힘이 센 것처럼 느끼게 된다는 것이다.

이러한 자세의 차이는 생리학적으로도 호르몬의 변화를 일으키는데, 신체에 지배적인 작용을 하는 테스토스테론과 스트레스 호르몬인 코르티솔이 그러하다. 유능한 리더들은 테스토스테론이 많고 코르티솔이 적은 경향을 보인다.

다나 카니의 연구 결과, 사람들에게 2분 동안 '힘센 자세'와 '힘이 약한 자세'를 취하게 한 후 자신이 얼마나 힘이 있다고 느끼는지 질문하고 도박에 참여할 기회를 주었다. 그리고 자세를 취하기 전후의 호르몬 수치를 측정한 결과 놀라운 변화가 발견되었다.

힘이 센 자세를 취한 사람들의 테스토스테론은 20% 증가했지만, 힘이 약한 자세를 취한 사람들의 테스토스테론은 오히려 10% 줄었다. 반면, 스트레스 호르몬인 코르티솔의 경우 힘이 센 자세를 취한 사람들은 25% 감소했지만, 힘이 약한 자세를 취한 사람들은 15%나 증가했다.

또한 실제로 힘이 센 자세를 취한 사람들의 86%가 도박에 참여했지만, 힘이 약한 자세를 취한 경우에는 60%만이 도박에 참여한 것으로 나타났다.

물론 힘이 센 자세를 2분간 한다고 해서 모든 문제가 해결되진 않는다. 그러나 여기서 중요한 사실은 우리가 어떤 자세를 취하느냐가 바로 우리가 스스로를 어떻게 바라보는가에 영향을 미친다는 것이다. 누군가에게 보여주기 위해서 힘이 센 자세를 취하라는 것이 아니라 스스로에게 말하기 위해서 그렇게 하라는 것이다. 힘이 센 자세는 우리가 자신을 믿고, 내면에 잠들어 있는 자신감을 발휘하도록 시동을 거는 워밍업이라 생각하면 되겠다.

면접을 보거나 발표를 하기 전 또는 중요한 협상을 앞두고 어떤 자세를 취하고 있는가? 아마 대부분이 핸드폰을 보고 있지 않을까 싶다. 그런데 핸드폰을 보는 자세는 어떤가. 두 손을 좁게 모으고 등을 구부린다. 자연히 힘이 약한 자세가 되는 것이다.

스스로에게 자신감을 불어넣고 싶다면 이제 이런 자세에서 벗어나야 한다. 신체 언어를 바꾸는 것만으로도 나에 대한 다른 사람의 인식뿐 아니라 내 몸 안에서도 변화가 일어난다는 것을 기억하자. 그리고 스스로의 뇌가 테스토스테론은 높이고 코르티솔을 낮추며 어렵고 당혹스러운 상황에서도 잘 적응할 수 있도록 조정하고 있다고 생각하자.

더 자신감 있는 삶을 살고 싶은가? 소극적인 성격에서 벗어나 당당하게 행동하고 싶은가? 발표 불안에서 벗어나고 싶은가? 다른 사람들에게 매력적으로 보이고 성공하고 싶은가?

그렇다면 지금 당장 자세를 바꾸자. 그리고 당신의 몸이 당신에게 말하게 하자. 당신은 이미 충분히 가치 있는 존재이며 무궁무진한 잠재력이 있다고.

당신이 그렇게 행동할 때, 당신의 인생은 정말로 그렇게 될 것이다.

사람은 누구나
자기가 할 수 있다고 믿는 것
이상의 것을
할 수 있다.

헨리 포드 Henry Ford

참고문헌

Part 1.

1강 Happy & Well. (2012, Aug 25). Martin Seligman: Flourishing – a new understanding of wellbeing' at Happiness & Its Causes 2012 [Video file]. Retrieved from https://www.youtube.com/watch?v=eOLbwEVnfJA

Seligman, M. E. P. (2002). Authentic happiness: Using the new positive psychology to realize your potential for lasting fulfillment. New York: Free Press.

Seligman, M. E. P. (2006). Learned optimism : how to change your mind and your life. New York: Vintage Books.

Seligman, M. E. P. (2011). Flourish : a visionary new understanding of happiness and well-being. New York: Free Press.

2강 Achor, S. (2010). The happiness advantage : the seven principles of positive psychology that fuel success and performance at work. New York: Broadway Books.

Ferriss, T., Schwarzenegger, A. & Geoffroi, R. (2016). Tools of titans : the tactics, routines, and habits of billionaires, icons, and world-class performers. London: Vermillion, an imprint of Ebury Publishing.

Life At Mindvalley. (2011, Dec 30). Vishen Lakhiani: Why Happiness is the New Productivity-The Story of Mindvalley [Video file]. Retrieved from https://youtu.be/T8ZFU4FoNvY

Robbins, A. (1991). Awaken the giant within : how to take immediate control of your mental, emotional, physical & financial destiny. New York, N.Y: Summit Books.

TED. (2011, May). Shawn Achor: The happy secret to better work [Video file]. Retrieved from https://www.ted.com/talks/shawn_achor_the_happy_secret_to_better_work

Wisdom 2.0. (2015, Jan 20). Vishen Lakhiani: A 15 Minute Mind-Hack to Massively Enhance Your Brain Power and Emotional State [Video file]. Retrieved from https://youtu.be/waYNEDZxEPY

3강 Baumeister, R.F., & Leary, M. R (1995). The need to belong: desire for interpersonal attachments as a fundamental human motivation. Psychological Bulletin. 117(3), 497-529.

Harvard Magazine. (2011, Sep 15). J.K. Rowling Speaks at Harvard Commencement [Video file]. Retrieved from https://youtu.be/wHGqp8lz36c

Smith, E. (2017). The power of meaning : crafting a life that matters. New York: Crown.

Smith, E. (2017, April). Emily Esfahani Smith: There's more to life than being happy [Video file]. Retrieved from https://www.ted.com/talks/emily_esfahani_smith_there_s_more_to_life_than_being_happy?utm_campaign=tedspread--b&utm_medium=referral&utm_source=tedcomshare

TED. (2013, Mar 14). Michael Steger: What Makes Life Meaningful [Video file]. Retrieved from https://youtu.be/RLFVoEF2RI0

4강 Gilbert, D. (2004, February). Dan Gilbert: The surprising science of happiness [Video file]. Retrieved from https://www.ted.com/talks/dan_gilbert_asks_why_are_we_happy

Gilbert, D. (2006). Stumbling on happiness. New York: A.A. Knopf.

The Aspen Institute. (2015, Jan 29). Daniel Gilbert: Stumbling on Happiness with Daniel Gilbert [Video file]. Retrieved from https://youtu.be/2EiV4-Clcls

5강 Google. (2017, July 23). Barry Schwartz: The Paradox of Choice - Why More Is Less [Video file]. Retrieved from https://youtu.be/ly8R5TZNV1A

Jeges, O. (2014). Generation Maybe: die Signatur einer Epoche. Berlin: Haffmans

& Tolkemitt.

Schwartz, B. (2004). The paradox of choice : why more is less. New York: Ecco.

Shahar, T. (2009). The pursuit of perfect : how to stop chasing perfection and start living a richer, happier life. New York: McGraw-Hill.

Part 2.

1강   Dinsmore, S. (2012, October). Scott Dinsmore: How to find and do work you love [Video file]. Retrieved from https://www.ted.com/talks/scott_dinsmore_how_to_find_work_you_love?utm_campaign=tedspread--b&utm_medium=referral&utm_source=tedcomshare

Live Your Legend. (n.d). Retrieved June 3, 2015, from https://liveyourlegend.net

StrengthsFinder. (n.d.). Retrieved May 17, 2015, from   https://www.gallupstrengthscenter.com/home/en-us/strengthsfinder

2강   Vanderkam, L. (2016, October). Laura Vanderkam: How to gain control of your free time [Video file]. Retrieved from https://www.ted.com/talks/laura_vanderkam_how_to_gain_control_of_your_free_time?utm_campaign=tedspread--b&utm_medium=referral&utm_source=tedcomshare

3강   Terminology.(n.d.). In Puttylike. Retrieved December 12, 2012, from http://puttylike.com/terminology

Wapnick, E. (2015, April). Emilie Wapnick: Why some of us don't have one true calling [Video file]. Retrieved from https://www.ted.com/talks/emilie_wapnick_why_some_of_us_don_t_have_one_true_calling?utm_campaign=tedspread--b&utm_medium=referral&utm_source=tedcomshare

Wapnick, E. (2017). How to be everything : a guide for those who (still) don't know what they want to be when they grow up. New York: HarperCollins.

4강   Briceno, E. (2016, November). Eduardo Briceno: How to get better at the things you care about [Video file]. Retrieved from https://www.ted.com/talks/eduardo_briceno_how_to_get_better_at_the_things_you_care_about?utm_campaign=tedspread--b&utm_medium=referral&utm_source=tedcomshare

Ericsson, K. & Pool, R. (2016). Peak : secrets from the new science of expertise. Boston: Houghton Mifflin Harcourt.

Gladwell, M. (2008). Outliers : the story of success. New York: Little, Brown and Company.

Kaufman, J. (2013). The first 20 hours : how to learn anything fast. New York: Portfolio / Penguin.

Learning curve. (n.d.). In Wikipedia. Retrieved Dec 12, 2017, from https://en.wikipedia.org/wiki/Learning_curve

5강 『프레임 : 나를 바꾸는 심리학의 지혜』최인철 지음, 21세기북스 2017

Paperinz. (2013, Jul 2). 애플 브랜드 광고 한국어 버전: apple brand manifesto (kor) [Video file]. Retrieved from https://youtu.be/AxsyBGdJOlE

Picardie, J. (2010). Coco Chanel : the legend and the life. New York: Itbooks HarperCollins.

Sinek, S. (2009, September). Simon Sinek: How great leaders inspire action [Video file]. Retrieved from https://www.ted.com/talks/simon_sinek_how_great_leaders_inspire_action?utm_campaign=tedspread--b&utm_medium=referral&utm_source=tedcomshare

Part 3.

1강 Grant, A. (2013). Give and take : a revolutionary approach to success. New York, N.Y: Viking.

Grant, A. (2016, November). Adam Grant: Are you a giver or a taker? [Video file]. Retrieved from https://www.ted.com/talks/adam_grant_are_you_a_giver_or_a_taker?utm_campaign=tedspread--b&utm_medium=referral&utm_source=tedcomshare

2강 Galinsky, A. (2016, September). Adam Galinsky: How to speak up for yourself [Video file]. Retrieved from
https://www.ted.com/talks/adam_galinsky_how_to_speak_up_for_yourself/footnotes?utm_campaign=tedspread--b&utm_medium=referral&utm_source=tedcomshare

Galinsky, A. & Schweitzer, M. (2015). Friend and foe : when to cooperate, when to compete, and how to succeed at both. New York: Crown Business.

3강 EBS. (2011. May. 13). 다큐 프라임: 아이의 사생활 제1부 남과 여.

Gross, L. (2006). Evolution of Neonatal Imitation. PLoS Biol. 4(9), e311.

Headlee, C. (2015, May). Celeste Headlee: 10 ways to have a bet[Video file]. Retrieved from er conversation

https://www.ted.com/talks/celeste_headlee_10_ways_to_have_a_better_conversation

Krznaric, R. (2014). Empathy: why it matters, and how to get it. New York, New York: A Perigee Book.

The RSA. (2012, March 21). Roman Krznaric: The Six Habits of Highly Empathic People [Video file]. Retrieved from https://www.youtube.com/watch?v=G9jC1Th qTNo&feature=youtu.be

4강   『마음가면』 브레네 브라운 지음, 안진이 옮김, 더퀘스트 2016
       『미움받을 용기 1』 후미타케·기시미 이치로 지금, 전경아 옮김, 인플루엔셜 2014

Branden, N. (1995). The six pillars of self-esteem. New York, N.Y: Bantam.

Brown, B. (2010). The gifts of imperfection : let go of who you think you're supposed to be and embrace who you are. Center City, Minnesota: Hazelden.

Brown, B. (2010, June). Brene Brown: The power of vulnerability [Video file]. Retrieved from https://www.ted.com/talks/brene_brown_on_vulnerability?utm_campaign=tedspread--b&utm_medium=referral&utm_source=tedcomshare

Brown, B. (2012). Daring greatly : how the courage to be vulnerable transforms the way we live, love, parent, and lead. New York, NY: Gotham Books.

Franciscan University of Steubenville. (2015, May 13). Lou Holtz: Undergraduate Commencement Address 2015 [Video file]. Retrieved from https://www.youtube.com/watch?v=M3LOo_Ccyws

Good Life Project. (2012, Oct 3). Brene Brown on The Power of Being Vulnerable [Video file]. Retrieved from https://www.youtube.com/watch?v=Sd3DYvBGyFs&feature=player_embedded#t=2

Johnson, S. (2013). Love sense : the revolutionary new science of romantic relationships. New York: Little, Brown and Company.

5강   『진화하는 결혼』 테파니 쿤츠 지금, 김승욱 옮김, 작가정신 2009

Botton, A. (2016, May 28). Why You Will Marry the Wrong Person. New York Times. Retrieved from https://www.nytimes.com/2016/05/29/opinion/sunday/why-you-will-marry-the-wrong-person.html

Coontz, S. (2005). Marriage, a history : from obedience to intimacy or how love conquered marriage. New York: Viking.

Davila, J. & Lashman, K. (2016). The thinking girl's guide to the right guy : how knowing yourself can help you navigate dating, hookups, and love. New York: The Guilford Press.

Johnson, S. (2008). Hold me tight : seven conversations for a lifetime of love. New York: Little, Brown & Co.

Perel, E. (2006). Mating in captivity : reconciling the erotic + the domestic. New York: HarperCollins.

Perel, E. (2013, February). Esther Perel: The secret to desire in a long-term relationship [Video file]. Retrieved from https://www.ted.com/talks/esther_perel_the_secret_to_desire_in_a_long_term_relationship

ZeitgeistMinds. (2017, May 9). Alain de Botton: Why You Will Marry the Wrong Person [Video file]. Retrieved from https://www.youtube.com/watch?v=DCS6t6NUAGQ

Part 4.

1강 Chang, R. (2014, May). Ruth Chang: How to make hard choices [Video file]. Retrieved from https://www.ted.com/talks/ruth_chang_how_to_make_hard_choices

Ferriss, T. (2017, April). Tim Ferriss: Why you should define your fears instead of your goals [Video file]. Retrieved from https://www.ted.com/talks/tim_ferriss_why_you_should_define_your_fears_instead_of_your_goals

Plett, H. (2016, July 17). Four kinds of fear: what the self-help books might be missing [Web log comment]. Retrieved from https://heatherplett.com

2강 『인생학교 돈』 존 암스트롱 지음, 정미우 옮김, 쌤앤파커스 2013
Armstrong, J. (2012). How to worry less about money. London: Macmillan.
The School of Life. (2012, December 6). John Armstrong: Money worries? How to Worry Less [Video file]. Retrieved from https://www.youtube.com/watch?v=Z0TANwQHOUo

3강 Crum, A. J., Akinola, M., Martin, A., Fath, S. (2017). The role of stress mindset in shaping cognitive, emotional, and physiological responses to challenging and threatening stress. Anxiety, stress, and coping, 1-17

Crum, A. J., Salovey, P., & Achor, S. (2013). Rethinking stress: The role of mindsets in determining the stress response. Journal of Personality and Social Psychology, 104(4), 716?733. doi:10.1037/a0031201

McGonigal, K. (2013, June). Kelly McGonigal: How to make stress your friend [Video file]. Retrieved from https://www.ted.com/talks/kelly_mcgonigal_how_to_make_stress_your_friend?utm_campaign=tedspread--b&utm_medium=referral&utm_source=tedcomshare

McGonigal, K. (2015). The upside of stress : why stress is good for you, and how to get good at it. New York: Avery, a member of Penguin Random House.

4강   Talks at Google. (2013, August 16). Guy Winch: Emotional First Aid [Video file]. Retrieved from https://www.youtube.com/watch?v=vBqoA1V6Fgg

Winch, G. (2013). Emotional first aid : practical strategies for treating failure, rejection, guilt, and other everyday psychological injuries. New York: Hudson Street Press.

5강   Emmons, R. (2007). Thanks! : how the new science of gratitude can make you happier. Boston: Houghton Mifflin Co.

Emmons, R. (2013). Gratitude works! : a twenty-one-day program for creating emotional prosperity. San Francisco: Jossey-Bass.

TED. (2012, November 15). Jane Ransom: Discover the Three Keys of Gratitude to Unlock Your Happiest Life [Video file]. Retrieved from https://www.youtube.com/watch?v=ewi0qlqrshE

Westmont TV. (2016, April 4). Robert Emmons: The Science of Gratitude [Video file]. Retrieved from https://www.youtube.com/watch?v=EzbVBrUwoOc&feature=youtu.be

---

Part 5.

1강   Big five personality traits. (n.d.). In Wikipedia. Retrieved October 14, 2017, from https://en.wikipedia.org/wiki/Big_Five_personality_traits

Big Five Personality Tests. (n.d.). Retrieved December 14, 2017, from https://www.truity.com/view/tests/big-five-personality

Cain, S. (2012). Quiet : the power of introverts in a world that can't stop talking. New York: Crown Publishers.

Little, B. (2016 February), Brian Little. Who are you, really? The puzzle of personality [Video file]. Retrieved from https://www.ted.com/talks/brian_little_ who_are_you_really_the_puzzle_of_personality?utm_campaign=tedspread-- b&utm_medium=referral&utm_source=tedcomshare

Little, B. (2017). Who are you, really? : the surprising puzzle of personality. New York: Simon and Schuster, Inc.

Little, B., Lawlor, P. & Helderman, S. (2014). Me, myself, and us : the science of personality and the art of well-being. Grand Haven, Michigan: Brilliance Audio.

2강   Chirkov, V.; Ryan, R. M.; Kim, Y.; Kaplan, U. (2003). Differentiating autonomy from individualism and independence: A self-determination perspective on internalisation of cultural orientations, gender and well being. Journal of Personality and Social Psychology. 84, 97?110.

Deci, E. & Flaste, R. (1996). Why we do what we do : understanding self-motivation. New York: Penguins Books.

Gagne?, M. (2014). The Oxford handbook of work engagement, motivation, and self-determination theory. Oxford New York: Oxford University Press.

Pink, D. (2009). Drive : the surprising truth about what motivates us. New York, NY: Riverhead Books.

Pink, D. (2009, July). Dan Pink: The puzzle of motivation [Video file]. Retrieved from https://www.ted.com/talks/dan_pink_on_motivation?utm_ campaign=tedspread--b&utm_medium=referral&utm_source=tedcomshare

Ryan, R. M., & Deci, E. L. (2000). Self-determination theory and the facilitation of intrinsic motivation, social development, and well-being. American Psychologist, 55, 68?78.

Self-determination theory. (n.d.). In Wikipedia. Retrieved October 29, 2017, from https://en.wikipedia.org/wiki/Self-determination_theory

3강   Ariely, D. (2008). Predictably irrational : the hidden forces that shape our decisions. New York, NY: Harper.

Metcalfe, J., & Mischel, W. (1999). A hot/cool-system analysis of delay of gratification: Dynamics of willpower. Psychological Review. 106(1), 3-19

Mischel, W. (2014). The marshmallow test : mastering self-control. New York: Little, Brown and Company.

TED. (2011, April 18). Dan Ariely: Self control [Video file]. Retrieved from https://www.youtube.com/watch?v=PPQhj6ktYSo&feature=youtu.be

4강 Bardwick, J. (1995). Danger in the comfort zone : from boardroom to mailroom--how to break the entitlement habit that's killing American business. New York, N.Y: Amacom, American Management Association

Dr. Dweck's discovery of fixed and growth mindset have shaped our understanding of learning. (n.d.). Retrieved November 10, 2017, from https://www.mindsetworks.com/Science/Default

Duckworth, A. (2016). Grit : the power of passion and perseverance. Toronto, Ontario: Collins.

Dweck, C. (2006). Mindset : the new psychology of success. New York: Random House.

Dweck, C. (2014, November) Carol Dweck: The power of believing that you can imrove [Video file]. Retrieved from https://www.ted.com/talks/carol_dweck_the_power_of_believing_that_you_can_improve

Happy & Well. (2013, October 20). Carol Dweck: Mindset-the new psychology of success at Happiness & Its Causes 2013 [Video file]. Retrieved from https://www.youtube.com/watch?v=QGvR_0mNpWM

Mindset Assessment. (n.d.). Retrieved November 10, 2017, from http://blog.mindsetworks.com/what-s-my-mindset?view=quiz

5강 Carney, D., Cuddy, A., & Yap, A. (2015). Review and Summary of Research on the Embodied Effects of Expansive (vs. Contractive) Nonverbal Displays. Psychological Science. 26(5), 657?663.

Cuddy, A. (2012, June). Amy Cuddy: Your body language may shape who you are [Video file]. Retrieved from https://www.ted.com/talks/amy_cuddy_your_body_language_shapes_who_you_are

Cuddy, A. (2015). Presence : bringing your boldest self to your biggest challenges. New York: Little, Brown and Company.

Cuddy, A., Fiske, S., Glick, P., & Xu, J. (2002). A model of stereotype content: Competence and warmth respectively follow from perceived status and competition. Journal of Personality and Social Psychology. 82(6), 878?902.

Mehrabian, A. (1971). Silent Messages. Belmont, CA: Wadsworth.

Tracy, J., Randles, D., & Steckler, M. (2015). The nonverbal communication of emotions. Current Opinion in Behavioral Sciences. 3, 25-30.

UC Davis Institute for Social Sciences. (2015, April 30). Amy Cuddy: Presence [Video file]. Retrieved from https://www.youtube.com/watch?v=NLslB13b7GM&feature=youtu.be

강연 읽는 시간

초판 1쇄 발행	2018년 1월 19일
초판 3쇄 발행	2018년 10월 26일

지은이	신디
발행인	이원주

임프린트 대표	김경섭
책임편집	송현경
기획편집	정은미 · 권지숙 · 정인경
디자인	정정은 · 김덕오
마케팅	윤주환 · 어윤지
제작	정웅래 · 김영훈

발행처	지식너머
출판등록	제2013-000128호
주소	서울특별시 서초구 사임당로 82 (우편번호 06641)
전화	편집 (02) 3487-1141, 영업 (02) 3471-8044

ISBN	978-89-527-7982-3 03190

이 책의 내용을 무단 복제하는 것은 저작권법에 의해 금지되어 있습니다.
파본이나 잘못된 책은 구입하신 곳에서 교환해드립니다.